LES DRUIDES

Frontispice de l'ouvrage de Ioannis Georgii FRICKII. *Commentatio de Druidis occidentalum populorum philosophis*, Ulm 1744.

MICHEL RAOULT
Docteur en maçonologie

LES DRUIDES

LES SOCIÉTÉS INITIATIQUES CELTIQUES CONTEMPORAINES

Le présent ouvrage remanié et mis à jour, est tiré d'une thèse pour le doctorat de 3ᵉ cycle de maçonologie (option B : ésotérisme) présentée par Michel Raoult à l'université de Haute-Bretagne, Rennes II, U.E.R. de Littérature, sous la direction du professeur Jacques Brengues, en 1980.

Collection GNOSE

Editions du Rocher
Jean-Paul Bertrand
Editeur

Tous droits de traduction et de reproduction interdits pour tous pays.

© Editions du Rocher, 1983.
ISBN 2-268-00706-5

Qu'il me soit permis de remercier d'emblée toutes les personnes qui, de près ou de loin, ont bien voulu collaborer à ce travail.

Je pense particulièrement à tous les responsables des groupements initiatiques celtiques contemporains que je connaissais déjà, que j'ai appris à connaître ou que j'ai découverts tout au long de mon enquête et qui sont devenus des amis s'ils ne l'étaient déjà.

Sans eux ce travail n'aurait pu voir le jour. Ils sont trop nombreux pour les citer tous, mais ils apparaîtront au cours de l'ouvrage, soit sous leur nom de l'état civil, soit sous leur nom initiatique.

Toutefois, il me semble impossible, en tant que Celte moi-même, de dissocier les vivants de ceux qui sont partis pour *Tir na nOg*, l'Autre-Monde des Celtes, la « Terre des Jeunes ».

J'évoquerai en particulier :

les Chefs-Druides Robert Mc Gregor Reid, Ross-Nichols et le Dr Maughan, espérant que les deux derniers se sont réconciliés dans l'au-delà du *Sid* ;

le Grand-Druide du Collège Druidique des Gaules Bod-Koad/Paul Bouchet qui me fit l'honneur d'être son confident jusqu'à la veille de sa désincarnation ;

le Patriarche de l'Eglise Celtique restaurée, Sa Béatitude Mar Georgius de Glastonbury ;

l'ermite de Saint-Dolay, Sa Blancheur Tugdual, restaurateur en Bretagne des antiques chrétientés celtiques ;

la Révérende Mère Hermine de Chemellier, druidesse et prieure colombanite ;

mon ami Gérard Toublanc, barde, fondateur trop tôt disparu de la Loge-Mère de Bretagne du Rit de Menphis-Misraïm ;

Henri Hillion, le « Compagnon » de Run Méno ;

Eostig Sarzhaw/Pierre Loisel, IVe Grand-Druide de la Presqu'île de Bretagne, mon initiateur à la *Gorsedd* de Saint-Malo de 1960 ;

ainsi que le Grand-Druide Coarer-Kalondan, de la Confraternité Philosophique des Druides, qui fut mon « Sanglier ».

Roazhon, Lugnasad 20 594 N.A.
Rennes, 1er août 1982 e.v.

INTRODUCTION

1 — METHODOLOGIE

Qu'entend-on exactement par société initiatique celtique contemporaine ?

Chaque terme de l'intitulé de notre recherche mérite d'être précisé puisque cela nous permettra de circonscrire notre sujet.

Le terme « société » doit s'entendre dans le sens de groupes de personnes organisées par convention, au même titre que lorsqu'on parle de « sociétés de pensée ».

La structure légale des associations du type prévu par la loi française du 1er juillet 1901 correspond assez bien à ce que nous entendons ici par « société ». Les sociétés relevant de notre étude seront donc en fait des « associations » et, plus précisément, soit des associations culturelles, soit des associations cultuelles.

Ces associations sont constituées par un groupement d'individus, deux au minimum, désireux de poursuivre en commun un but à caractère désintéressé, c'est-à-dire sans qu'il soit question de partager des bénéfices financiers. Même si une association est amenée à faire des bénéfices — et ce n'est pas interdit — ces bénéfices ne pourront pas être partagés entre les membres de l'association mais devront être consacrés à la réalisation du but commun pour lequel l'association a été constituée et non pour le profit personnel d'aucun des membres.

Par un étrange caprice de la langue française, les membres des sociétés à but lucratif s'appellent généralement des « associés », alors que les membres des associations à but non lucratif s'appellent plutôt des « sociétaires ».

Nous avons parlé d'association « culturelles » et d'associations « cultuelles ». Cette légère différence d'une seule lettre dans la qualification de l'association rendra compte de sa finalité. En effet, une association « culturelle » est constituée dans un but, vague ou précis, d'activités à caractère culturel, alors que les associations dites « cultuelles » sont constituées avec pour but principal la célébration d'un culte public.

En France, les associations sont légalement déclarées à la préfecture, ou à la sous-préfecture, dont dépend la commune du siège social. Ceci permet de suivre la vie d'une association, puisque la création d'une association est officiellement enregistrée, les statuts sont déposés, ainsi que la liste des membres du conseil de l'association. Toutes les modifications dans les statuts ou dans la composition du conseil de l'association devront être déclarées, au fur et à mesure, à l'autorité administrative officielle. La création d'une association déclarée, ainsi que les buts poursuivis par l'association et l'adresse de son siège social doivent en outre être publiés au *Journal Officiel* de la République française.

Cependant le principe de la liberté d'association mis en œuvre par la loi française du 1er juillet 1901 permet aux individus de se grouper sans formalités, sans autorisation, sans déclaration officielle et sans publication légale. En conséquence, les associations, même non déclarées, sont licites. Ce sont des « sociétés de fait ». L'ennui, c'est qu'une société de fait n'a pas de personnalité morale, ni de capacité juridique. Elle ne peut posséder de patrimoine, ni contracter, ni ester en justice en tant que telle. Bien entendu ces restrictions sont facilement tournées puisque les individus qui composent la société de fait peuvent agir à titre individuel. Une société de fait n'est même pas tenue d'avoir des statuts !

En ce qui concerne notre étude, le fait que l'association soit déclarée ou non est toujours intéressant à connaître mais n'entraînera éventuellement aucune élimination de notre part. Par exemple la Fraternité Universelle des Druides est une association cultuelle déclarée conformément à la loi de 1901, en revanche les Communautés Druidiques et Celtiques sont des associations de fait, non déclarées.

Après avoir repéré l'association en tant que société, il convient maintenant d'en discerner le caractère initiatique.

Le phénomène initiatique étant difficile à cerner en soi, on devra s'appuyer sur des témoignages concrets plus facilement contrôlables pour accorder le qualificatif d' « initiatique » à une société. Les associations nous aideront déjà elles-mêmes en s'affirmant, ou non, initiatiques ou à caractère initiatique. Lorsque ce caractère ne sera pas clairement précisé, il nous faudra enquêter pour savoir si l'association pratique des rites d'initiation, par exemple des rites de réception des nouveaux membres et, éventuellement, des rites de passage successif pour accéder à différents grades ou degrés à l'intérieur de l'association.

Il ne faut pas confondre société « initiatique » avec société « secrète ». Une société initiatique, c'est-à-dire une société qui pratique des rites d'initiation obligatoires pour ses membres, intéresse notre étude, qu'elle soit secrète ou non. Une église chrétienne par exemple, avec ses divers rites (baptême, confirmation, ordination...) est une société initiatique qui peut éventuellement devenir secrète d'ailleurs, en période de persécutions. Mais une société peut être secrète sans être nécessairement initiatique. C'est donc la finalité initiatique qui sera déterminante pour nous.

Une société dont le but est de faire accéder ses membres à des états de conscience de plus en plus subtils sur le plan spirituel, au moyen de rites et de pratiques codifiés sur le plan matériel, est une société initiatique. Ces rites peuvent être plus ou moins secrets mais la finalité demeure initiatique.

Une société secrète poursuivant des buts essentiellement politiques, telle que le F.L.B. (Front de Libération de la Bretagne) ou le *Sinn Fein* irlandais, ne saurait être considérée comme une société initiatique, tout au moins pour autant qu'on puisse le savoir... En effet rien n'empêche éventuellement ces sociétés secrètes d'être également des sociétés initiatiques, tout en s'extériorisant par des actions à caractère plutôt politique. Quoi qu'il en soit, l'impossibilité d'entrer en contact avec de telles sociétés, et quand bien même cela serait, le secret, essentiel à garder, ne nous permettraient pas de les étudier ici.

Le caractère celtique de l'association est souvent manifesté dans le titre même de l'association, par exemple : Collège d'Etudes Celto-Druidiques.

Le terme « celtique » doit s'entendre au sens large de tout ce qui se rattache aux traditions celtiques. Il n'est pas limité à la seule Bretagne continentale, ni même aux seuls pays dits « celtiques » d'outre-Manche que sont l'Irlande, l'Ecosse, l'île de Man, le Pays de Galles et la Cornouaille britannique, mais peut aussi s'appliquer à l'aire géographique d'expansion celtique antique et contemporaine. Tout peuple qui parle encore ou qui a pu parler autrefois une langue celtique doit être considéré comme celtique.

L'origine ethnique du président et des membres d'une société initiatique fera que l'on considérera éventuellement cette société comme celtique. Mais cette « celtité » pourra être controversée ; par exemple une société initiatique britannique telle que la *Golden Dawn* doit-elle être considérée comme celtique ? Une société implantée aux Etats-Unis ou en Australie, ou encore en Allemagne pourrait bien être une société initiatique celtique. L'investigation est nécessaire dans tous les cas. Ici encore c'est la finalité qui l'emportera pour déterminer le caractère celtique de l'association. La quête initiatique, les rituels utilisés, doivent s'inscrire dans une certaine tradition, affirmée celtique, ou considérée comme telle par les initiateurs.

En ajoutant le qualificatif de « contemporaines » aux sociétés étudiées, notre intention est seulement de préciser que nous n'entendons pas traiter des sociétés initiatiques celtiques historiques, de l'antiquité, mais seulement des sociétés à caractère initiatique, celtiques, qui se sont manifestées depuis le xviiie siècle, le « siècle des Lumières », ou qui se manifestent encore de nos jours. Quels que puissent être les liens, authentiques ou supposés, qui rattachent ces sociétés contemporaines à l'antiquité celtique historique, ou qu'elles soient éventuellement des créations récentes, elles entrent dans le cadre de notre étude. C'est précisément la variété et le nombre assez étonnant de ces sociétés initiatiques celtiques contemporaines qui nous ont incité à nous pencher sur ce phénomène, peut-être moins à la mode que l'orientalisme, mais tout aussi significatif d'une société en quête de retour aux sources, ou en crise d'identité spirituelle. Bien entendu, cela ne nous empêchera pas de rappeler succinctement, mais succinctement seulement ce que l'on sait du druidisme antique.

La façon la plus directe d'observer les sociétés initiatiques, c'est évidemment d'y entrer soi-même, de devenir membre à part entière de ces sociétés, de suivre les filières d'initiation, de façon à connaître ces sociétés de l'intérieur pour y avoir réellement vécu. Cette méthode présente des avantages et des inconvénients. Il est évident qu'il n'y a pas de meilleure façon de connaître une société que d'y vivre. Toutefois, outre le fait qu'il n'est pas certain qu'on puisse y entrer, certaines sociétés filtrant soigneusement leurs adhérents en mettant des conditions restrictives d'adhésion, la vie d'une société peut être très longue à expérimenter, surtout si l'on veut parcourir tout le cursus intérieur de la société. Par ailleurs, l'appartenance à une société donnée est incompatible avec l'appartenance simultanée à une autre. Enfin, l'accès à la qualité de membre ou d'adepte, ou d'initié, peut entraîner des obligations de secret ou de discrétion auxquelles l'observateur extérieur ne serait pas tenu.

A moins d'avoir affaire à des dirigeants de sociétés aimant le spectaculaire et la publicité, on sait combien il est difficile d'interviewer les responsables de sociétés initiatiques qui préfèrent généralement la discrétion aux feux de l'actualité. Les dirigeants des sociétés ont quelquefois, malheureusement, lieu de se plaindre de la façon dont leurs propos ont été rapportés par des journalistes peu scrupuleux. Il est devenu quasi indispensable d'entretenir des rapports cordiaux, voire amicaux, avec les responsables de sociétés initiatiques — quand on peut les fréquenter — pour espérer en obtenir des informations tout en restant en dehors de l'association, c'est-à-dire « profane ». Toutefois, à partir d'un certain moment, les liens amicaux pourront devenir aussi contraignants que les obligations de secret ou de discrétion des initiés...

Le questionnaire d'enquête, polycopié, à faire remplir par les responsables, expédié par la poste, est un moyen à première vue rapide, et théoriquement efficace et précis. En fait ce n'est pas si simple. La première difficulté consistera déjà dans la rédaction même du questionnaire qui ne sera ni trop inquisiteur ni trop vague. A supposer que le questionnaire soit rédigé dans les meilleures conditions, il n'est pas certain que le responsable d'une société qui reçoit cinq ou six pages de questionnaire à remplir soit disposé à faire ce travail, même s'il ne s'agit que de répondre en style télégraphique dans les espaces blancs laissés à cet effet sur le formulaire. Le responsable de la société peut être vexé d'être contacté par une circulaire impersonnelle. Le contact humain, si important précisément dans les sociétés initiatiques, fait justement défaut dans ce genre d'enquête épistolaire. Nous avons eu pourtant aussi recours à ce type d'enquête pour la raison évidente qu'il nous était matériellement impossible de voir individuellement tous les responsables des sociétés initiatiques celtiques que nous avons dénombrées. Le rendement de tels questionnaires est relativement satisfaisant malgré tout, du moins dans notre cas, puisque sur cinquante-deux questionnaires expédiés, vingt et un nous sont revenus remplis, ce qui fait un rendement de quarante pour cent. Les réponses reçues révèlent des réticences à se dévoiler.

Pour pallier le faible rendement des questionnaires du premier type, nous avons lancé, de façon ponctuelle, un second questionnaire beaucoup plus simple qui a servi de base à la rédaction des descriptifs de sociétés qui apparaîtront en troisième partie de ce volume.

La recherche des documents écrits et publiés a constitué une partie importante de notre travail. Les documents sont nombreux et épars. Certains sont difficilement accessibles pour avoir été publiés à tirage limité, ou encore à des dates reculées. D'autres sont publiés à l'étranger ajoutant les problèmes de traduction aux difficultés rencontrées par ailleurs.

Il se peut que, dans le bon grain des sources bibliographiques, l'ivraie s'infiltre à des doses variables. Mais la réciproque est également vraie. Nous n'avons pas hésité à fouiller dans l'ivraie pour trouver quelques bons grains épars. C'est pourquoi notre bibliographie mentionne certains ouvrages considérés comme peu scientifiques mais qui n'en recèlent pas moins des renseignements précieux.

En définitive notre attitude a été extrêmement ouverte à toutes les sources d'information et à tous les moyens d'investigation. Il nous appartient de faire la part des choses avec le plus d'objectivité possible.

Notre enquête nous a donc amené à découvrir, en plus des sociétés que nous connaissions déjà, un certain nombre de sociétés semblant répondre aux critères que nous avons définis. Nous nous sommes alors heurté à un problème de classification.

Une solution simple aurait consisté à faire une répartition géographique : traiter, par exemple, successivement des sociétés initiatiques celtiques françaises, puis britanniques, puis américaines, et ainsi de suite. Cette solution n'est pas satisfaisante d'autant plus que la citoyenneté des associations compte peu en définitive. Des associations de même nature, voire filiales, se retrouvent d'un Etat à l'autre, de part et d'autre de la Manche ou de l'Atlantique.

Un autre critère de classification pourrait bien être la foi chrétienne, en considérant d'une part les groupements rejetant la foi chrétienne et s'affirmant païens, ou néo-païens, et les groupements qui acceptent la foi chrétienne comme faisant partie intégrante de leur celtisme, d'autre part.

En fait peu d'associations sont marquées à ce point, la plupart pratiquant la plus large tolérance. Par exemple, on peut être membre de la *Fellowship of Isis* irlandaise tout en étant catholique pratiquant ; ce qui ne veut d'ailleurs pas dire que la réciproque soit vraie.

Si on maintenait la distinction sur la base du critère de la foi chrétienne, on pourrait regrouper d'une part les sociétés d'expression païenne ou néo-païenne et, d'autre par les sociétés d'expression chrétienne. Cependant toutes les sociétés n'entreraient pas nécessairement dans l'une ou l'autre catégorie et il serait inévitable de constituer une troisième classe pour les sociétés tolérantes, ne se réclamant ni du paganisme ni du christianisme mais acceptant dans leur sein des sociétaires de toutes tendances religieuses, voire des agnostiques.

Sur ce point délicat bien des lumières restent à faire et ce critère se révélera en définitive extrêmement sensible. Il suffit de se souvenir par exemple que le druidisme est un phénomène social et religieux qui a profondément marqué les sociétés celtiques historiques bien avant l'apparition du christianisme. Se réclamer d'une façon ou d'une autre du druidisme antique, c'est vouloir se rattacher à une tradition pré-chrétienne. Affirmer que les druides se sont convertis au christianisme ne modifiera pas pour autant l'histoire réelle, à savoir que le druidisme est une institution antérieure au christianisme, que le druidisme est une tradition de type indo-européen — peut-être la plus proche de l'hindouisme — dont les druides constituaient la classe sacerdotale.

Le degré de celtité des diverses associations servirait peut-être de critère de classification. Ainsi les associations seraient classées selon leur façon de marquer leur appartenance au monde celtique. Dans certaines sociétés, les origines ethniques celtiques des candidats doivent être prouvées pour être admis parmi les membres, ainsi que la connaissance d'une langue celtique qui est, bien entendu, la langue officielle de l'association. C'est le cas de la *Gorsedd* de l'Ile de Bretagne. D'autres sociétés n'ont plus de celtique qu'un terme à plus ou moins vague connotation celtique dans la désignation officielle de l'association, par exemple il existe un Mouvement international du Graal qu'il est aventureux de considérer comme celtique.

C'est peut-être seulement le pays du siège social de l'association qui est celtique, comme pour la *Fellowship of Isis* qui, en dépit de sa référence égyptienne est une société irlandaise, mais nous verrons que la même société vénère à la fois les dieux égyptiens et les dieux celtiques.

Le degré de celtité n'est pas facile à évaluer. Si les groupes d'expression purement celtique sont faciles à discerner, il existe des groupes se disant celtiques qui ne le sont pas vraiment en fait, et enfin des groupes qu'on pourrait qualifier de mixtes en ce domaine, c'est-à-dire des groupes d'expression en partie celtique et en partie non celtique, telle que la Wicca française qui se dit d'ailleurs « celto-orientale ».

On proposera donc une distinction possible, mais surtout pas définitive ni exhaustive, des sociétés initiatiques contemporaines que nous avons pu identifier comme se rattachant de quelque façon au celtisme, à savoir :

A — les sociétés druidiques par définition ;
B — les groupes paganisants de tradition ;
C — les groupes que nous qualifierons d'ésotéristes ;
D — les néo-chrétientés celtiques, scouts, compagnons, fendeurs et francs-maçons.

A — *Les sociétés druidiques par définition*

Nous considérerons comme sociétés druidiques par définition les sociétés qui s'affirment druidiques dans leur appellation ou dans leurs buts et qui confèrent des initiations se réclamant du druidisme. Voici une première tentative de regroupement de ces sociétés classées par origine, essentiellement trois lignées :

La première lignée est celle de la restructuration du druidisme par John Toland en 1717, à Londres, qui a produit notamment les associations suivantes :

— le *Druid Order* de Londres. On dit familièrement : le « D.O. » ;
— *The Universal Druidic Order* (U.D.O.), Londres ;
— *The Ancient and Archaelogical Order of Druids* (A.A.O.D.), Londres ;
— *Mount Nuada of the Ancient Order of Druids Hermetists* (A.O.D.H.), Londres ;

— *The Order of Bards, Ovates and Druids* (O.B.O.D.), Londres ;
— *The Golden Section Order Society* (G.S.O.), Londres.

La seconde lignée est celle issue de Henry Hurle, fondateur, à Londres en 1781. Elle se caractérise par son expression mutualiste. On distingue principalement :
— *The Ancient Order of Druids* (A.O.D.), Londres ;
— *The United Ancient Order of Druids* (U.A.O.D.), Londres ;
— *The International Grand Loge of Druidism* (I.G.L.D.).

La troisième lignée, issue du génial autodidacte gallois Iolo Morganwg (Londres, 1792) a donné les associations suivantes :
— *Gorsedd Beirdd Ynis Brydain* (Assemblée des bardes de l'Ile de Bretagne), Pays de Galles ;
— *Breuriez Barzed Breiz* (Fraternité des bardes de Bretagne), Bretagne armoricaine, 1855 ;
— *Breudeuriezh Drouized, Barzhed hag Ovizion Breizh* (Fraternité des druides, bardes et ovates de Bretagne), Bretagne armoricaine, 1901 ;
— *Gorseth Kernow* ou encore *The Cornish Gorsedd* (La Gorsedd de Cornouaille), Grande-Bretagne, 1928 ;
— le Grand Collège celtique dit encore Grand Collège celtique de la forêt des chênes de Brocéliande, Bretagne armoricaine, 1950 ;
— la Confraternité philosophique des druides, en breton : *Kenvreuriezh Predouriel an Drouized*, Bretagne armoricaine, 1975 ;
— le Collège bardique des Gaules, France, 1933 ;
— la Fraternité universelle des druides, France, 1976 ;
— le Collège druidique traditionnel, France, 1979 ;
— l'Ordre monastique d'Avallon, France, 1970 ;
— la Fraternité des druides d'occident, dite aussi *Kenvreuriezh Drouized Kornog*, Bretagne armoricaine, 1974 ;
— la *Kredenn Geltiek* ou Croyance celtique, Bretagne armoricaine, 1936 ;
— Le Collège des druides, bardes, eubages et ovates des Gaules, France, 1942 ;
— le Collège d'études celto-druidiques, France, 1976...

Nous ajouterons à part les sociétés druidiques dont nous n'avons pas été suffisamment informé tels :

— l'Eglise Druidique et Nationale, de Henri Lizeray, France, 1885 ;
— l'Eglise Laïque, Déiste, Druidique et Positiviste Réformée, Paris, 1950 ;
— la Religion des Druides, de Jean-Claude Monet, alias Karl Thor, France, 1961 ;
— la Fraternité du Soleil Celtique, de Pierre-Marie Beauvy de Kergaelec, France, 1970 ;
— l'Ordre Vert Druidique, ou celtique, de René Lixon, archidruide Ronan Ab Lug, Belgique, 1970 ;
— les groupes druidiques d'Amérique du Nord.

B — *Les groupes paganisants de tradition*

Certains groupes se réclament de l'ancienne religion occidentale ayant survécu clandestinement à travers l'Europe en dépit de l'expansion générale de la foi chrétienne et des bûchers de l'Inquisition. Parmi ces groupes on citera la Wicca, ou *Witchcraft,* qui se réclame la plupart du temps de traditions celtiques.

On distingue trois branches de la Wicca :
— la Wicca héréditaire (*Hereditary Witchcraft*), de tradition familiale ;
— la Wicca gardnérienne réorganisée en Grande-Bretagne par Gerald Gardner (décédé en 1964) ;
— et la Wicca alexandrienne.

Plusieurs centaines de groupes, plutôt fermés, généralement appelés *covens,* en Europe et en Amérique du Nord principalement, se rattachent à l'une ou l'autre branche de la Wicca.

En France on trouve la Wicca française qui se réclame de traditions à la fois celtiques et orientales.

D'autres groupes répugnent à l'étiquette de Wicca à cause de ses connotations de sorcellerie plus ou moins mal interprétées.

On placera ici les Communautés Druidiques et Celtiques qui, tout comme la Wicca héréditaire, se revendiquent de la plus haute antiquité et se caractérisent par leur affirmation religieuse druidique païenne d'origine par tradition orale ininterrompue et sans compromission aucune.

Ces Communautés, jusqu'ici totalement clandestines, viennent tout juste d'amorcer un processus très prudent de désoccultation.

C — *Les groupes ésotéristes*

On rassemblera sous la rubrique de « groupes ésotéristes » quelques sociétés à caractère initiatique ayant été partiellement influencées par le celtisme, souvent pour des raisons de double, voire triple appartenance de leurs fondateurs, par exemple :
— la *Societas Rosicruciana in Anglia*, connue sous le sigle S.R.I.A. depuis 1866, à Londres ;
— la *Golden Dawn* (l'Aube dorée), à Londres et à Paris, avec Mc Gregor Mathers, en 1888 ;
— la *Stella Matutina* (l'Etoile du matin), de William B. Yeats (1865-1939), le célèbre auteur de *Deirdre*, qui était aussi un ami de Mme Blavatsky ;
— les Cercles spirites, d'Allan Kardec qui se disait d'ailleurs la réincarnation d'un druide ;
— le Mouvement international du Graal...
sans parler des multiples sociétés dites « de la Table Ronde », plus ou moins occultes, reprenant les mythes celtiques véhiculés par le cycle arthurien des Romans Bretons.

D — *Les néo-chrétientés celtiques, scouts, compagnons, fendeurs et francs-maçons*

Nous regroupons enfin quelques sociétés à caractère initiatique qui ont des attaches certaines avec la tradition celtique mais qui s'expriment sous des formes déjà connues par ailleurs, telles que le christianisme, le compagnonnage, le scoutisme, la franc-maçonnerie ou le mouvement écologique.

Ainsi les antiques chrétientés celtiques qui n'avaient pu maintenir leurs propres rites devant l'influence croissante de l'Eglise romaine que jusqu'au XIIe siècle, furent restaurées par un ancien dominicain français, Jules Ferrette. Celui-ci fut consacré évêque dans le patriarcat d'Antioche en 1866. Il y reçut mission canonique pour la restauration des chrétientés celtiques, avec le titre d' « évêque pour l'île d'Iona et ses dépendances ».

L'île d'Iona est une petite île sur la côte ouest de l'Ecosse, célèbre pour avoir été, au haut Moyen-Age, un centre d'évangélisation de l'Europe par les moines celtes disciples de saint Colomba.

L'évêque Jules Ferrette fonda le patriarcat britannique en consacrant évêque un druide gallois, Richard William Morgan, qui devint le premier patriarche britannique sous le nom de Mar Pélage.

Dans cette lignée, et en filiation directe, on trouve essentiellement :
— l'Eglise orthodoxe des Iles Britanniques, en Grande-Bretagne, dite communément « patriarcat de Glastonbury », et
— l'Eglise celtique, en France et en Belgique.

D'autres communautés dépendent du même patriarcat britannique, principalement aux Etats-Unis et en Australie.

Il existe, en outre, en Bretagne une petite communauté qui s'intitule « les Compagnons missionnaires celtiques » mais qui n'est pas rattachée au patriarcat britannique.

Les scouts bretons *Bleimor* représentent une tentative, relativement réussie, de constitution d'un scoutisme breton autonome.

Diverses associations compagnonniques, bien qu'intégrées au système religieux judéo-chrétien, se souviennent encore de leurs antiques attaches druidiques et le « Chantier de la grande forêt des Gaules » est une tentative actuelle de relance en France, avec des implications traditionnelles celtiques, de l'ancienne franc-maçonnerie du bois.

Forever Forests est un groupement écologique américain d'inspiration celtique.

La « loge-mère de Bretagne » représente, dans les années 1965, une tentative, éphémère, d'instauration d'une franc-maçonnerie nationale bretonne, tentative qui avait d'ailleurs déjà eu lieu dès le XVIIIe siècle.

En conclusion de cette méthodologie, nous remarquerons que l'abondance des sociétés initiatiques celtiques contemporaines prouve amplement l'importance du phénomène et sa variété. Actuellement encore des milliers d'individus de par le monde sont, à des titres divers, motivés par des associations à connotations initiatiques celtiques. C'est dire que l'idée même d'initiation celtique, quelles que soient sa valeur, son authenticité et sa légitimité, est toujours recherchée sous une forme ou sous une autre.

Devant une telle richesse, une telle abondance de matière, il ne nous sera pas possible d'étudier chacune de ces diverses associations. Nous avons donc été amené à faire des choix sous peine de réduire notre travail à un simple catalogue qui ne saurait d'ailleurs jamais être exhaustif et qui demanderait une continuelle remise à jour, tant il est vrai que les sociétés initiatiques celtiques continuent à se constituer. Nous nous limiterons en conséquence à ceux de ces groupes que nous avons mentionnés qui nous paraissent les plus significatifs et qui s'inscrivent déjà dans une tradition contemporaine bien ancrée, à savoir les groupes d'expression druidique émanant, directement ou indirectement, de la confédération druidique suscitée par John Toland à Londres en 1717.

Force nous est de reconnaître que le druidisme est une institution antique, antérieure au christianisme, et donc fondamentalement païenne. Le christianisme est en effet largement responsable de sa disparition. Si le druidisme a survécu, il n'a pu le faire que clandestinement. Toute tentative de compromis ne pouvait se résoudre que dans l'assimilation de l'ancienne religion par l'idéologie chrétienne dominante.

Réciproquement, lorsqu'il sera question de restructuration, de restauration ou de reconstitution du druidisme dans le monde moderne, une telle opération ne se réalisera que dans un contexte dégagé de toute influence chrétienne. Toute tentative de reconstitution du druidisme dans une ambiance chrétienne est condamnée d'avance. Christianisme et druidisme sont antinomiques. Le christianisme est oriental, alors que le druidisme est occidental. Il n'y a pas d'affinités culturelles entre les deux conceptions. Le druidisme serait plutôt de tendance polythéiste alors que le christianisme est d'affirmation monothéiste. Le christianisme est une religion révélée qui s'appuie sur l'écriture, la Bible, l'Ecriture Sainte, alors que le druidisme s'appuie sur l'enseignement oral et ne confie pas le savoir ni la doctrine à l'écrit qui est au contraire rejeté comme signe de mort. Tout chercheur de bonne foi qui serait amené à s'intéresser à la renaissance de l'institution druidique dans le contexte de civilisation chrétienne qui est le nôtre en Occident, se heurterait au problème de la foi chrétienne. Dès lors un choix s'impose : ou bien la recherche est purement académique et n'engage pas en conséquence la croyance religieuse reçue, ou bien il s'agit, par choix délibéré, d'un retour aux sources du druidisme antique, donc du druidisme païen. Dans ce dernier cas, la recherche du druidisme coïncidera avec un retour au paganisme druidique. C'est la raison pour laquelle il ne peut y avoir de véritable reconstitution du druidisme dans notre monde contemporain sans risque de tomber dans une parodie plus ou moins grossière.

Une véritable reconstitution du druidisme suppose une ambiance païenne, au sens noble du mot, car ce mot a été chargé au cours des siècles de connotations péjoratives. Par opposition, la société environnante sera d'autant plus résistante à toute tentative de résurgence du druidisme qu'elle sera d'un christianisme plus contraignant.

Dans les pays où le « libre examen » n'a pas été enseigné comme un point capital de la doctrine, le contexte social sera moins tolérant à l'égard d'un mouvement considéré comme suspect d'être pernicieux pour la foi chrétienne. En conséquence le druidisme n'évoluera pas vers sa forme naturellement paganisante et se contentera d'être une association culturelle à caractère littéraire et folklorique.

Dans les pays de « libre examen », le druidisme n'étant pas considéré *a priori* comme pernicieux pour la foi se développera plus normalement. On ira même jusqu'à le rattacher artificiellement à la Bible, éventuellement par le biais de quelque tribu perdue d'Israël. N'ayant plus besoin de s'affirmer en contradiction avec la société environnante, ce druidisme-là n'aura nul besoin de pousser son affirmation jusqu'à la rupture et adoptera alors une situation de compromis confortable qui lui conserve l'estime de l'*establishment*. C'est ce qui explique le spectaculaire développement des groupes druidiques modernes dans les Pays anglo-saxons protestants. C'est aussi la raison pour laquelle il est très difficile d'organiser de véritables sociétés druidiques de nos jours. Les seuls qui auront le courage d'aller jusqu'au bout de leurs idées au terme d'une quête désintéressée de l'authenticité druidique seront vraisemblablement condamnés par la société environnante ou réduits à la marginalité. Mais la quête sans compromission du druidisme authentique pourrait bien aboutir à un renouveau non plus seulement folklorique, mais véritablement religieux, avec un retour de plus en plus affirmé à l'ancienne religion druidique de l'Occident.

Pour mieux rendre compte du chemin parcouru, nous rappellerons maintenant, très succinctement, ce que l'on sait des druides historiques, de leur religion et de leur disparition.

2 — RAPPEL HISTORIQUE : LES DRUIDES DE L'ANTIQUITE ET LEUR RELIGION

Pour ce qui est du domaine spécifique de la civilisation celtique et des druides de l'antiquité, nous renverrons le lecteur aux excellents travaux de Mme Françoise Le Roux et de M. Christian Guyonvarc'h qui sont, sans conteste, actuellement en France, les meilleurs spécialistes de l'antiquité celtique.

Chez les Celtes la religion fait partie intégrante de l'existence quotidienne et touche tous les domaines. Il n'y a pas à proprement parler de distinction entre le profane et le sacré. La religion est indissociable de la vie.

A la première approche, la variété du panthéon celtique surprend par sa richesse. Mais il n'est pas certain qu'il s'agisse vraiment de divinités distinctes. Il semblerait en effet que l'ancienne religion ait été monothéiste avec la reconnaissance d'un dieu suprême régisseur de l'univers. Des « dieux » tels que Lug, Dagda, Ogmios, Nuada, Diancecht, Brigit ou Gobniu, pour ne citer que le panthéon irlandais, ne seraient pas à proprement parler des dieux, mais plutôt des ancêtres initiateurs, des héros qui faisaient bien sûr l'objet de vénération et de fêtes. Ce sont nos interprétations passées par le filtre de notre propre culture religieuse le plus souvent judéo-chrétienne qui ont divinisés ces êtres.

Ces initiateurs, et bien d'autres encore, sont considérés comme des dieux, ou comme de grands êtres, dans certains groupes druidiques modernes.

Rappelons quelques-uns des traits de ces héros celtes :

— Lug, le lumineux, est polyvalent. Sa fête est le 2 août, c'est-à-dire le 1er août au soir puisque chez les Celtes le jour commence au coucher du soleil. Cette importante fête des Celtes s'appelait *Lugnasad* c'est-à-dire « assemblée de Lug » et elle durait la quinzaine. Teutatès, ou Teutatis, est une autre appellation de Lug. Cette appellation est parfois générique pour tout dieu ou héros du peuple.

— Dagda, le bon, est célèbre pour son chaudron et sa massue. Le chaudron de Dagda est un chaudron d'abondance, inépuisable, sans doute à l'origine du « Graal ».

— Ogmios, ou Ogme, le champion. On lui attribue l'invention de l'alphabet ogamique, une écriture celtique pourtant tardive. Maître de la parole et de l'éloquence, il est un meneur d'hommes.

— Nuada, le distributeur. C'est le roi qui préside la bataille mythique de Mag-Tured. Il ne combat pas lui-même mais sa présence sur le champ de bataille garantit la victoire. Il a eu le bras droit coupé au combat mais le fameux chirurgien Diancecht lui a fabriqué un bras artificiel en argent. Cette tradition celtique a été christianisée en la personne de saint Mélar, fils de roi, qui eut la main droite et le pied gauche coupés pour qu'il ne puisse pas régner mais qui fut appareillé de prothèses d'argent et d'airain.

— Diancecht, le médecin, guérit les blessés en les immergeant dans sa fontaine sacrée et leur fabrique des prothèses.

— Brigit, ou Brigantia, s'appelle Bélisama sur le continent mais porte encore de nombreux noms. Elle est aussi Koridwenn. (C'est le nom d'une loge maçonnique féminine en Bretagne.) Et a pour attribut le chaudron de la connaissance qui deviendra l'aspect féminin du Graal. Le culte de Brigit, si populaire, s'est trouvé christianisé par une abbesse célèbre, la grande sainte Brigitte de Kildare en Irlande.

— Goibniu, le forgeron, est le fabricant des armes des « dieux ». On retrouve la racine de son nom dans le patronyme breton moderne de Le Goff qui signifie d'ailleurs « le forgeron ».

Dans la tradition celtique, le druide est essentiellement un prêtre. L'ensemble des druides de tous grades constitue la « classe sacerdotale » de la société celtique et non pas un simple « collège » de type latin. La classe sacerdotale des druides est un élément constitutif de la société celtique, société de type indo-européen à trois classes : la classe sacerdotale, la classe guerrière et la classe des producteurs.

Le druide a reçu l'initiation sacerdotale et il confère au roi l'initiation royale. En conséquence le pouvoir temporel et légitime procède du pouvoir spirituel. Ceci se traduit dans le protocole de la cour par le fait que le druide parle avant le roi et que le roi n'a pas le droit de parler avant ses druides. C'est le roi qui gouverne, certes, mais c'est le druide qui le conseille.

Le druide et le roi formaient donc un couple indissociable à la tête de la société celtique. Le jour où la royauté disparaîtra, l'équilibre traditionnel sera compromis et le sacerdoce celtique condamné à brève échéance. L'introduction quasi simultanée du christianisme achèvera le démantèlement de la société celtique antique.

Le symbole de l'autorité spirituelle du druide est le sanglier auquel s'oppose l'ours, symbole du pouvoir temporel, dont on retrouve la racine (gallois *arth* : ours) dans le nom du mythique roi Arthur. Le sanglier-symbole a vraisemblablement été choisi à cause de son rapport avec la forêt, lieu de retraite et d'enseignement du druide — le sanglier se nourrit de glands de chêne — et de la druidesse symbolisée par la laie fouissant avec ses marcassins au pied du pommier du savoir et de tous les désirs comblés.

Quant à la signification du mot « druide », l'explication de Pline mettant le mot « druide » en relation avec le mot grec δρ·s signifiant « chêne » n'est pas satisfaisante. Evidemment, étant donné le lien cultuel existant entre le druide et le chêne, il était bien tentant de faire du druide « l'homme du chêne ». Cette confusion aura attendu vingt siècles avant d'être rectifiée par Mme Françoise Le Roux. En fait la racine sanscrite est [*veda - vid*] « savoir », et [*dru*] « très », dans le même sens que le français moderne « dru » qui est l'un de ces mots gaulois parvenus jusqu'à nous, avec le sens d'épais, serré, touffu. Si bien que le mot druide désigne les hommes « au savoir dru », ou mieux les « très savants ».

De même que le druide n'a pas de tabou, il n'a pas non plus de limites de compétences. Il est autant sacrificateur, c'est-à-dire prêtre, que devin, médecin, juge, conseiller politique, ambassadeur ou enseignant. Bien entendu, il peut se spécialiser. C'est à l'intérieur de la classe sacerdotale qu'on distingue les druides, bardes et vates (ou ovates). Des grades internes assez complexes sanctionnaient les niveaux de connaissance, les spécialités et les fonctions. Ainsi le sacerdoce celtique a trois aspects principaux avec :

— les druides sacrificateurs, enseignants et religieux-juges, car n'oublions pas que chez les Celtes on ne sépare pas le profane du religieux ;
— les bardes, poètes et musiciens, supplantés par les *filid* en Irlande ;
— les vates, devins, médecins, physiciens.

Chaque membre de la classe sacerdotale est spécialisé et plus ou moins qualifié dans sa spécialité, mais tous participent au même sacerdoce, sans qu'il y ait d'ailleurs de cloisons étanches entre les spécialités. Les druides sont des prêtres mais ils ne sont pas que des prêtres, ils sont en fait beaucoup plus. Rappelons que la caractéristique du druide est d'être sans interdit. Un druide peut tout aussi bien prononcer des oracles qu'un ovate accomplir un sacrifice ou un barde enseigner. Le terme « druide » est appliqué à tous les membres de la classe sacerdotale, ce qui n'empêche pas les spécialités, pas plus que les niveaux de qualification.

La question a été posée de savoir si la femme celte pouvait être druidesse. Il y a en effet quelques références anciennes où il est question de druidesses. Cependant on ne saurait dire s'il s'agit là de femmes-druides ou de femmes de druides puisque les druides pouvaient se marier. On ne trouve dans les textes anciens que peu de cas de femmes accomplissant des sacrifices, enseignant ou rendant la justice. Ceci ne veut pas dire que la femme celte ait été éloignée du ministère sacerdotal. Les Celtes ont toujours accordé une part prééminente à la femme dans les activités de la tribu. Il suffit pour s'en convaincre de se souvenir de la reine Boudicca qui mena en Grande-Bretagne la révolte contre les Romains en 62 de notre ère.

En ce qui concerne les sacrifices humains pratiqués par les Celtes, ce ne fut que prétexte à interdiction par édit de Tibère et Sénatus-Consulte de Claude. On remarquera que le seul texte d'origine celtique qui en ait jamais parlé est un texte irlandais chrétien rédigé en latin à la gloire de saint Patrick, donc un texte relativement tardif et très vraisemblablement partisan. Il s'agit de l'épisode de l'idole d'or de Crom Cruaich, idole entourée de douze menhirs, à laquelle on « offrait » les premiers-nés de chaque clan sans qu'il soit précisé d'ailleurs si ces « prémices » étaient effectivement immolés physiquement ou s'il n'y avait pas possibilité de rachat comme dans la tradition biblique dont le narrateur de la légende, moine irlandais chrétien, s'est manifestement inspiré. En fait, il n'y avait pas de sacrifices humains dans la religion druidique authentique. L'épisode de Crom Cruaich a été relaté de façon erronée. Les enfants présentés dans ce temple étaient des enfants morts-nés et à cette occasion on priait simplement pour que de telles naissances ne se reproduisent pas. Il est aussi question dans le même texte des adorateurs, hommes et femmes d'Irlande qui, venus là pour adorer l'idole à l'occasion de la fête de Samain (le 1er novembre) moururent avec le front, le nez et les genoux brisés sans qu'on sache ni pourquoi ni comment. A se demander si saint Patrick, habile manieur de crosse, n'était pas le véritable responsable de ce massacre...

Bien entendu les Celtes croyaient à l'immortalité de l'âme et à l'existence d'un autre monde au-delà de la mort laquelle était considérée avec sérénité comme un passage. Quant à savoir si les Celtes croyaient à la réincarnation, certains textes ont pu le faire penser, alors qu'il s'agirait plutôt de métamorphoses, c'est-à-dire de changements occasionnels d'aspect physique. Toujours est-il que dans certains milieux druidiques modernes la réincarnation, ou théorie des incarnations successives après la mort est considérée comme un élément fondamental du druidisme. Pourquoi les druides n'ont-ils pas écrit eux-mêmes ce qu'ils en pensaient ?

César affirme que les druides savaient écrire et qu'ils utilisaient l'alphabet grec, mais l'écriture était réservée aux affaires profanes. Ils se refusaient à écrire quoi que ce fût concernant la religion. Les anciens Celtes ont utilisé divers alphabets. L'alphabet ogamique était l'un d'eux, spécifique aux Celtes certes, mais relativement tardif. Son usage était strictement limité à des pratiques incantatoires et à des inscriptions funéraires. Les caractères ogamiques consistaient en encoches tailladées le long d'une baguette de bois fendue, ou gravées sur l'arête d'une pierre levée, se lisant de bas en haut et de droite à gauche. C'était un alphabet phonétique. Ecrire c'est fixer. Pour une incantation, un interdit, une malédiction, l'écrire, c'est faire durer magiquement la puissance de la formule. Analogiquement, les druides se refusaient de figer leur doctrine par l'écriture au risque de la tuer. Les conceptions druidiques étaient bien vivantes et il n'y avait nul besoin de les enregistrer par écrit. On a précisément commencé à écrire la matière celtique lorsque la tradition a cessé d'être transmise oralement au grand jour, à cause des interdits dus à l'extension du christianisme.

Une certaine tradition s'est perpétuée, oralement, par le biais des contes et traditions populaires et est ainsi arrivée jusqu'à nous, mais après quelles vicissitudes ! Des éléments de la tradition celtique savante, apanage des druides, ont été sauvegardés clandestinement dans les monastères des chrétientés celtiques où divers textes mythologiques irlandais furent transcrits, en onciales, et soigneusement occultés. Certaines sociétés initiatiques celtiques contemporaines ne manquent pas de tirer argument de diverses transcriptions tardives. D'autres au contraire, se réclamant de la tradition orale, prétendent que la vieille religion druidique entra dans la clandestinité et survécut, en dépit des persécutions et des inquisitions, par le biais des *cyvail* ou *covens* secrets qui ne se réunissaient que par groupe de trois personnes. Ils auraient réussi à traverser les siècles transmettant religieusement de bouche à oreille la stricte observance païenne de l'ancienne religion pour arriver aux modernes communautés druidiques et celtiques par exemple, et même à la Wicca qui se veut d'ailleurs encore plus ancienne que le druidisme. On signalera au passage qu'on retrouve dans le mot « wicca » la même racine [wi-vid] « savoir » que dans le mot « druide ».

3. — LES DRUIDES DE L'INVASION ROMAINE A 1717

Les Romains sont responsables de la disparition des druides. La classe sacerdotale celtique était trop bien structurée. Elle constituait un danger permanent pour l'occupant romain étant donné l'énorme ascendant des druides sur les populations. Les druides furent interdits par les Romains sous le prétexte de sacrifices humains, mais en réalité pour des raisons politiques. Dans un premier temps, la classe nobiliaire des Celtes avait été démantelée, mais dans un second temps il fallait aussi ruiner son support, c'est-à-dire la classe sacerdotale des druides, les seuls susceptibles de fomenter la résistance aux conquérants romains. De toute façon l'une n'allant pas sans l'autre, la destruction de la noblesse entraîna nécessairement celle des druides et réciproquement. La civilisation romaine et la civilisation celtique étant deux civilisations incompatibles, la victoire militaire de Rome ne pouvait que ruiner le druidisme garant de la civilisation celtique.

Curieusement, les deux seules religions qui furent interdites par les Romains, si tolérants par ailleurs, furent le druidisme et le christianisme. Mais lorsque le christianisme aura lui-même triomphé, et après avoir largement profité de la mentalité tolérante des druides pour s'implanter dans les pays celtiques, il n'aura de cesse à son tour d'expurger le druidisme et ses survivances. Suétone nous dit qu'Auguste, mort en 14 de l'ère vulgaire (e.v.), interdit la *religio druidarum* à tous ceux qui désiraient acquérir le titre de citoyen romain. Pline parle d'un décret du Sénat romain pris sous Tibère (mort en 37 e.v.) contre les druides gaulois « et toute cette engeance de devins et de guérisseurs ». C'est encore Suétone qui affirme que Claude (mort en 54 e.v.) « abolit complètement la religion barbare et inhumaine des druides de Gaule ». En l'an 57 e.v., la communauté druidique de l'île de Mona (Anglesey, Pays de Galles du nord) fut anéantie par les cohortes d'Agricola commandées par Paulinus. Tacite a raconté les faits dans ses *Annales* et lorsqu'il parle, quelques années plus tard vers l'an 61 e.v., des druides bretons, c'est-à-dire des druides de Grande-Bretagne, il en parle comme si la religion druidique avait déjà été entièrement balayée. Pourtant en 70 e.v., les druides sortent de leurs forêts au moment de la révolte du Batave Civilis pour prophétiser un nouvel empire gaulois. Vers l'an 195 des esprits aussi libéraux que Pescennius Niger et Septime Sévère auraient tenté, mais sans succès apparent, de restaurer le druidisme.

Après l'édit de Milan de Constantin en 313, l'église chrétienne triomphe avec l'aide du pouvoir impérial.

Le druide ne pouvait exister dans le contexte de la société celtique traditionnelle que par rapport au prince. Le prince disparaissant, avec la perte de l'indépendance des nations celtiques, comme ce fut le cas en Gaule avant même la christianisation, le druide perdait sa fonction sociale et politique. Il lui restait la religion, mais elle était clandestine, eu égard aux décrets de Tibère et de Claude. Quelques siècles plus tard, si tant est qu'il restait encore des druides dans la clandestinité, le triomphe du christianisme avec Constantin sonnait le glas des religions païennes. Il n'y avait plus en Gaule de traces apparentes de l'ancien sacerdoce druidique. Peut-être que les trouvères et les troubadours du Moyen-Age étaient encore des bardes ? Mais les bardes déchus ne furent bientôt plus que des amuseurs publics.

N'oublions pas cependant que l'Irlande n'avait pas connu l'occupation des légions romaines et donc que la structure de la société celtique traditionnelle n'avait pas été bouleversée dans ses fondements comme elle avait pu l'être sur le continent.

Voici la prophétie que firent deux druides du roi irlandais Laegaire Marc Néill, fils de Néill-aux-Neuf-Otages, roi suprême de Tara (379-405) :

> *Il viendra un homme à la tête polie*
> *comme une hache, avec son bâton recourbé,*

son manteau aura un trou pour y passer la tête.
Il chantera des choses néfastes à sa table
située à l'est de sa maison ;
tous ses gens répondront : fiat, fiat.

C'est alors, en 432, que Patrick vint (circa 390, † 461), ou plutôt qu'il revint. Il avait en effet été capturé au cours d'une razzia sur les côtes de Bretagne insulaire alors qu'il n'avait que seize ans et emmené en captivité en Irlande où il avait été vendu comme esclave à un druide nommé Miliuc. Comme son nom l'indique, Patrick (du latin *Patricius*) était le fils d'une famille aisée gallo-romaine, et son père Calpurnius était diacre, fils du prêtre chrétien Potitus.

Pendant son exil forcé en Irlande, Patrick apprit sans doute beaucoup de choses du druide auprès duquel il vécut plus de six années. Ayant réussi à gagner le continent, il devint prêtre chrétien comme son grand-père, puis évêque. Il décida alors d'aller convertir ses anciens ravisseurs irlandais dont il avait appris à connaître les points faibles. C'est ainsi qu'il résolut d'opposer les rois aux druides. Le roi suprême de Tara, Laegaire Mac Néill, demanda à Patrick de lui faire apparaître le héros Cuchulainn de la mythologie celtique, tour que Patrick savait faire. Bien entendu, le soi-disant fantôme de Cuchulainn aux ordres de Patrick expliqua au roi qu'une seule nuit en enfer était pire que toutes les épreuves guerrières qu'il avait pu subir. L'apparition expliqua en outre que seuls les Irlandais qui croiraient au Christ gagneraient le paradis. Après quoi le roi fortement impressionné se serait converti. Toutefois d'après le moine bénédictin Dom Gougaud, le roi Laegaire ne se serait pas converti pour autant, par fidélité à son père Néill-aux-Neuf-Otages. Par contre les deux filles du roi, Ethne la Blanche et Fedelm la Rousse, séduites par les beaux discours de Patrick, sollicitèrent à la fois le baptême et la vision béatifique. Elles furent immédiatement exaucées par Patrick qui les baptisa, leur donna la communion, à la suite de quoi elles moururent ! Le roi Laegaire n'apprécia pas, on s'en doute, les conséquences de cette pseudo-conversion qui ressemblait à un double assassinat par empoisonnement. Il projeta même de faire disparaître Patrick tenu pour responsable de la mort de ses deux filles, mais il n'en fit rien à cause du prestige que Patrick s'adjugeait aux concours de prodiges où il prenait un malin plaisir à défier et à surpasser les druides. Il ne faut pas oublier non plus que Patrick avait un compte à régler avec les druides, ayant été pendant six longues années de captivité l'esclave du druide Miliuc. Outre qu'il avait appris la langue irlandaise, en vivant dans la familiarité d'un druide trop peu méfiant, Patrick avait pu non seulement connaître des secrets de druides mais aussi discerner leurs points faibles, ce qui lui permit de mieux les combattre par la suite. Les druides irlandais étaient-ils alors dans une période de décadence avancée ou répugnaient-ils à se mesurer à l'ancien esclave de l'un des leurs ? N'était-ce pas aussi une grande marque de tolérance de leur part ?

Patrick libéra l'écriture du tabou druidique en vulgarisant l'alphabet latin. Il aida ainsi l'Irlande à passer de la tradition orale païenne à la tradition écrite biblique. Finalement, désormais assuré de l'appui de la noblesse, Patrick consomma sa vengeance, faisant preuve de la pire intolérance, en lançant l'anathème contre les druides, leur interdisant l'exercice même de leur antique religion et le droit au sacrifice, leur signifiant ainsi d'avoir à disparaître.

La classe des nobles, en profitant de l'arrivée de Patrick pour se débarrasser de la tutelle de la classe sacerdotale des druides, a ainsi fait le jeu de la religion chrétienne. Mais la noblesse ne voulant pas tomber sous la coupe du nouveau clergé n'a pas laissé celui-ci tenir vraiment l'ancien rôle des druides. Le nouveau clergé était déchu d'avance et à la solde de la noblesse. Le couple celtique traditionnel du prêtre et du roi était ruiné. Les conséquences se repercuteraient bientôt sur la société celtique condamnée à s'effondrer.

Le clergé chrétien formé par Patrick prenait donc la place des druides, mais quel clergé était-ce ? Il n'est pas sans intérêt de raconter comment par exemple Patrick sélectionna et convertit au christianisme celui qui deviendra le premier évêque irlandais.

Patrick s'en alla pour cela trouver le chef des *filid* (druides) de Tara qui était alors Dubthach. Il lui demanda de lui désigner parmi ses disciples un beau jeune homme n'ayant qu'une seule femme et qu'un seul enfant. On voit que les conditions d'accès à l'épiscopat n'étaient pas alors très contraignantes : il n'est même pas question de choisir un chrétien ! Ce qui était important pour Patrick c'était surtout que l'élu fût un élève du chef de l'ancienne religion, donc un membre de la classe sacerdotale druidique. Il n'est pas impossible que le vieux Dubthach ait désigné précisément le moins futé de ses élèves ! Ce fut un nommé Fiacc qui était alors en tournée dans les cours princières. Sachant fort bien que Fiacc ne serait pas si facilement disposé à accepter, dès qu'il revint Patrick fit mine de vouloir tonsurer de force le druide Dubthach. Comme on s'y attendait, le disciple fidèle s'interposa immédiatement, considérant comme un suprême déshonneur pour son maître de se faire tonsurer. Dans sa générosité, Fiacc se proposa lui-même pour éviter la honte à son maître. Patrick n'attendait que cela et immédiatement il tonsura Fiacc, le baptisa et lui remit un alphabet latin pour qu'il apprit à lire les psaumes. Voilà par quel stratagème douteux de Patrick, l'élève druide Fiacc devint le premier évêque du Leinster en Irlande.

Il est certain que dans de telles conditions les premiers évêques irlandais de l'époque patricienne étaient encore beaucoup plus druides païens qu'évêques chrétiens et cela ne manquera pas de marquer les chrétientés celtiques irlandaises primitives qui ne seront d'ailleurs jamais vraiment reconnues ni acceptées par l'Eglise romaine. On vit même se constituer de curieuses communautés « culdées » qui réalisaient un habile compromis entre la foi druidique, assimilée pour la circonstance à l'Ancien Testament, et la foi chrétienne du Nouveau Testament.

Bien entendu, les tenants de la stricte observance païenne de la foi druidique refusèrent énergiquement de pareils compromis et préférèrent entrer dans la clandestinité, se réfugiant dans les forêts, continuant d'exercer leur ministère près du petit peuple des campagnes.

D'un autre côté, grâce à la levée de l'interdit sur l'écriture, de nombreux *filid* devenus moines celtes allaient sauver une bonne partie de la tradition celtique en confiant aux manuscrits les récits mythologiques celtiques irlandais qu'il n'était plus possible de transmettre oralement.

A examiner entre les lignes les vies de saints celtiques, les légendes chrétiennes et diverses traditions populaires relatives à la christianisation des pays celtiques et en particulier lors de l'arrivée en Armorique des Bretons insulaires déjà christianisés, alors que l'Armorique était encore païenne, on perçoit la lutte réelle que menèrent les moines chrétiens contre les « résistants » du druidisme païen.

Les « dragons » des légendes figurent les druides de la résistance païenne que l'on voulait chasser et détruire. Les « sangliers » sont aussi des druides ; les « laies », ou encore les « abeilles sauvages » désignent les druidesses, tandis que les « marcassins » sont les étudiants du druidisme interdit, ou les élèves-druides de la clandestinité.

En Irlande, le druidisme a été remplacé directement par le christianisme alors qu'en Grande-Bretagne ou en Gaule, le druidisme a d'abord été supplanté par la religion d'Etat des Romains, laquelle a ensuite été elle-même supplantée par le christianisme devenu à son tour religion d'Etat. L'Irlande n'a pas connu cette période intermédiaire du paganisme officiel des occupants romains. A croire que les Irlandais mirent les bouchées doubles pour rattraper leur retard puisqu'en quelques années l'Irlande devenait une véritable pépinière de missionnaires chrétiens qui se répandraient sur toute l'Europe.

Les moines, qui transcrivirent les traditions orales irlandaises et les recopièrent de générations en générations, étaient-ils des successeurs clandestins de druides ? Avaient-ils conscience, en faisant acte de copistes, de sauver toute une tradition, toute une culture ? Peut-être pas l'humble copiste dont le rôle était purement mécanique, recopiant sans comprendre, et qui recopiait tout ce qu'on lui donnait à recopier, aussi bien les légendes irlandaises que les auteurs latins ou les lois coutumières, mais les chefs des copistes des monastères celtiques avaient certainement conscience de leur mission de sauvetage de la tradition et de la culture celtique. Pour des raisons évidentes les récits irlandais païens furent retouchés par les clercs chrétiens et tout ce qui avait directement trait au culte druidique fut impitoyablement censuré. En outre nombre de récits païens furent christianisés. L'Irlande fut même assimilée à la Terre Promise des Hébreux. Ce qui s'était passé avant saint Patrick, c'était l'Ancien Testament, et depuis saint Patrick le Nouveau Testament !

D'après la *Vie de saint Colomba* écrite par Adamnan, abbé du monastère d'Iona (+ 704), il y avait encore des druides en Ecosse quand Colomba y arriva. C'est normal puisque l'Ecosse n'avait pas, non plus, été occupée par les Romains. Saint Colomba lui-même n'était-il pas de famille royale et descendant de *file* ? N'appelle-t-il pas Jésus « son druide » ? Les *Annales de Tigernach* citent en effet cette parole étonnante de saint Colomba :

Il y a mon druide qui ne me refuse pas :
C'est le Fils de Dieu qui me viendra en aide.

J. O'Donovan cite un poème attribué à saint Colomba qui dit ceci :

Mon druide est le Christ, Fils de Dieu.

Saint Colomba intervint d'ailleurs en faveur des *filid* à l'assemblée de Druim Ceta en 574 pour leur maintenir, au moins partiellement, quelques-uns de leurs privilèges traditionnels.

Un pénitentiel du VIIIe siècle sanctionne encore de pénitences sévère le « péché de druidisme », *druidechta* dans le texte. C'est donc que le druidisme persistait et qu'on continuait à le combattre. René Jeudon a émis l'hypothèse que les prétendus « sarrazins » du VIIIe siècle, aux noms bien occidentaux, n'étaient peut-être que des tenants de révoltes païennes antichrétiennes fomentées avec l'appui éventuel de musulmans.

Malachie, l'évêque d'Armagh et primat d'Irlande, célèbre pour la prophétie des papes qui lui est attribuée, était l'ami de Bernard de Clairvaux. En 1142 les moines cisterciens gagnent l'Irlande et y fondent l'abbaye de Mellifont. L'art traditionnel celtique est désormais interdit. L'architecture, l'art de la maçonnerie avait déjà été soumise au pouvoir des évêques lors du second concile de Nicée en 787.

Enfin, c'est l'unique pape anglais de l'histoire, Nicolas Breakspear, Adrien IV (1154-1159), qui autorisa, pour ne pas dire encouragea, par la bulle *Laudabiliter*, le roi d'Angleterre Henry II Plantagenêt à conquérir l'Irlande « en vue d'étendre les bornes de l'Eglise », preuve que l'Irlande était encore considérée comme païenne !

Si les *filid* d'Irlande ont été les seuls à survivre de l'ancienne classe sacerdotale druidique, et encore à condition d'avoir adopté le christianisme dans lequel ils ont été peu à peu absorbés, au Pays de Galles ce sont les bardes qui réussirent à conserver pendant le Moyen Age un statut relativement privilégié en qualité de poètes des cours princières, tout au moins tant qu'il y aura des princes gallois. Bien entendu, ce n'était qu'en qualité de lettrés et non en tant que membres de l'ancienne classe sacerdotale druidique. Les bardes gallois sont devenus les valets des princes. Ils ont sauvé la langue mais pas la religion druidique.

Vers 550 Taliésin est le barde des rois bretons. Dans l'histoire du roi Maelgwn de Gwynedd (Pays de Galles) au VIe siècle on mentionne des compétitions de bardes. Le roi gallois Howel le Bon (916-950) qui avait des bardes à sa cour définit les privilèges des bardes gallois dont le chef était nommé *pencerdd*. Ce sont ces bardes de cours royales qui transmirent la « matière de

Bretagne » qui servit à la rédaction des Romans Bretons du cycle de la Table Ronde.

Les secrets de la tradition druidique auraient quand même été transmis oralement par les sages du Pays de Galles appelés en gallois *gwyddoniaid*. Le prince gallois Rhys ab Tewdor, l'ancêtre des Tudor, favorisa la réorganisation du bardisme gallois : la tradition galloise jusqu'alors orale commença à être rédigée à partir de 1081. En 1136 Geoffroy de Monmouth écrit son *Histoire de Bretagne*. La première assemblée historique de bardes gallois, représentant la seule fonction du système druidique ayant survécu au Pays de Galles, se réunit en 1176, à l'époque de Noël, au château de Cardigan, le prince régnant étant alors Lord Rhys. Selon la chronique, cette assemblée fut proclamée par hérauts un an et un jour à l'avance, tant au Pays de Galles qu'en Irlande, en Ecosse et en Angleterre. (Le huitième centenaire de cette première assemblée historique de bardes gallois a été commémoré en 1976 par les postes britanniques qui ont émis une série de timbres « druidiques ».) Il y avait déjà deux sortes de compétitions : d'abord un concours de poésie, puis un concours de musique. Le prix dans chaque catégorie était concrétisé par un siège miniature en argent symbolisant le siège réservé au chef des bardes (*pencerdd*) dans les châteaux des princes gallois, traditionnels mécènes et protecteurs des poètes.

Mais en 1295 le roi Edouard Ier d'Angleterre (1239-1307), assimilant la renaissance culturelle bardique à la résistance galloise antianglaise, interdit toute assemblée bardique, et les druides Cadwalon, Mordred et Urien furent assassinés. C'est ce même roi qui s'empara de la « Pierre de Scone » ou « pierre du couronnement » des rois d'Ecosse qui devint dès lors la « pierre du couronnement » des rois d'Angleterre. Le druidisme ou plutôt le bardisme gallois entrait à nouveau dans la clandestinité. Certains bardes s'enfuirent en Bretagne armoricaine. Et pourtant c'est au XIIIe siècle que furent rédigés les *Mabinogion*.

Par contre le roi Edouard III (1312-1377) convoqua une « table ronde » de bardes le 1er janvier 1344. Un archidruide du nom de Trahaiarn Mor aurait alors été élu. C'est ce même Edouard III, vainqueur de la bataille de Crécy en 1346, qui institua l'Ordre de la Jarretière dont on connaît les liens avec l'ancienne religion.

Vers 1400 il y aurait eu une tentative de restauration du

druidisme païen avec Sion Cent qui aurait organisé des conventicules secrets, les *cyvail*.

La fin de l'indépendance politique galloise après l'échec de l'insurrection d'Owen Glynder en 1415 allait bientôt provoquer la disparition des bardes en tant que poètes de cour.

Vers 1450 le mot gallois *eisteddfod* (pluriel : *eisteddfodau*), pour désigner les assemblées et concours de bardes, apparut pour la première fois à Camarthen, le prince gallois étant Gruffydd ap Nicolas. L'*eisteddfod* dura plusieurs semaines. Il semble que le vainqueur de la chaire bardique Dafydd ab Edmwnd imposa alors de nouvelles règles de prosodie, en particulier pour la compétition de l'ode allitérative appelé *awdl* qui fait encore partie des compétitions actuelles.

En 1523 à l'*eisteddford* de Caerwys, on commença à délivrer aux vainqueurs des diplômes de « bacheliers » en poésie. On sait que le vainqueur du concours de poésie reçut en 1568 à Caerwys une petite chaire d'argent, le vainqueur du concours de harpe une petite harpe d'argent et le meilleur chanteur une langue en argent. Cette harpe, de 15 cm, est encore conservée par la famille de Lord Mostyn.

Les rois Henri V et Henri VIII d'Angleterre se signalèrent par leur persécution des bardes. Pourtant Henri VIII (1491-1547) était l'arrière petit-fils du prince gallois Rhys ab Tewdor. En revanche sa fille, la reine Elisabeth Ire (1558-1603), intervint à l'occasion de l'*eisteddfod* de Caerwys de 1568 en désignant un jury de vingt gentilshommes de Galles du Nord pour examiner les candidats et délivrer les « licences ». Il existait déjà des diplômes de bardes mais la souveraine britannique voulait réglementer la profession en quelque sorte pour éliminer les pseudo-bardes, mendiants plus que bardes, qui circulaient de château en château et pouvaient aussi bien colporter des informations tendancieuses que des mots d'ordre politiques. Obliger les bardes à être munis de « licence » était une mesure de contrôle policier. N'oublions pas que le Pays de Galles, tout comme l'Irlande, était en réalité un pays conquis que les souverains anglais avaient beaucoup de mal à contrôler.

En 1560 le barde gallois Llewelyn Sion de Glamorgan consigna par écrit ce qu'il savait de la tradition celtique.

Le puritain Cromwell (1599-1658) fera rechercher, saisir et détruire systématiquement tous les documents soupçonnés de consigner les anciennes traditions druidiques.

On n'a aucune relation d'*eisteddfodau* au cours du XVIIe siècle, ce qui ne signifie évidemment pas qu'il n'y en eut pas durant tout ce temps, mais on pense que la situation politique du Pays de Galles allant en se dégradant, les concours de poésie n'étaient plus ce qu'ils avaient été. Au XVIIIe siècle nous savons que de la publicité était faite pour les *eisteddfodau* dans les almanachs populaires. On y annonçait les dates et lieux des prochains concours. Mais ces concours n'étaient plus officiels ni soutenus par la noblesse galloise laquelle avait dû, d'ailleurs, céder la place à la noblesse anglaise nouvellement établie en pays conquis et qui ne portait pas le même intérêt à des traditions populaires galloises considérées plutôt comme méprisables.

Sur le continent, l'Armorique fut largement bretonnisée par l'arrivée des émigrants de Bretagne insulaire qui fuyaient les envahisseurs anglo-saxons, surtout vers le VIe siècle, mais ces émigrants, étaient déjà christianisés et encadrés par des moines celtiques qui leur servaient de chefs et qui établirent les premières paroisses bretonnes en Armorique dénotées par les noms de lieux en *plou*— et les premiers monastères dénotés par les noms de lieux en *lann*—. Il n'est pas évident qu'ils furent bien accueillis par les Armoricains restés païens. A cet égard diverses légendes telles que celle de la destruction de la ville d'Ys du roi Gradlon et de sa fille Dahut sont significatives.

Au XIIe siècle, il faut croire que la tradition druidique n'était pas morte en Bretagne pour qu'un certain Eon, bourgeois de Loudéac, entre soudain en forêt de Brocéliande comme on entre en religion, pour se faire initier dans la solitude, le jeûne et la méditation, selon lui par l'enchanteur Merlin toujours vivant, immortel ou réincarné. Eon en sort transformé pour prêcher, sous le nom d'Eon de l'Etoile, une doctrine contestataire, l' « Etoilisme ». Il fallut dépêcher un cardinal-légat en Bretagne pour prêcher une véritable croisade antiétoiliste. Eon de l'Etoile fut arrêté et transféré à Reims pour y comparaître en 1148 devant le tribunal conciliaire présidé par le pape Eugène III en personne. Condamné, Eon de l'Etoile disparut tandis que les « hérétiques » étoilistes périssaient sur les bûchers avant même l'institution officielle de la Sainte Inquisition par le Concile de Vérone de 1183. On ne saurait bien entendu considérer l'Etoilisme comme une tentative de reconstitution du druidisme antique, mais certainement s'agissait-il d'une réaction populaire contre une religion de plus en plus contraignante et intolérante.

Au moment de la Renaissance, l'invention de l'imprimerie permit l'édition des textes des auteurs latins qui avaient parlé des Celtes, si bien qu'on pense que les érudits du XVIe siècle eurent dès lors pratiquement tous accès aux citations latines concernant les druides. Mais l'idéologie chrétienne dominante voulait que toute l'histoire du monde fût basée sur la Bible et en accord avec l'Ancien Testament. Si donc après le déluge Noé eut trois fils qui repeuplèrent la Terre, les Européens, et donc les Celtes, ne pouvaient être que les descendants de l'un des trois. On choisit Japhet fils de Noé dont le fils Gomer devint ainsi « l'ancêtre » des Gallois simplement à cause de l'assonance :

Gomeri — Cimmerii — Cymry,

ce dernier nom étant le nom gallois du Pays de Galles ou Cambrie. Autrement dit, les Gallois n'étaient que des Hébreux ! De là à dire que la langue galloise était parlée par Adam et Eve au Paradis terrestre, il n'y avait qu'un pas qui fut allègrement franchi d'ailleurs. Le célèbre Alcuin (+ 804) n'appelaient-il pas « Egyptiens » les moines irlandais déjà répandus dans toute l'Europe de son temps ? De telles idées eurent cours jusqu'au XIXe siècle.

Le premier auteur de la Renaissance à parler des druides en citant les auteurs latins fut Annius de Viterbo en 1498 dans son *Commentaire* sur le repeuplement de la Terre après le déluge. Son ouvrage fut repris en Angleterre en 1510 par John White de Basingstoke qui y ajouta des éléments empruntés à l'*Histoire de Bretagne* de Geoffroy de Monmouth de 1136.

Aussi curieusement que cela puisse paraître, c'est la découverte du continent américain et des Indiens d'Amérique qui allait donner aux contemporains une idée de ce que pouvait avoir été la vie de leurs ancêtres Celtes, à tel point que les descriptions des mœurs des anciens Celtes faisaient alors souvent référence aux Indiens d'Amérique à titre de comparaison. Le XVIe siècle vit s'éveiller l'intérêt pour les Celtes et par conséquent pour les druides. En 1514 Justus Bebelius écrit en latin sur les anciens Germains et les druides gaulois. Jean Le Fèvre écrit, en français lui, en 1532 : *Les Fleurs et antiquitez des Gaules, où il est traitté des Anciens Philosophes Gaulois, appelez Druides* (Paris *in 8°*). En 1579, Forcatel, juriste à Toulouse, dans son *De Gallorum imperio et Philosophia*, insiste sur le rôle juridique des druides. Noël Taillepied en 1585 publie son *Histoire de l'estat et république des Druides, Eubages, Sarronides, Bardes, Vacies, anciens François, gouverneurs des pais de la Gaule, depuis le déluge universel, iusques la venue de Jésus Christ en ce monde : compris en deux livres contenant leurs loix, police, ordonnances, tant en l'estat ecclésiastique, que séculier.*

En 1615 c'est *Le Gui des druides comme symbole de jurisprudence* de François Meinhard. En 1621 Guenebault publie à Dijon (*in 4°*) *Le Réveil de l'Antique Tombeau de Chyndonax Prince des Vacies, Druides, Celtiques, Dijonnois, avec la diversité des cérémonies observées aux sépultures anciennes.*

En 1648 Elias Schedius écrit son *De Diis Germani*s dont le sous-titre est *l'Ancienne Religion des Germains, Gaulois, Bretons et Vandales* (Amsterdam), avec un frontispice représentant à gauche un digne druide couronné de laurier tenant à la main droite un poignard et de l'autre une coupe, à droite une femme, sans doute une druidesse, jouant du tambour avec des tibias, une tête de mort accrochée à la ceinture, le tout sur un décor de forêt de chênes dont un, au centre, entouré d'une palissade, et çà et là, éparses sur le sol, des têtes humaines correspondant à autant de cadavres décapités...

En 1650 Esaias Pufendorf publiait sa *Dissertatio de druidibus* dans laquelle il était question de bosquets sacrés, d'autels de pierre et de sacrifices humains.

L'Ecossais John Aubrey fut le premier en 1649 à associer les druides aux sites d'Avebury et de Stonehenge. Il fera école jusqu'à nos jours car cette idée est toujours vivace et même entretenue par certaines sociétés druidiques qui célèbrent leurs rites précisément au milieu des cercles de pierres de Stonehenge.

Cependant le manuscrit de John Aubrey, *Templa Druidum,* ne fut publié, en partie, par Edmond Gibson, qu'en 1695. Si John Aubrey associait le site de Stonehenge à la religion des druides, Geoffroy de Monmouth avait déjà rapporté en 1136 la légende selon laquelle Stonehenge aurait été édifié par Merlin l'Enchanteur qui aurait transporté magiquement dans la plaine de Salisbury des pierres d'Irlande à la mémoire des héros bretons victimes des envahisseurs saxons, ce qui faisait de Stonehenge un monument datant au plus du VIe siècle. D'autres auteurs assimilaient Stonehenge au tombeau de la reine Boudicca, ou encore à un monument phénicien, voire à un temple romain.

Or John Aubrey était à la fois franc-maçon et chef du « bosquet druidique » *Mount Haemus* d'Oxford. Ce « bosquet » dont l'existence est signalée en 1245 avait, soit continué d'exister d'une façon clandestine, soit été restauré sous la même appellation. Parmi les membres du « bosquet » *Mount Haemus* citons Elias Ashmole (1617-1692), humaniste, membre de la *Royal Society*, initié franc-maçon le 16 octobre 1646, auteur du *Theatrum chemicum Britannicum* (1652). Elias Ashmole est donné par la tradition druidique du D.O. comme étant celui qui aurait transmis aux premiers francs-maçons spéculatifs les initiations correspondant aux trois fonctions traditionnelles du druidisme, celle d'ovate, de barde et de druide, lesquelles auraient par la suite été regroupées en un seul grade qui ne serait autre que le *Royal Arch* de la Franc-Maçonnerie, avec, pour occulter le fait bien entendu, une légende biblique attachée au grade, sans rapport aucun avec quelque tradition druidique que ce soit.

Jean Frickius dans sa *Commentatio de Druidis* de 1744 ne cite pas moins de vingt-cinq auteurs ayant traité des druides depuis 1514 dans des ouvrages spécialement consacrés à ce sujet, mais il ajoute une bibliographie imposante de quinze pages mentionnant deux cent soixante et un auteurs ayant cité les druides au cours de la même période.

En résumé de cette introduction, les druides furent interdits par les opposants romains de la Gaule et ils n'eurent pas le temps de se réorganiser que le christianisme triomphant et militant les interdisait à son tour.

Mais en Irlande où les légions romaines ne débarquèrent jamais, lorsque le christianisme apparut avec Patrick au Ve siècle, la structure de la société celtique classique était toujours en place et les druides avaient conservé leur rang. Néanmoins le druidisme fut rapidement absorbé, certains druides ayant été convertis pour devenir les premiers évêques irlandais, ou ayant choisi de se retirer en se condamnant à la marginalisation. Toutefois les moines chrétiens irlandais sauvèrent de l'oubli la tradition pré-chrétienne en la consignant par écrit, chose qui avait été jusqu'alors impossible à cause du tabou qui pesait sur l'écriture.

Cependant au Pays de Galles, les bardes conservèrent un certain statut de poètes de cour ou de poètes populaires, comme les *filid* d'Irlande, tandis que les derniers descendants des druides non intégrés n'étaient bientôt plus considérés que comme des sorciers de campagne.

Une première assemblée historique de bardes est tenue au

Pays de Galles en 1176. Un *coven* de druides est signalé à Oxford en 1245.

Mais la Sainte-Eglise romaine veille et tous ceux qui ne voudront pas entrer dans le moule uniforme catholique romain seront impitoyablement pourchassés. Le xiie siècle verra à la fois la fin des indépendances des nations celtiques et la fin des particularismes de ces chrétientés celtiques, en partie héritières des druides qui avait misé sur la nouvelle religion.

Au xvie siècle la Réforme met en cause l'autorité du pape de Rome et remet en valeur l'autorité de la Bible. Tout écrit qui ne serait pas en conformité avec la Bible ne saurait être toléré. Il sera alors aussi difficile de se libérer de l'autorité biblique que de se soustraire à l'autorité papale.

Grâce au développement de l'imprimerie, la diffusion des écrits et l'accès aux sources classiques sont favorisés. En deux siècles, près de trois cents auteurs européens marquèrent leur intérêt pour les druides et l'ancienne religion des Celtes.

Les druides existaient-ils encore ? Toujours est-il que, sans doute grâce aux idées de liberté de conscience et de « libre examen » véhiculées par la Réforme, et grâce à l'ambiance libertaire du « siècle des lumières » et contestataires de l'époque romantique, le sujet intéressait de plus en plus les esprits cultivés.

Nous suivrons, dans une première partie, les différentes naissances ou renaissances du druidisme contemporain dont nous analyserons, dans une seconde partie les principaux rites initiatiques.

Enfin une troisième partie rassemblera, et cela pour la première fois, textes et rites essentiels ainsi que les descriptifs tout à fait inédits des diverses sociétés druidiques modernes.

PREMIÈRE PARTIE

LE RENOUVEAU DU DRUIDISME

CHAPITRE PREMIER

LES TROIS BRANCHES

Le premier regroupement de druides : le D.O.

C'est le 24 juin 1717, à la taverne « l'Oie et le Gril » de Londres que la Grande Loge maçonnique spéculative d'Angleterre fut constituée avec le concours de francs-maçons de quatre loges londoniennes.

A quelque temps de là, très exactement le 22 septembre 1717, donc la même année mais trois mois plus tard, le libre-penseur irlandais John Toland réunissait à la « Taverne du Pommier », à Londres également, les délégués de dix comtés du Royaume-Uni de Grande-Bretagne et d'Irlande ainsi que des délégués de Bretagne armoricaine dans le but de constituer une fédération des « Bosquets » de l'*Ancient Druid Order*, l'Ancien Ordre druidique.

Ces deux assemblées historiques ne sont pas sans autre concordance, fortuite ou voulue. En effet, les quatre loges de Londres représentées à la fondation de la Grande Loge d'Angleterre, étaient les loges des quatre tavernes suivantes (puisque les francs-maçons se réunissaient alors dans des tavernes) :

— *The Goose and Gridiron*   L'Oie et le Gril
— *The Crown Ale House*   La Brasserie de la Couronne
— *The Apple Tree Tavern*   La Taverne du Pommier
— *The Rummer and Grapes*   Le Grand Verre et les Raisins

Or, la « Taverne du Pommier » (Charles Street, Covent Garden à Londres) était aussi précisément le lieu même de l'assemblée druidique réunie sur l'initiative de John Toland le 22 septembre 1717.

Qui était John Toland ?

John Toland (1669-1722) était un Irlandais de Londonderry, catholique romain de naissance. Envoyé en Ecosse pour y faire ses études selon la plus pure tradition irlandaise, il s'établit à York puis à Oxford où il rencontra John Aubrey, le chef-druide écossais du « Bosquet » *Mount Haemus*.

Sur le plan religieux et philosophique, John Toland évolua du catholicisme au libéralisme protestant pour se tourner vers l'anglicanisme et finir, après s'être dégagé des contraintes chrétiennes, dans une sorte de panthéisme ou de religion naturelle qui n'était autre qu'un retour aux sources du paganisme celtique. Il est classé parmi les penseurs « déistes ». Il était en fait très libre-penseur, contestataire et ardent polémiste. Parmi ses ouvrages on cite le *Tetradymus*, où il analyse la distinction entre doctrine ésotérique et doctrine exotérique, son *Christianity not mysterious* (le Christianisme n'est pas mystérieux) paru en 1696, et *A Specimen of the critical history of the Celtic religion and learning*, autrement dit : *Spécimen de l'histoire critique de la religion et du savoir celtiques*, avec pour sous-titre les détails suivants : *contenant une explication des Druides, c'est-à-dire les Prêtres et les Juges, des Vaids, c'est-à-dire les Devins et les Médecins, et des Bardes, c'est-à-dire les Poètes et Hérauts des Anciens Gaulois, Bretons, Irlandais et Ecossais.*

John Toland écrivit aussi une *History of the Druids* (Histoire des Druides), œuvre posthume publiée en 1726, sans compter une abondante correspondance qui fut traduite sous le titre de *Lettres Philosophiques* par Holbach en 1768.

C'est John Aubrey qui avait suggéré à John Toland l'idée d'un regroupement des survivants de la tradition druidique. Il était même question d'un regroupement « universel » des druides. Le terme était peut-être un peu fort, mais on le considère comme une volonté de regroupement interceltique, ce qui était déjà bien ambitieux pour l'époque.

Si l'annonce de l'assemblée prévue pour le 22 septembre 1717 a bien été faite selon les règles traditionnelles, la proclamation fut lue par voix de héraut au sommet d'une colline, un an et un jour à l'avance. C'est la raison pour laquelle la colline de *Prim-*

rose Hill ou Colline de la Primevère, à Londres, est associée à cette première assemblée générale druidique connue depuis l'Antiquité. Donc un an et un jour à l'avance, soit le 21 septembre 1716, jour de l'équinoxe d'automne, l'un des membres du groupe druidique dont John Toland faisait partie, fut chargé de proclamer, symboliquement, au sommet de la colline de *Primrose Hill* et « à la face du soleil, œil de lumière », la convocation de tous les druides pouvant encore exister de par le monde pour l'assemblée qui aurait lieu le 22 septembre 1717 à Londres à la « Taverne du Pommier », *the Apple Tree Tavern*, Charles Street, Covent Garden. Dans le même temps, des convocations furent adressées par messagers aux divers « Bosquets » que l'on savait encore exister.

Le plus surprenant c'est qu'il existait encore à cette date des « cercles » ou « bosquets » druidiques ou bardiques. Ces cercles devaient être extrêmement fermés. Seul l'engouement particulier des Britanniques pour les *clubs* ainsi que l'esprit de tolérance bien établi dans la mentalité d'un peuple acquis à la liberté de conscience issue du protestantisme, permettent d'expliquer cette étonnante continuité. On remarquera toutefois qu'il demeure encore en Grande-Bretagne, tant au Pays de Galles qu'en Ecosse et ailleurs, des groupes dits « de tradition familiale » qui se transmettent pieusement, à l'intérieur même de la famille, des bribes de la tradition celtique. Ces groupes sont très fermés puisque seuls les membres de la famille peuvent éventuellement en faire partie. La structure de ces groupes est informelle et, de toute façon, mal connue puisqu'il s'agit de groupes secrets. Il nous a été toutefois donné d'entrer en contact avec certains de ces groupes. Retenons une chose : ces cercles de tradition familiale sont paganisants, c'est-à-dire que, s'il arrive qu'ils professent extérieurement la religion chrétienne ambiante, ce n'est qu'une façade superficielle pour ne pas se faire remarquer, mais le culte privé familial est paganisant.

Les délégués des cercles druidiques et bardiques représentés à l'assemblée du 22 septembre 1717 venaient des Bosquets ou Cercles de Londres, York, Oxford, du Pays de Galles, de la Cornouaille britannique, de l'île de Man, d'Anglesey, d'Ecosse, d'Irlande et de Bretagne armoricaine, et plus précisément de la ville de Nantes, le délégué breton étant Pierre des Maiseaux.

L'assemblée déclara vouloir constituer une « confédération » de l'ancien ordre druidique, *The Ancient Druid Order,* qui soit un centre d'unité dans la diversité des cercles druidiques et bardiques déjà existants. John Toland, l'organisateur de l'assemblée, fut élu le premier *Chosen Chief*, ou « chef choisi », de l'ordre druidique, sous le nom ésotérique de Janus Junius Eoganesius. Un grand conseil fut formé qui n'avait pas autorité absolue mais au contraire « devoir et obligation ». Son devoir était de maintenir les cercles dans l'unité, et son obligation était de s'assurer que chaque cercle s'efforçât d'accomplir avec désintéressement son vœu de « hâter le retour de l'âge d'or ». L'idéologie était transparente, visant à l'instauration d'un ordre de paix et de bonheur sur la terre, un retour aux sources naturelles de la civilisation celtique par réaction contre le puritanisme froid de la religion chrétienne imposée. L'allusion à l'âge d'or signifiait la volonté de restaurer l'état social antérieur de la société celtique où le druidisme était la religion naturelle.

Le grand conseil suprême fut chargé de guider l'ordre druidique conformément aux enseignements de la tradition druidique, enseignements conservés secrètement de générations en générations. L'ordre prit le nom gaélique de *An Druidh Uileach Braithreachas* (A.D.U.B.), c'est-à-dire la Fraternité Universelle des Druides, ou en anglais *The Druid Universal Bond*, familièrement dite : « le D.O. », pour *Druid Order*.

La *Mother-Grove* ou loge-mère prit le nom de *An Tigh Geata Gairdeachas*, ce qui signifie approximativement : « la Maison du Gardien de la Joie ».

John Toland fut le chef-druide de 1717 à sa mort en 1722.

William Stukeley lui succéda sous le nom de Chyndonax, de 1722 à 1765. Pasteur anglican et docteur en médecine, William Stukeley (1687-1765) était membre de la *Royal Society* et de l'*Antiquarian Society*. On l'appelait familièrement « l'archidruide ». Il fut l'un des premiers à se faire initier franc-maçon spéculatif à la loge de la « Taverne de la Salutation » le 6 janvier 1721 avant la parution des « Constitutions d'Anderson » de 1723. Il devint le chef-druide du *Druid Order* en 1722, donc après avoir été initié franc-maçon. Nous ne connaissons pas sa date d'initiation en tant que druide, laquelle devait évidemment être antérieure à 1722.

William Stukeley reprit les idées de John Aubrey concernant Stonehenge et les popularisa. On peut le considérer comme l'un des « pères » du druidisme contemporain. Toutefois, comme il voulait concilier sa qualité de pasteur anglican avec sa qualité de druide, il présenta le druidisme comme une branche britannique de la religion d'Abraham, ce qui n'était pas particulièrement en accord avec la tendance paganisante de John Toland. Mais William Stukeley, contrairement à l'anti-conformiste John Toland, faisait partie, lui, de l'*establishment*.

Les trois chefs-druides suivants du *Druid Order* furent : Edward Finch Hatton, sous le nom de Cingetorix, de 1765 à 1771, David Samway, de 1771 à 1799, et William Blake, de 1799 à 1827.

La deuxième branche du druidisme contemporain : l'A.O.D.

La seconde branche de la résurgence druidique est due à l'initiative du charpentier Henry Hurle, fondateur de l'*Ancient Order of Druids*, l'Ancien Ordre des Druides, le 28 novembre 1781 à la *King's Arms Tavern*, la « Taverne aux Armes du Roi » de Poland Street, la rue de Pologne à Londres (W.1).

Henry Hurle était originaire de Bristol. Charpentier de son état, il perdit son épouse à la naissance de son fils William. Il se remaria en 1769 à Anna Cross, de Worcester, et s'installa comme artisan charpentier à Garlick Hill dans la Cité de Londres.

Au XVIIIe siècle, l'Angleterre était riche en groupements ésotériques de tous genres. Rappelons la fondation en 1717 de la Grande Loge Maçonnique d'Angleterre, et, la même année, le regroupement de l'*Ancient Druid Order* (D.O.) avec John Toland. Il n'est pas sans intérêt de noter que le nouveau groupe fondé à l'initiative de Henry Hurle prit le nom d'*Ancient Order of Druids* (A.O.D.). On voit qu'il y a peu de différence dans le titre avec le groupe de John Toland. Est-ce que les deux sociétés se connaissaient ? La seconde procédait-elle de la première ? Il est difficile de le dire faute de témoignages, les archives de ces associations ayant été en tout ou partie détruites dans les bombardements de Londres. Toutefois, non seulement la rue de Poland Street existe toujours à Soho, mais même la *King's Arms Tavern*, actuellement un *pub* londonien typique. Or, dans la même rue, au n° 62, un autre *pub*, le *Star and Garter* (« L'Etoile et la Jarretière » avec sur son enseigne la célèbre devise de l'Ordre : Honni soit qui mal y pense !), affiche un écriteau rappelant que c'était là la taverne habituelle de William Blake, lui-même alors membre du *Druid Order*. Il est notoire par ailleurs que l'on parle souvent à cette époque des « druides de Poland Street ».

L'actuel Grand Secrétaire impérial de l'A.O.D., le Frère Frédéric Cooke, quant à lui, n'hésite pas à affirmer que William Blake était aussi membre de l'A.O.D.

L'Ancien Ordre des Druides avait été constitué pour rassembler des gens qui voulaient discuter dans le calme sans que la discussion ne dégénère en duel ou en beuverie, ce qui arrivait fréquemment à l'époque. Tout débat à caractère politique ou religieux fut strictement interdit à l'intérieur de l'association. Un cérémonial très ritualiste fut instauré. Mais contrairement à la tradition druidique qui suppose normalement la tenue des cérémonies en plein air, ici les assemblées furent à la fois privées et « couvertes », comme dans la franc-maçonnerie. Nous ne savons malheureusement pas non plus dans quelle mesure la franc-maçonnerie anglaise d'alors a influencé le nouvel ordre druidique. Nous constatons seulement que l'A.O.D. adoptait un style plutôt maçonnique d'allure.

Pouvoir se réunir sans duel et sans soûlerie et discuter fraternellement des meilleurs moyens d'améliorer la condition humaine était donc le premier but de l'association, mais, après quelques réunions seulement, l'habitude fut prise de verser dans une boîte une contribution financière volontaire pour aider les membres éventuellement malades ou en difficulté. Cette pratique encouragea nombre de gens, de religions ou de points de vue politique différents, à s'associer au nouveau groupe, à une époque où il n'existait aucune sorte de « sécurité sociale ».

Très rapidement, la *King's Arms Tavern* ne suffit plus et l'*Ancient Order of Druids* commença à ouvrir d'autres loges dans d'autres tavernes du quartier de Soho d'abord, puis de plus en plus loin.

La structure hiérarchique de l'ordre commença à se développer. L'ordre fut d'abord dirigé par un Conseil de direction de sept membres, chacune des sept loges les plus anciennes situées autour de la *King's Arms Tavern* élisant un délégué. Le nombre des membres du Conseil fut rapidement porté à douze. Des secrétaires de district furent nommés pour surveiller les loges éloignées.

L'ordre continua à se développer jusqu'au moment où, en 1833, des divergences d'opinion se manifestèrent quant à la conduite autocratique du Conseil de direction et quant à l'emploi des contributions volontaires pour l'entraide jusqu'alors très fraternellement et très généreusement accordée. La contestation aboutit à une rupture et ceux qui se séparèrent constituèrent un nouveau groupe appelé *The United Ancient Order of Druids (U.A.O.D.)*, *friendly society*, c'est-à-dire « l'Ancien Ordre Uni des Druides : société mutuelle » qui, comme l'indique son sous-titre, s'orienta délibérément vers l'action mutualiste, groupe qui connu la postérité mondiale la plus extraordinaire.

Au moment de la scission de 1833 un certain nombre de groupements druidiques virent le jour, mais, n'ayant pas survécu, nous ne les citerons que pour mémoire. Ce sont en particulier :

— *The Modern Order of Druids*   l'Ordre Moderne des Druides
— *The Loyal Order of Druids*   l'Ordre Loyal des Druides
— *Druids under the Grove*   les Druides sous le Bosquet
— *The Bolton Unity of Druids*   l'Union des Druides de Bolton

La troisième branche : la Gorsedd *de l'Ile de Bretagne*

La troisième branche du druidisme moderne sera, elle aussi, créée, ou tout au moins inaugurée à Londres. Mais cette fois ce sont les Gallois qui interviennent.

En 1730, William Wotton avait publié, en gallois et en latin, la première édition d'un recueil de lois du Pays de Galles, du temps d'Hoel le Bon et autres princes gallois, intitulé *Cyfreithyen Hywde Dda ac Eraill seu Leges Wallicae ecclesiasticae et civiles Hoeli Boni et aliorum Wallicae principium*.

Lorsque James Macpherson (1736-1796) publia en 1762-63 les poèmes supposés traduits de l'erse (langue celtique de Haute-Ecosse), du barde écossais Ossian du IIIe siècle, il déclencha une sorte de besoin irrésistible de publier tout ce qu'on pouvait savoir sur la tradition orale jusqu'alors négligée. Bien entendu, il y avait effectivement des éléments authentiques de tradition orale, mais aussi très souvent des textes de pure imagination.

Le Révérend Evan Evans publia en 1764 ses *Specimens of the poetry of the ancient Welsh bards* (spécimens de la poésie des anciens bardes gallois).

En 1770, l'ouvrier maçon gallois autodidacte Edward Williams, né en 1747 dans le Glamorganshire, chercha du travail à Londres où il resta quelque temps. Il se mit tout naturellement à fréquenter les milieux gallois de la capitale. Il prit conscience de ces chants gallois traditionnels qu'il avait appris au Pays de Galles dans son enfance et il réalisa qu'il y avait une tradition bardique à sauvegarder en la consignant de toute urgence par écrit. Il se mit lui-même à la tâche en transcrivant ce qu'il connaissait de la tradition galloise du Clamorgan et en compilant les anciens manuscrits rédigés au XVIe siècle par le barde Llywelyn Siôn, manuscrits échappés à la destruction, colportés confidentiellement et retranscrits à la main dans les familles, de générations en générations. Edward Williams prit le nom bardique de Iolo Morganwg, c'est-à-dire : Iolo de Clamorgan. Il n'allait pas tarder à faire parler de lui.

Pendant ce temps au Pays de Galles les *eisteddfodau* n'étaient plus que des concours populaires de poésie douteuse, plus ou moins improvisée, mais accompagnée de très sérieuses beuveries traditionnelles, bien celtiques...

En janvier 1789, c'est le vieux barde Jonathan Hughes qui prit l'initiative de tenir une *eisteddford* à Llangollen. Il convoqua les bardes du Pays de Galles et invita l'association des Gallois de Londres, *the Gwyneddigion Society*.

Dans le même temps, un certain Thomas Jones, receveur de taxes de son état, préparait aussi une *eisteddfod* pour le mois de mai 1789. Il demanda également l'appui de la *Gwyneddigion Society* des Gallois de Londres. Il envoya le plus possible de lettres d'invitation, surtout aux nobles et au clergé, et fit même passer des annonces dans les journaux de Chester et de Shrewsbury puisqu'il n'y avait pas de journaux gallois à cette époque. L'*eisteddfod* eut lieu à Corwen le 12 mai 1789. Comme on n'arrivait pas à départager les trois meilleurs poètes, Thomas Jones proposa de soumettre le cas à la *Gwyneddigion Society* de Londres qui accorda le prix à celui des trois concurrents qui n'était jusqu'alors qu'un poète inconnu, Walter Davies, Gwallter Mechain de son nom bardique.

Au mois de septembre de la même année 1789 décidément riche en événements (en France, c'est la Révolution), une troisième *eisteddfod* est tenue à Bala, officiellement patronnée cette fois par la *Gwyneddigion Society* qui décide de remettre en vigueur les règles traditionnelles, dont l'annonce des sujets et de la date du prochain concours, de façon à ce que chacun puisse se préparer et non plus improviser.

De nouvelles associations culturelles galloises dites *Cymmrodorion Societies* furent constituées qui se chargèrent d'organiser des *eisteddfodau* annuelles dans chaque province du Pays de Galles.

Si le bardisme continuait et même reprenait vie au Pays de Galles, il n'était toujours pas question de druidisme.

Mais, pendant ce temps, les travaux de Iolo Morganwg avaient progressé. Celui-ci avait accumulé une quantité énorme de savoir, tant en théologie, botanique, géologie, agriculture, musique, architecture, industrie, politique, qu'en histoire et littérature galloises.

Le 21 juin 1792, jour du solstice d'été, à Primrose Hill à Londres — là où précisément avait eu lieu l'annonce de l'assemblée druidique de John Toland pour le 22 septembre 1717 — Iolo Morganwg réunit quelques bardes gallois résidant à Londres pour célébrer en plein air, « sous le soleil, œil de lumière », la première *Gorsedd* druidique moderne.

On donne aussi la date de 1791, ce qui est normal quand on se souvient qu'une cérémonie druidique s'annonce traditionnellement un an et un jour à l'avance. Iolo Morganwg ne dut pas manquer de suivre lui-même cette règle traditionnelle, d'où la confusion de date.

Iolo Morganwg avait disposé des cailloux en cercle sur le sol pour délimiter l'aire rituelle. Au centre du cercle, la pierre de la *Gorsedd*, *maen gorsedd*, sur laquelle était déposée une épée nue, servait d'autel. Les bardes gallois présents prêteraient serment sur cette épée « selon les anciens usages ».

Iolo Morganwg créa un véritable vocabulaire. Le mot *gorsedd* (pluriel : *gorseddau*) signifie littéralement « trône », mais on le rend par « assises, assemblée ». En breton moderne, ce mot a donné *goursez* qui commence à être employé dans les milieux druidiques bretons modernes.

Au même endroit, la même année, à l'équinoxe d'automne, le 22 septembre 1792, Iolo Morganwg organisa une seconde cérémonie semblable. Le journal londonien *The Gentleman's Magazine* du mois d'octobre 1792 rapporta l'événement. C'était la première fois qu'on entendait parler de pierres pour une cérémonie de ce genre, et Iolo Morganwg allait imposer son cercle de pierre et sa *maen gorsedd* (pierre de la gorsedd) comme autel central dans les rites qui suivront. En fait, il n'en avait encore jamais été question dans les *eisteddfodau* galloises traditionnelles, du moins telles qu'on les connaissait. Les adversaires de Iolo Morganwg ne manquèrent pas d'épiloguer sur ce fameux cercle de pierres qui, évidemment, était lié à l'idée qu'on se faisait de Stonehenge depuis William Stukeley, ainsi qu'à la volonté, avouée ou non, de création rituelle d'un cercle magique. C'était donc dans la tradition du D.O. de John Toland. On sait maintenant que ce ne sont pas les Celtes qui dressèrent les monuments mégalithiques. Stonehenge fut érigé par d'autres peuplades bien avant l'arrivée des Celtes. Toutefois, rien n'interdit de penser, et au contraire tout porte à croire, que les druides utilisèrent les monuments mégalithiques là où ils les trouvèrent et organisèrent leurs cérémonies de préférence sur ces lieux consacrés par leurs prédécesseurs.

Lorsque le compte rendu de la cérémonie de Primrose Hill de 1792 observe que « les anciens usages » étaient respectés, il s'agit aussi bien du lieu, de la date, que du cercle de pierres. Notons que le lieu est à ciel ouvert, sur une colline. On remarquera l'opposition avec le rituel maçonnique qui veut que le temple soit « couvert », au propre comme au figuré, alors que les divers groupements druidiques des « hommes du chêne », à l'exception toutefois de l'A.O.D., auront leurs cérémonies en plein air, dans le temple de la Nature.

Pour revenir à notre cercle de pierres, Hersart de la Villemarqué, en 1839, signale dans son *Barzaz Breiz* un rite traditionnel où il est question d'un cercle de pierres. Les faits cités se passaient donc encore en Bretagne vers 1830. Voici le passage :

« En certaines occasions, on allume encore la nuit des feux de joie dans un but semblable, sur le tertre de la chapelle et sur les collines voisines. Au moment où la flamme, comme un long serpent, déroule, en montant, ses anneaux autour de la pyramide de genêts et d'ajonc qu'on lui a donnée à dévorer et s'élance sur le bouquet qui s'élève à la cime, on fait douze fois processionnellement le tour du bûcher, en récitant des prières ; les vieillards l'environnent d'un cercle de pierres... ».

Ici il s'agit d'un bûcher au centre et non plus d'un autel de pierre, mais il y a bien un cercle de pierres, ce cercle est disposé par des vieillards. On peut penser qu'il s'agit bien de petites pierres, de cailloux, et non de mégalithes que des vieillards auraient bien du mal à transporter ! Doit-on voir là une survivance, miniaturisée, de l'antique cercle mégalithique ?

Iolo Morganwg répétera son geste à la *Gorsedd* de Carmarthen en 1819, ce qui n'a pas manqué d'exciter la verve des moqueurs. Ne s'agissait-il pas tout simplement d'un rite de création de cercle magique de protection, à l'intérieur duquel on officie protégé des influences néfastes ? Ce cercle peut être tracé sur le sol, et pourquoi pas matérialisé symboliquement par des pierres, voire des petits cailloux, ou encore par une ficelle, ou simplement par un tracé gratté sur le sol ? Les modernes *gorseddau* en font autant et, là où aura lieu la cérémonie, s'il n'y a pas déjà de mégalithes, on dispose un cercle de pierres, pierres qui sont plus ou moins grosses, plus ou moins naturelles. Quelquefois, on édifie pour la circonstance de véritables cromlechs qui pourront peut-être passer pour authentiques aux yeux des touristes, par exemple à Mur-de-Bretagne. D'autres fois, selon les crédits alloués, ou l'imagination des « comités des fêtes », ce ne sera que de gros cailloux ou, comme à la *Gorsedd* de Saint-Malo (1960) un cercle de granit, certes, mais en bordures de trottoirs déjà taillées et utilisées en attendant d'être posées dans les rues de la ville, alors que, selon l'antique tradition, les pierres du cercle doivent être brutes et non taillées. Mais que dire de la *Gorsedd* de Guingamp de 1976 où le cercle de pierres était en polyestyrène expansé...

La cérémonie de Primrose Hill comportait un rite de l'épée au fourreau, et de la lame qu'on ne doit pas toucher, qui fut interprété par les autorités anglaises comme une sorte de manifeste pacifiste. Iolo Morganwg, qui était déjà connu pour ses idées anticonformistes et son admiration affichée de la Révolution française, fut prié de ne pas renouveler sa cérémonie, et même « invité à quitter » Londres immédiatement. Rentré au Pays de Galles, Iolo Morganwg n'aura de cesse de substituer la *Gorsedd* à l'*eisteddfod*, autrement dit une cérémonie rituelle, peut-être traditionnelle mais tombée dans l'oubli depuis des lustres, à un concours de poésie galloise, concours effectivement traditionnel et de plus en plus vivant mais ayant perdu pratiquement toute sa portée initiatique druidique. L'intention de Iolo Morganwg était certes pure mais la popularité de l'*eisteddfod* en pleine renaissance était telle qu'il n'était plus question de chercher à y substituer une autre cérémonie. Iolo Morganwg eut alors l'habile idée d'adjoindre à l'*eisteddfod* populaire la cérémonie de la *Gorsedd* et c'est à l'*eisteddfod* de Carmarthen en 1819 que Iolo Morganwg répéta son geste de Primrose Hill de 1792, en sortant de sa poche une poignée de cailloux pour délimiter, symboliquement, un cercle à ciel ouvert. Iolo Morganwg est mort en 1826.

Hersart de la Villemarqué qui écrivait vers 1830 était-il au courant des cérémonies de Primrose Hill de 1792 et de Carmarthen de 1819 ? En effet, c'est en 1838, donc avant la première édition du *Barzaz Breiz* (1839), qu'Hersart de la Villemarqué se rendit au Pays de Galles en compagnie d'Alphonse de Lamartine pour y être intronisé barde à la *Gorsedd* d'Abergavenny. Si vraiment Hersart de la Villemarqué avait voulu avaliser le rite du cercle de pierres en en fabriquant une réplique bretonne, on pense qu'il l'aurait fait de façon plus insistante dans son œuvre. Or le passage que nous avons cité ci-dessus est le seul passage du *Barzaz Breiz* où il est question de cercle de pierres. Il y a donc tout lieu de croire que Hersart de la Villemarqué a bien rapporté une tradition populaire bretonne. Il ne l'a pas inventée et son information corrobore le rite de Iolo Morganwg. Toujours est-il que la « tradition » des cercles de pierres fait désormais partie des rites des assemblées druidiques de la lignée galloise.

Iolo Morganwg n'eut pas tout le succès personnel qu'il aurait mérité. Cela tient au fait qu'il avait des idées politiques avancées pour son temps. N'avait-il pas manifesté son admiration pour la Révolution française ? Anticonformiste, autodidacte, pacifiste, républicain, nationaliste gallois, Iolo Morganwg était évidemment suspect. Cela lui valut d'être contesté pour ses transcriptions des traditions bardiques galloises qu'on l'accusa d'avoir inventées de toutes pièces. Ce sera d'ailleurs le même cas pour Hersart de la Villemarqué avec son *Barzaz Breiz,* comme pour Macpherson.

Quoi qu'il en soit, les *eisteddfodau* continuèrent à se multiplier au Pays de Galles. La petite ville de Merthyr Tyddfil, par exemple, avait trois sociétés traditionalistes qui organisaient plusieurs *eisteddfodau* dans l'année. Il est même arrivé qu'il y en eut deux le même jour ! Petit à petit, la présence de la *Gorsedd* des druides aux *eisteddfodau* devenait coutumière au point que bientôt l'une n'ira plus sans l'autre.

Quel était le lien entre l'œuvre de Iolo Morganwg et le *Druid Order* ?

Lors de la cérémonie de Primrose Hill du 21 juin 1792 organisée par Iolo Morganwg pour les Gallois de Londres, David Samway était le chef-druide du *Druid Order*. Un accord fut passé entre le D.O. et la *Gorsedd* galloise naissante, à savoir que le druidisme était indivis et que la langue anglaise pouvait aussi bien être acceptée comme langue bardique que le gallois. Est-ce que le cercle de pierres ne symbolisait pas aussi l'unité du druidisme ? Cependant les visées nationalistes des militants gallois accentuèrent le caractère ethnique indispensable de leur mouvement. La connaissance de la langue galloise servit à la fois de pierre de touche du patriotisme gallois et de critère de sélection pour l'admission au sein de la *Gorsedd* galloise. La querelle de la langue éclata, et très tôt la rupture fut consommée entre les Gallois nationalistes et le *Druid Order*. Cette rupture peu fraternelle affecta le Chef-Druide William Blake qui engagea le *Druid Order* dans une voie plus philosophique, plus mystique et plus universaliste, par réaction contre l'attitude des Gallois et il se rapprocha de l'Ancien Ordre des Druides.

Avant de clore ce chapitre nous voudrions présenter rapidement l'œuvre écrite étonnante de cet ouvrier maçon autodidacte qu'était Edward Williams-Iolo Morganwg.

En 1772 il avait écrit une élégie en gallois *Dagrau yr Awen* (Les Larmes de la Muse) à la mémoire de son maître en bardisme, Lewis Hopcyn. Il publia à Londres en 1794 *Poems, Lyric and Pastoral*, ainsi qu'un recueil d'hymnes, avec le concours de la *Gwyneddigion Society*. Entre 1801 et 1808 il publia, avec le concours financier d'Owen Jones et de William Owen (Pughe), trois recueils de poésie, d'histoire, de sentences, de droit, de morale, en langue galloise, intitulés *The Myvyrian Archaiology of Wales collected out of ancient manuscripts*. Son *Cyfrinach Beirdd Ynys Prydain* (Secret des bardes de l'Ile de Bretagne) fut publié en 1829 après sa mort († 1826). Enfin une partie de ses manuscrits fut publiée par son fils Taliésin Williams (Ab Iolo — ou Fils de Iolo — de son nom bardique), avec l'appui de la *Welsh MSS Society*, sous le titre suivant : *Iolo Manuscripts : a selection of ancient Welsh manuscripts in prose and verse from the collection made by the late Edward Williams, Iolo Morganwg, for the purpose of forming a continuation to the « Myvyrian Archaiology »... with English translation and notes by his son, the late Taliesin Williams (Ab Iolo)*, Llandovery, 1848.

On a accusé Edward Williams d'avoir inventé ses manuscrits au même titre que les traductions d'Ossian de Macpherson de 1762. Le fait est qu'il n'a jamais produit ses fameux manuscrits d'origine et que tout ce qu'il a transcrit est en gallois du XVIIIe siècle, alors que ses manuscrits d'origine étaient supposés avoir été rédigés au moins en gallois du Moyen-Age. De toute façon, ce genre de compilation était alors très à la mode. Etait-ce vraiment des traductions de manuscrits anciens ou tout bonnement des textes de tradition orale recueillis près de bardes populaires, quitte à les remanier ou à les enjoliver ? Toujours est-il que, d'après Isabel Hill Elder, l'ensemble des *Myvyrian Manuscripts* actuellement conservés au *British Museum* de Londres ne comprend pas moins de quarante-sept volumes de poésie en mille six cents pages et cinquante-trois volumes de prose en quinze mille trois cents pages représentent les transcriptions effectuées pendant le XVIIe et le XVIIIe siècle des traditions orales du Pays de Galles. L'ensemble de ces documents n'a jamais été publié et les publications de Iolo Morganwg ne représentent en fait qu'une très minime partie de cet immense corpus.

Iolo Morganwg pouvait-il vraiment se rattacher à la tradition bardique galloise ? Si nous remontons au XVe siècle seulement — mais c'est déjà beaucoup —, le poète gallois, donc barde, Rhys Brydydd eut pour petit-fils Lewys Morganwg, barde également. Celui-ci fonda sa propre école bardique dont les élèves furent les contemporains du barde-paysan et bedeau de la paroisse, Llywelyn Siôn, entre 1580 et 1616. Ce Llywelyn Siôn eut parmi ses élèves Edward Dafydd de Margam qui fut sans doute le dernier des bardes professionnels du Clamorgan. Edward Dafydd fut le maître du barde-charpentier Lewis Hopcyn de Peterson-super-Montem et du barde-tisserand et teinturier John Bradford de Betws-Tir-Iarll. Or Iolo Morganwg, le barde ouvrier-maçon, fut l'élève de Lewis Hopcyn et de John Bradford, ainsi que d'un autre barde du Clamorgan, Edward Williams, son homonyme. Iolo Morganwg hérita des manuscrits de son maître John Bradford, parmi lesquels il découvrit la preuve que des cérémonies druidiques avaient bel et bien continué d'être célébrées à travers les siècles dans le Clamorgan, et en particulier à Tir Iarll. C'est à partir de ces documents que Iolo Morganwg affirma que les bardes du Clamorgan avaient conservé sans faille la tradition druidique depuis l'antiquité préchrétienne.

Pendant une centaine d'années, les découvertes de Iolo Morganwg furent acceptées comme authentiques jusqu'au moment où des universitaires gallois attaquèrent véhémentement l'œuvre de celui-ci et ses modernes continuateurs les druides et bardes de la *Gorsedd* galloise. Mais n'y avait-il pas là l'expression de quelque dépit du fait que l'événement culturel gallois le plus important, le plus populaire et le plus spectaculaire, à savoir l'*Eisteddfod*, échappait à l'Université officielle, créée, elle, de fraîche date à Aberyswyth ? Toute une culture, toute une littérature se développaient au Pays de Galles en dehors des structures académiques. Qui plus est, l'*Eisteddfod*, véritable académie populaire, contrôlée par des « druides » issus de « l'imposture » littéraire et historique d'un ouvrier-maçon autodidacte, se permettait de délivrer des titres plus prisés que les titres officiels de l'Université !

On se rappellera pourtant que c'est pendant l'occupation britannique des Indes qu'on découvrit le sanscrit, la grammaire de Panini et les sources indo-européennes. Les celtisants les plus éminents d'alors étaient des indianistes.

Imposteur ou pas, mais homme de génie, Iolo Morganwg connaissait suffisamment l'histoire de son peuple pour avoir doté le Pays de Galles d'une institution sans égale, et pour avoir contribué, de façon éclatante, à la prise de conscience nationale galloise.

John Toland : 1717, Henry Hurle : 1782, Iolo Morganwg : 1792, voici donc résumée l'origine des trois branches du renouveau druidique moderne.

Des personnalités aussi anticonformistes que John Toland ou William Blake marqueraient le *Druid Order* d'un caractère plutôt contestataire et anticlérical.

Avec Iolo Morganwg, la branche galloise allait être fortement teintée de nationalisme, ce qui est aussi d'ailleurs une forme de contestation.

En revanche, avec Henry Hurle qui voulait se placer hors des passions de toute nature, le mouvement druidique plus conformiste se porterait particulièrement vers les activités mutualistes de prévoyance sociale.

CHAPITRE DEUXIÈME

DEVELOPPEMENT DU *DRUID ORDER* JOHN TOLAND, LONDRES, 1717

La tradition historique du Druid Order

D'après la tradition du *Druid Order* Hu Kadarn institua le système druidique. Les druides s'appelaient alors *Kymry*, c'est-à-dire « égaux en honneur ». Partout où les Celtes essaimèrent, le système druidique était aussi établi. Aed Mawr, successeur de Hu Kadarn, est considéré comme l'introducteur de l'ordre des druides en Grande-Bretagne vers l'an 1000 avant Jésus-Christ.

Il y avait alors trois archidruides en Bretagne insulaire : un à Londres, un à York et un autre à Caerleon. On comptait trente et un collèges d'enseignement druidique établis près des résidences des chefs locaux. Ces centres druidiques devinrent par la suite les chefs-lieux de comtés. Les fils de famille venaient, même de Gaule comme le raconte Jules César, s'y instruire. On rapporte qu'il y avait jusqu'à soixante mille étudiants dans ces centres druidiques.

D'après le *Druid Order*, les druides constituèrent le premier clergé chrétien. Les *Culdées* n'étaient autres que des communautés de druides chrétiens. Les persécutions contre ces chrétientés commencèrent avec l'arrivée en Bretagne insulaire de saint Augustin, mandaté par Rome et chargé d'assimiler ces hétérodoxes d'autant plus condamnés qu'ils ignoraient superbement toute primauté du siège apostolique romain.

A en croire le *Druid Order*, la tradition druidique ne fut

jamais perdue. Elle est contenue dans les écrits bardiques, dans la mythologie celtique retranscrite par les moines irlandais, et dans la tradition orale parvenue jusqu'à nous et concernant principalement les rites et cérémonies initiatiques.

Il y avait un « bosquet » ou *grove* de druides à Oxford jusque vers 1066, année où il fut décimé par les persécutions. Il semble que ce groupe portait le nom ésotérique de *Cor Emrys*, c'est-à-dire Cité d'Ambroise.

Cette cité d'Ambroise est une cité mythique localisée vers le sud de la montagne Snowdon du Pays de Galles qui continuait à célébrer les mystères de Koridwen et était connue pour ses légendes de dragons aquatiques, une sorte de pendant gallois de la ville d'Ys.

Au XIIIe siècle, un certain Haymo de Faversham tenta de revivifier le druidisme en Grande-Bretagne. A sa mort en 1245, Philip Brydodd fonda le « bosquet » *Mount Haemus* à Oxford considéré comme la plus ancienne référence historique de l'Ordre et appelé à ce titre : *The Grove of Antiquity*, « Le Bosquet de l'Antiquité ».

Le *Druid Order* affirme que des groupes, ou cercles, de druides et de bardes continuaient d'exister de façon plus ou moins clandestine lorsque John Toland les convoqua pour le 22 septembre 1717 à l'assemblée de Londres. D'ailleurs cette sorte de fédération internationale des druides lui avait été suggérée à Oxford par John Aubrey qui était, lui, membre du Bosquet *Mount Haemus*.

La vie du groupe après 1717

Le *Druid Order* se proposait d'être le lieu de la réunion des druides dans le respect de l'autonomie des cercles druidiques ou bardiques préexistants.

Parmi les membres de notoriété du Bosquet *Mount Haemus*, citons Sir Francis Dashwood. Des bruits ayant couru sur de soi-disant orgies qu'il organisait à l'abbaye de Medmenham, l'*Hendeka*, c'est-à-dire le « conseil des onze » du *Druid Order*, réuni en 1742, prononça son exclusion de l'Ordre. Le Chef Druide était alors William Stukeley, pasteur anglican. Sir Francis Dashwood n'en poursuivit pas moins ses pratiques sous le couvert d'une association pieuse de « Chevaliers de Saint-François de Wycombe » plus connue sous l'appellation de brocard populaire de *Hell Fire Club,* le Club du Feu de l'Enfer ! Bien que théoriquement franciscains, ces chevaliers ne portaient pas une robe de bure brune mais une robe blanche. Etait-ce en souvenir de leur origine druidique ? Est-ce que leur exclusion par le *Druid Order* n'avait été qu'une clause formelle pour satisfaire l'opinion ? Les pratiques reprochées n'étaient sans doute rien d'autre que des rites païens ésotériques.

Que John Toland et William Stukeley aient été les deux premiers chefs-druides du *Druid Order* est généralement accepté par les historiens spécialisés même peu susceptibles de condescendance à l'égard des druides modernes. Pour ce qui est du célèbre poète mystique William Blake, il n'y a pas d'évidence matérielle de son appartenance effective au *Druid Order*. Ne perdons pas de vue que le *Druid Order* revêtait encore la forme d'une société secrète au même titre que la franc-maçonnerie de l'époque. Donc William Blake pouvait fort bien tenir secrètes ses activités dans le cadre du *Druid Order* et veiller à ce que l'anonymat le plus strict fût gardé quant à sa fonction de Chef-Druide.

Certains ont remarqué que William Blake n'avait pas hésité à stigmatiser les druides comme responsables de sanglants sacrifices humains et qu'en conséquence il n'aurait pu appartenir à cette confrérie. Il ne semble pas que ce soit un argument suffisant pour en déduire que William Blake ne pouvait pas d'une part s'indigner d'une certaine pratique attribuée, à tort d'ailleurs, aux druides, et d'autre part se revendiquer de la succession druidique. C'est faire peu de cas du système de pensée de William Blake symbolisé par les figures de « l'émanation » et du « spectre », c'est-à-dire l'aspect spirituel positif d'une part et l'aspect matériel négatif d'autre part. Le fait qu'il ait été Chef-Druide ne l'empêchait pas d'avoir assez de recul pour juger avec détachement les anciens druides comme « spectre » s'ils pratiquaient des sacrifices humains, mais lorsqu'ils véhiculent la sagesse antique les druides ne sont-ils pas alors « émanation » ?

William Blake fut affecté par la querelle avec les druides gallois qui ne respectèrent pas l'accord de Primrose Hill de 1792 quant à l'unité du druidisme. Les Gallois se retranchèrent derrière la langue galloise dans un nationalisme étroit qui excluait systématiquement les non-locuteurs. Par réaction, William Blake accentua l'aspect ésotérique et universaliste du *Druid Order* et se rapprocha de l'*Ancient Order of Druids* de Henry Hurle.

Quelques Chefs-Druides

Les Chefs-Druides successeurs de William Blake furent Geoffrey Higgins, de 1827 à 1833, auteur de *Celtic Druids* (1827) et de *The Anacalepsis*; William Carpenter, de 1833 à 1874 ; Edward Vaughan Kenealy, de 1874 et 1880. Ce dernier est célèbre pour son éloquence fougueuse en qualité d'avocat. Ayant perdu le procès de l'un de ses clients, il se lança dans une telle diatribe contre ses confrères et contre les juges qu'il fut exclu du barreau ! Elu à la Chambre des Communes, on le remarqua par ses attaques frénétiques contre l'Eglise Catholique et par son apologie de la philosophie druidique.

Les Chefs-Druides suivants furent Gerald Massey, de 1880 à 1906 ; John Barry O'Callaghan, de 1906 à 1909 ; George Watson Mac Gregor Reid, de 1909 à 1946, sous le nom bardique de Ayu Subhadra Savvanus.

George Watson Mac Gregor Reid était un ami de Bernard Shaw († 1950) auquel il servit d'ailleurs de modèle pour l'un de ses personnages. Il fut candidat malheureux à la fois au Sénat américain et à la Chambre des Communes. G.W. Mac Gregor Reid se réclamait, comme Mac Gregor Mathers de la *Golden Dawn*, du fameux clan écossais Mc Gregor banni par le gouvernement anglais. G.W. Mac Gregor Reid avait des visées à caractère œcuménique. Il encourageait la recherche spirituelle dans toutes les voies et favorisait les contacts avec les représentants des grandes religions orientales, telles que le Bouddhisme, le Shintoïsme et l'Islam que certains druides partirent étudier sur place. L'appartenance des membres du *Druid Order* à diverses associations philosophiques, dont la Franc-Maçonnerie, était encouragée.

Quelques membres

Parmi les membres du *Druid Order* citons quelques personnalités, par exemple la doctoresse Anna Kingsford, de la Société Hermétique ; Mrs E.A. Ansell, de l'Ancien Ordre des Druides Hermétistes, qui portait le nom ésotérique d'Aennaid ; Annie Besant († 1933), de la Société Théosophique ; Allan Mac Gregor Bennett († 1923), de la *Golden Dawn* et de la Société Théosophique, qui portait le nom ésotérique hébreu de Iehi Aour (« Que la

Lumière soit ! ») ; S.L. Mac Gregor Mathers († 1918), le fondateur de la *Golden Dawn,* sous le nom gaélique de 'S Rioghail Mo Dhream qui était en fait la devise du clan Mac Gregor signifiant : Royale est ma race ! Citons encore J.W. Brodie-Innes († 1923), sous le nom de Sub spe, qui était aussi membre de la *Golden Dawn* et le fondateur du *Cromlech Temple* de l'Ordre Solaire.

Interférences

En 1930, il y avait six Bosquets du *Druid Order :*
— *An Tighe Gairdeachas,*
— *Arrdhir,*
— *Bangor,*
— *Berashith,*
— *Mount Haemus,*
— *Harmony.*

Mais les liens entre le *Druid Order* et la fameuse société initiatique de la *Golden Dawn* (l'Aube Dorée) furent si étroits qu'on ne savait plus, à certains moments, qui inspirait l'autre. De même que des éléments celtiques certains sont passés dans la *Golden Dawn,* en contrepartie le *Druid Order* n'hésita pas à publier dans son bulletin *The Pendragon* des articles sur des sujets qui étaient davantage du ressort de la *Golden Dawn* que d'un groupe druidique. La *Golden Dawn* avait à Clapham (Londres SW 4) un temple appelé *Nuada* par référence au héros celtique Nuada-à-la-main-d'argent, et il semble bien que les initiés du *Druid Order* aient utilisé ce temple pour leurs propres cérémonies druidiques.

Il n'est pas indifférent de savoir aussi que le Chef-Druide G.W. Mac Gregor Reid était en même temps l'archevêque de l'Eglise Culdée, dite aussi Eglise Universaliste. D'où tenait-il cette initiation celto-chrétienne ? Vraisemblablement de son ami le Dr Crow qui était lui-même évêque dans la filiation du patriarcat britannique restauré par Mar Julius Ferrette « évêque d'Iona et de ses dépendances ».

Le Dr Robert A.F. Mac Gregor Reid succéda à son père comme Chef-Druide du *Druid Order,* de 1946 à sa mort en 1962, sous le nom d'Ariovistus. Mais on l'appelait plutôt « l'Ancien ». Robert Mac Gregor Reid était célèbre pour sa saie blanche de cérémonie beaucoup trop courte qui lui remontait sur les genoux à cause de la rondeur de son ventre... Cependant, la dernière fois qu'il nous fut donné de le rencontrer à une cérémonie druidique, il avait fait l'effort de se faire tailler une nouvelle saie qui, cette fois, descendait jusqu'à ses pieds et lui donnait toute la dignité convenant à un chef-druide.

Dissidence

A la mort de Mac Gregor père, en 1946, David Wood profita de la circonstance pour constituer un groupe dissident qui vivait partiellement en communauté à Bayswater. Ce groupe pratiquait des cérémonies interminables avec séances de méditation et enseignement sous inspiration. Il avait décalqué la structure initiatique de la *Golden Dawn* dont les noms hébreux avaient toutefois été remplacés par des noms plus celtiques tirés du cycle arthurien. Mais lorsque la maison de la communauté dut être détruite à cause du remembrement de 1960, le groupe dissident se dispersa sans qu'on sache s'il s'est continué ailleurs.

Structure

Vers 1953, le *Druid Order* comportait une structure à trois niveaux. Pour entrer au *Druid Order* on devait d'abord s'inscrire à un cours par correspondance du « Collège Central de Mount Haemus ». Les candidats à l'initiation étaient appelés « ovates », *ovate ôg*.

Après avoir satisfait à ce cours, l'ovate était initié au premier ordre exotérique dit A.O.D.H. (Ancien Ordre des Druides Hermétistes). L'initié devenait alors « barde ».

Le second niveau était l'*An Druidh Uileach Braithreachas* (A.D.U.B.) à proprement parler qui conférait le grade de « barde de la Chaire » ou « barde titulaire ».

Enfin le troisième niveau était l'ordre ésotérique intérieur du *Druid Order* appelé *The Mound-Builders*, c'est-à-dire « Les Constructeurs du Tertre », ou encore l'*Hendeka*, qui comprenait onze membres seulement ayant reçu l'initiation majeure de druide. Ce groupe ésotérique intérieur du *Druid Order* était le continuateur direct de l'antique Bosquet *Mount Haemus* d'Oxford.

Cette belle organisation théorique ne semble pas avoir donné satisfaction dans la pratique et le *Druid Order* allait en se dégradant.

Scission

A la mort de Robert Mac Gregor Reid, il y eut une assemblée des anciens du *Druid Order* pour procéder à l'élection du nouveau chef-druide. Malheureusement, sur les membres convoqués il n'y avait que treize présents. Le Dr Thomas Maughan (médecin homéopathe) fut élu contre Ross Nichols qui contesta la régularité de l'élection, étant donné que seuls treize présents avaient voté et non la totalité des membres ayant droit de vote. Ross Nichols se sépara alors du groupe pour fonder avec les mécontents un ordre parallèle dit *The Order of Bards, Ovates and Druids* (O.B.O.D.), l'Ordre des Bardes, Ovates et Druides. Ross Nichols qui était le chef du Bosquet de l'Antiquité (*Mount Haemus*) continua à appeler ainsi son Bosquet dans son nouveau groupe, si bien qu'il y eut alors deux Bosquets de l'Antiquité.

L'un comme l'autre de ces deux groupes renforcèrent le caractère ésotérique de l'Ordre, et Ross Nichols, en célébrant, outre les solstices et les équinoxes, les antiques fêtes celtiques de Samain (1er novembre), Imbolc (1er février), Beltane (1er mai) et Lugnasade (1er août) se rapprochait de l'ancienne religion.

A la mort de Ross Nichols, le 30 avril 1975, la nuit de Beltane, John Brant fut élu *Chosen Chief* (chef-élu), mais il démissionna en 1977, et depuis, l'O.B.O.D. est en sommeil.

Le Chef-Druide du D.O., le Dr Maughan, mourut le 28 juin 1976, quelques jours seulement après son ami le Dr Crow qui l'avait précédé dans le *Sid*, l'Autre-Monde des Celtes, le jour précis du solstice d'été.

Le rejeton

Dans le même temps, et parallèlement au D.O., un nouveau groupe druidique se constituait autour d'un jeune architecte appelé Coll Hazel Wand et qui baptisa son association *The Golden Section Order*, c'est-à-dire L'Ordre de la Section Dorée. Cette appellation ne manque pas de faire penser à la *Golden Dawn*, l'Aube Dorée, de Mac Gregor Mathers. Elle indiquait manifestement une volonté de renforcement de l'aspect ésotérique du druidisme.

Les liens de la *Golden Section Order* (G.S.O.) avec le *Druid Order* sont très subtils. L'explication en est complexe. Il faut remonter au Dr Robert Wentworth Little. Celui-ci avait fondé en 1866 la *Societas Rosicruciana in Anglia* (S.R.I.A.) avec le druide John Yarker Junior de Manchester, ordre rosicrucien ouvert seulement aux francs-maçons du grade de maître. Le même Dr R. Wentworth Little fonda en 1874 l'*Ancient and Archaeological Order of Druids* (A.A.O.D.) également réservé exclusivement aux francs-maçons, du moins à l'origine. C'est avec des membres de cet A.A.O.D. que fut constitué l'*Hermetic Order of the Golden Dawn,* l'Ordre Hermétique de l'Aube Dorée — plus simplement appelé : la Golden Dawn, ou même : la G.D. — par Mac Gregor Mathers en 1888.

Henri Marcel Léon, membre de la S.R.I.A. en 1906, et de l'A.A.O.D., devint l'*Imperator* d'un groupe dit *Ancient and Arcane Order of the Rosy Cross* (A.A.O.R.C.).

Nous n'avons pu obtenir plus de précisions sur cet Ordre Ancien et Secret de la Rose-Croix, mais il semble bien qu'il y eut des liens entre ces deux derniers groupes, S.R.I.A. et A.A.O.R.C., et l'actuel Ordre Rosicrucien A.M.O.R.C.

Henri Marcel Léon eut pour successeur comme *Imperator* de l'A.A.O.R.C. Herbert James Monzani Heard qui était également le Ve Patriarche Britannique de l'Eglise Celtique restaurée, sous le nom de Mar Jacobus (1922).

Le Dr Crow succéda à Monzani Heard comme *Imperator* de l'A.A.O.R.C.

Maryam Léon, la veuve de Henri Marcel Léon, initia, le 30 décembre 1930, le Dr Crow, et lui conféra la dignité d'Archidruide de l'Ordre Druidique Universel.

Monzani Heard, Patriarche Celtique Mar Jacobus, consacra évêque le Dr Crow en 1943.

Le Dr Crow et le Dr Maughan du D.O. qui étaient de très grands amis, firent échange d'initiations.

Ces différentes lignées initiatiques se sont concentrées sur la personne de M. Desmond Henry George Bourke, déjà initié druide par Mac Gregor Reid du D.O. En effet, M. Desmond Bourke reçut autorité à la fois du Dr Maughan devenu Chef-Druide du D.O., du Dr Crow et de Richard, duc de Palatine. Ce dernier tenait son initiation druidique de John Yarker Junior de Man chester et de la loge *Mount Nuada* de Mrs Ansell de l'Ordre des Druides Hermétistes.

Richard, duc de Palatine, était aussi Grand Maître de l'Ancien et Primitif Rite de Memphis et Mizraïm.

Quatre, voire cinq différentes lignées druidiques convergèrent ainsi sur la personne de Desmond Bourke qui donna à son tour autorité à Coll Hazel Wand pour fonder la *Golden Section Order*.

Le diagramme ci-contre essaiera de matérialiser les interférences des différentes lignées initiatiques entrant ici en ligne de compte.

Coll Hazel Wand est en outre dépositaire de lignées de tradition familiale bardique d'Ecosse et d'Anglesey.

On voit que le D.O. de John Toland est parvenu jusqu'à nous sous des formes diversifiées mais de même tradition. Cependant la postérité directe actuelle de John Toland paraît bien infime en comparaison de celle de la franc-maçonnerie spéculative née la même année 1717.

Si la principale différence entre les deux groupements initiatiques consistait en la tradition, biblique judéo-chrétienne pour les francs-maçons et orale celtique païenne pour les druides, l'environnement socio-culturel a été si contraignant que seule la franc-maçonnerie qui ne heurtait pas les convictions religieuses reçues avait des chances de succès, tout au moins dans les pays de libre-examen.

Le mouvement druidique se réclamant d'une tradition préchrétienne païenne et non biblique, occidentale et non orientale, à tendance plus polythéiste que monothéiste, apparaissait par trop anticonformiste par rapport à l'ambiance chrétienne réformée britannique pour être accepté comme tel non seulement par le grand public, mais même par la classe intellectuelle.

Seuls les originaux, marginaux, contestataires, nationalistes et autres anti-conformistes ont perpétué une classe qui est dans l'opposition à l'ordre établi depuis Jules César. La plupart du temps, cette perpétuation n'a lieu que grâce à des compromis édulcorants nécessitant en retour des « réformateurs » vigilants pour revenir à des conceptions plus traditionnelles du druidisme.

LE RENOUVEAU DU DRUIDISME

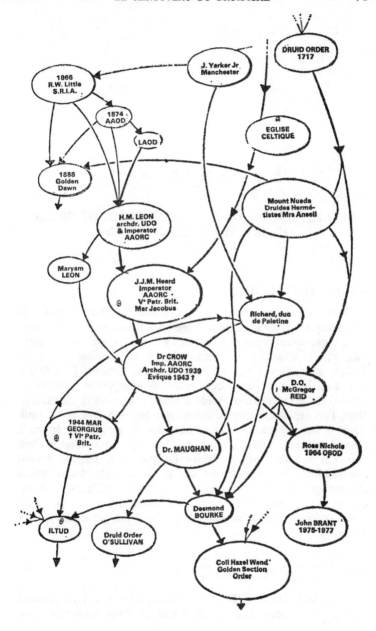

CHAPITRE TROISIÈME

DEVELOPPEMENT DE L'*ANCIENT ORDER OF DRUIDS* HENRY HURLE, LONDRES, 1781

L'A.O.D. et l'U.A.O.D.

Nous avons vu que le groupe fondé par Henry Hurle le 28 novembre 1781 avait connu une importante scission en 1833. Le groupe sécessionniste, à un moment où l'unité faisait particulièrement défaut, prit le nom de *United Ancient Order of Druids,* c'est-à-dire l'Ancien Ordre Uni des Druides (U.A.O.D.). Dès lors les deux groupements se développèrent séparément, l'U.A.O.D. étant devenu essentiellement une société mutualiste. Dans l'un et l'autre groupe cependant, les principes du « druidisme » furent présentés comme une sorte de morale enjoignant à chaque membre d'être bon et paisible sujet, bon mari et bon père. On ne faisait pas de distinction quant à la religion pourvu que l'on crût au Créateur du ciel et de la terre. La fraternité œcuménique était encouragée entre les gens vertueux et bons, quelles que fussent leurs sectes ou dénominations religieuses. Enfin l'entraide était l'application pratique des principes de fraternité.

La Création du Chapitre de Royal-Arch

L'*Ancient Order of Druids* (A.O.D.), bien que reconnaissant les anciens druides comme constituant la classe sacerdotale, ne voulut pas délibérément reconstituer le sacerdoce druidique puisque les discussions de religion, comme de politique d'ailleurs, étaient strictement interdites dans les réunions. Il semble toutefois que les précautions prises n'empêchèrent pas l'admission d'un certain nombre de « frères » qui se révélèrent par la suite polémistes, voire batailleurs et désagréables si bien qu'en janvier 1811 le Frère George Green créa le *Royal Arch Chapter*, c'est-à-dire le Chapitre des Archidruides Royaux, afin que les membres les plus évolués de l'Ordre pussent se réunir séparément dans la tranquillité. L'expression *Royal Arch* est une abréviation pour *Royal Archidruid*.

L'un des premiers chapitres de *Royal Arch* fut établi par le Frère William Kensett à Kidderminster dans le Worcestershire.

L'A.O.D. venait ainsi de se doter d'un système de sélection interne permettant de regrouper les meilleurs des membres dans une sorte de cercle intérieur plus fermé. On ne manquera pas de noter, une fois de plus, la similarité de ce *Royal Arch* néo-druidique avec le *Royal Arch* de la franc-maçonnerie dont l'origine est incertaine mais toutefois antérieure à 1811 et qui fut au centre de la querelle des *Antients* et des *Moderns* jusqu'à l'Acte d'Union de 1813. Nous avons rapporté plus haut une certaine tradition druidique à ce sujet.

La mythologie du *Royal Arch* de l'A.O.D. est sans aucun rapport avec celle du *Royal Arch* de la franc-maçonnerie laquelle est basée sur la découverte d'une certaine voûte dans le temple de Salomon, car il s'agit d'une arche d'architecture et non plus début du mot *archidruid*. L'existence du *Royal Arch* à l'A.O.S. n'implique aucune allégeance de ce groupe à la franc-maçonnerie.

Structure de l'A.O.D.

Les buts de l'A.O.D. sont demeurés inchangés, à savoir l'amitié universelle, la justice, la philanthropie et l'amour fraternel.

Nul ne saurait se voir refuser l'accès à l'Ordre pour des raisons politiques ou religieuses pourvu qu'il soit de bonne moralité. L'âge d'accès est actuellement de dix-huit ans. A l'origine, les femmes ne pouvaient pas entrer à l'A.O.D. Cet interdit a été récemment levé, mais les femmes constituent des loges féminines séparées.

L'A.O.D. comporte actuellement en Grande-Bretagne cinquante-six loges et une seule loge féminine, en Guyana quatre loges et deux loges féminines, en Surinam une loge, soit au total soixante-quatre loges. Les loges de Grande-Bretagne sont réparties en dix Grandes Loges régionales. Il y a aussi une Grande Loge pour la Guyana et le Surinam. L'ensemble est coiffé par une Grande Loge Impériale qui se réunit à Londres. L'actuel Grand Archidruide Impérial est le Frère E.W. Gower, de Margate (Kent) en Grande-Bretagne. Il se trouve que, depuis 1979, le Grand Secrétaire Impérial de l'A.O.D. est en même temps le Président Mondial de l'*International Grand Lodge of Druidism* (I.G.L.D.), la Grande Loge Internationale du Druidisme, qui est la confédération des druides de la lignée de Henry Hurle.

L'A.O.D. a trois degrés d'initiation qui sont :
1 — le degré primitif, c'est-à-dire l'initiation simple au titre de « druide » ;
2 — le degré de *Royal Arch* pour les chapitres de *Royal Arch* ;
3 — le degré de *Past Arch* pour les « archidruides » justifiant d'une certaine ancienneté.

C'est dans l'*Ancient Order of Druids* que Winston Churchill, alors âgé de trente-quatre ans et déjà « maçon » de la Grande Loge Unie d'Angleterre, fut initié, à la Loge Albion d'Oxford. La cérémonie eut lieu le 15 août 1908 dans le parc du Palais de Blenheim (maison natale de Churchill). Des photographies furent prises à l'issue de la cérémonie, ce qui nous permet d'avoir une idée de la « régalia », c'est-à-dire des costumes et ornements portés par les druides de l'A.O.D. à cette époque.

Les druides portaient alors une longue robe blanche avec une ceinture à la taille, un capuchon pointu sur la tête et surtout une très longue barbe blanche postiche qui les faisait irrésistiblement ressembler à des « Pères Noël ». Les druides de l'A.O.D. tenaient en main un long bâton dépassant largement de la tête, au bout duquel était emmanchée une faucille. Certains druides arboraient un sautoir avec une médaille ou une sorte de plastron décoré de feuilles de chêne brodées.

Le 17 avril 1921, l'A.O.D. s'était implanté en Belgique, à Bruxelles, sous le nom d'Ordre Universel des Druides. La fondation de la Grande Loge de Belgique de l'Ordre Universel des Druides a été rapportée en particulier par la *Revue Internationale des Sociétés Secrètes* du 31 août 1924. La première loge druidique de Belgique de l'A.O.D. s'appelait « L'Alliance ». Malgré nos recherches, il n'a pas été possible jusqu'à présent de retrouver la trace de cet ordre druidique belge qui semble avoir disparu pendant la guerre de 1939-45. Signalons tout de suite que l'A.O.D. fut persécuté par les Nazis et que ses archives furent détruites.

Nous avons vu que l'extension de l'A.O.D. s'étendait jusqu'en Amérique du Sud, mais cette extension est sans commune mesure avec celle de l'*United Ancient Order of Druids* que nous considérons maintenant.

Extension de l'U.A.O.D.

En 1825, il y avait déjà une loge de l'A.O.D. établie aux Etats-Unis, mais après la scission de 1833 la loge américaine adopta l'attitude de l'U.A.O.D.

En 1839, on dénombrait cent douze loges — ou plutôt « bosquets » puisque c'est le terme *Grove* qui a prévalu aux Etats-Unis — et neuf mille membres. Or, en 1912, il y avait déjà deux cent soixante-huit bosquets et vingt-trois mille trois cent cinquante-deux membres (23 352).

L'Australie fut touchée en 1839 par un druide anglais débarquant à Melbourne. La première loge de l'U.A.O.D. en Australie, la Loge « Entreprise », fut fondée en 1850. Dès 1867, il y avait quatorze loges U.A.O.D. en Australie pour quatre cent soixante-quatre membres.

Pour continuer son extension, l'U.A.O.D. d'Australie implanta l'Ordre en Tasmanie, puis en Nouvelle-Zélande dès 1880.

En 1913 on dénombrait dans cette région du Globe :
— la Grande Loge de Victoria,
— deux Grandes Loges en Nouvelle-Galles du Sud,
— une Grande Loge d'Australie du Sud,
— trois Grandes Loges en Nouvelle-Zélande,
— une Grande Loge de Tasmanie,
— une Grande Loge de Queensland,
— une Grande Loge pour l'Australie Occidentale, avec en tout le chiffre étonnant de soixante-dix-sept mille vingt-trois (77 023) membres.

C'est d'Amérique que l'U.A.O.D. s'introduisit en France et en Allemagne.

Un certain Nicholas Dimmer de San Francisco, ancien « archidruide » d'un « bosquet » U.A.O.D. de Californie, s'établit à Paris. Il y fonda, avec l'autorisation de sa Loge américaine, le 26 décembre 1869, le Bosquet « Persévérance », avec le Frère Marchant et le Frère Maison qui venaient également de Californie. C'était là l'une des toutes premières organisations néo-druidiques en France.

Malheureusement le Bosquet Persévérance de Paris n'eut pas de continuation, pour la raison que son promoteur américain était aussi un Allemand d'origine et que la guerre de 1870 éclata. Les membres de la Loge, essentiellement constituée d'émigrés de Californie, retournèrent aux Etats-Unis. Mais l'idée avait eu le temps de faire son chemin jusqu'en Allemagne dès 1870, et c'est encore un Américain, le Frère Hafky qui fonda le premier Bosquet Druidique U.A.O.D. à Hambourg le 10 février 1873. L'U.A.O.D. devint en allemand V.A.O.D., *Vereinigter Alter Orden der Druiden* signifiant également l'Ancien Ordre Uni des Druides.

D'Allemagne, l'Ordre passa en 1904 en Suède, et de Suède en Norvège en 1935.

Le 18 juillet 1908, deux Frères américains, trois Frères anglais et trois Frères allemands fondèrent l'*International Grand Loge of Druidism,* la Grande Loge Internationale du Druidisme, afin de confédérer les différents groupes nationaux issus de Henry Hurle qui sont tous autonomes. Cette confédération rassemble actuellement vingt Grandes Loges et un certain nombre de druides A.O.D. ou U.A.O.D. à titre individuel.

C'est encore d'Allemagne que l'Ordre fut implanté en 1912 au Danemark et en Suisse.

Raison du développement spectaculaire de l'U.A.O.D.

L'U.A.O.D. qui s'était séparé de l'A.O.D. en 1833 pour se consacrer plus spécifiquement aux activités de secours mutuel, connut très rapidement un essor assez extraordinaire. A une époque où la « Sécurité sociale » n'existait pas encore, l'U.A.O.D. assurait ses membres et versait une certaine somme à la veuve au décès d'un membre, ou au membre au décès de son épouse. L'U.A.O.D. venait en aide au membre et à sa famille en cas de maladie, d'infirmité physique ou mentale et de vieillesse. Les sociétaires, dans une circonstance difficile, étaient assurés d'être assistés par l'Ordre. Enfin un système de compensation permet-

tait à l'Ordre d'assister également les loges les moins nombreuses qui n'auraient pas assez de disponibilités pour subvenir aux besoins de leurs membres. Grâce à la loi de 1876 qui encourageait en Grande-Bretagne les sociétés mutualistes, l'U.A.O.D. connut un développement remarquable avec :
— 20 000 membres en 1874,
— 40 000 membres en 1883,
— 60 000 membres en 1893,
— 80 000 membres en 1899

et une réserve de disponibilités monétaires de 450 000 £, somme considérable à cette époque.

Devant un tel succès l'U.A.O.D. décida d'accepter les femmes parmi ses membres, non seulement les femmes mariées mais aussi les jeunes filles, ce qui était faire montre d'esprit très progressiste pour l'époque. Enfin, une section pour juniors fut créée admettant les enfants à partir de l'âge d'un an. De nouveaux avantages furent offerts par l'association, tels que les primes à la naissance, les primes de retraite à soixante-cinq ans, les pensions, les assurances à terme, les maisons de convalescence, les rentes viagères, la couverture des hypothèques des membres, la prise en charge des frais d'enterrement. Bien entendu, on était loin de la petite quête dans une boîte du temps de Henry Hurle ! Un système assez complexe, mais très bien modulé, de cotisations permettait à l'association d'assurer sa mission à la satisfaction générale.

Mais avec le *National Health Service Act* de 1946 (loi sur le service national de santé, ce qui correspond en Grande-Bretagne à la Sécurité sociale en France), les buts mêmes de l'U.A.O.D. et de toutes les sociétés mutualistes du Royaume-Uni furent remis en cause. Désormais il n'y avait plus besoin de sociétés mutualistes puisque l'Etat prenait l'affaire en mains. C'est ainsi que dans les trois ans qui suivirent, l'U.A.O.D. perdit trente mille de ses membres et ne cesse d'en perdre depuis ! Cela n'a pas empêché l'Ordre de poursuivre ses activités humanitaires, avec les visites aux malades, les maisons de repos, les couvertures d'hypothèques. Mais l'U.A.O.D. doit maintenant essayer autre chose pour se renouveler, peut-être la construction de maisons, l'organisation de voyages, de loisirs, pour ses membres...

Conséquences sur l'aspect initiatique de l'U.A.O.D.

L'aspect initiatique de l'Ancien Ordre Uni des Druides a nécessairement été négligé au profit des activités mutualistes puisque les gens venaient à l'U.A.O.D. plus pour des raisons de « Sécurité sociale » que pour une quête initiatique. Néanmoins, le rite d'origine a été conservé pour les réunions, avec « gardien », mot de passe, signe secret, chœurs chantés... Chaque chef de loge est « archidruide ». Il faut trois anciens archidruides pour la cérémonie d'initiation d'un nouvel archidruide, initiation au cours de laquelle le candidat recevra le mot de passe et la poignée de main secrets. Les costumes de cérémonies sont tombés en désuétude depuis la dernière guerre. Ils étaient hérités, comme à l'A.O.D., d'une certaine conception romantique des druides. L'archidruide portait une longue robe bleu-ciel avec une capuche, un collier de perles de verre autour du cou, et surtout la fameuse longue barbe blanche postiche. Le simple druide portait une robe blanche, une couronne de feuilles de chêne sur la tête, un collier de perles blanches et toujours cette barbe blanche de « Père Noël ». Les druides de l'U.A.O.D. aimaient parader en grande tenue, avec leurs bannières portant les noms des loges d'origine qui n'étaient autres que les enseignes des tavernes qui les accueillaient. Actuellement, en Grande-Bretagne du moins, ces *régalia* ont été remplacés par de simples rubans, de velours ou de soie, en sautoir, avec une médaille portant le nom de l'Ordre et le numéro de la loge.

L'Ancien Ordre Uni des Druides, V.A.O.D., en Allemagne

En Allemagne où l'Ordre est florissant depuis 1873 sous le nom de *Vereinigter Alter Orden der Druiden,* et plus couramment abrégé en *Druiden Orden* (V.A.O.D.), le système mutualiste n'a pas été l'objectif essentiel de l'Ordre, mais plutôt la tolérance et la fraternité universelle. Les pratiquants de diverses religions et les membres de n'importe quel parti politique sont admis sans distinction. En fait tous les membres sont chrétiens avec une nette prédominance de protestants. Toutefois, les femmes ne sont toujours pas admises. Cette restriction est compensée par l'organisation de soirées et de petites fêtes où les épouses des membres sont chaleureusement invitées.

Les trois ordres fondamentaux du druidisme, à savoir Ovate, Barde et Druide, se retrouvent au *Druiden Orden* allemand où il n'y a pas de degrés intermédiaires. Les druides allemands ne portent pas de robes blanches mais une sorte de plastron, vert pour les ovates, bleu pour les bardes, et rouge pour les druides, décoré de symboles et orné de passements. Le symbole le plus souvent utilisé est l'étoile à sept branches, à cause de la valeur symbolique attribuée au nombre sept. Les loges s'appellent ici aussi « bosquets », *Haine* en allemand, mais ce terme un peu désuet tend à disparaître au profit de « loge ».

D'après le *Weltfreimaurerei* du Dr von Merhart, il y avait deux cent quatre-vingt-deux (282) « bosquets » en Allemagne en 1930 et douze mille deux cent quatorze (12 214) membres. Durant le régime nazi l'Ordre fut interdit et nombre d'archives dispersées ou détruites. L'Ordre s'est néanmoins reconstitué après la guerre et compte actuellement huit Grandes Loges régionales et soixante-trois Loges. L'organe officiel du V.A.O.D. allemand est le *Der Druiden* qui en est à sa cent-huitième année de publication !

L'Ancien Ordre Uni des Druides en Suède

La première loge druidique de Suède fut fondée en 1904 par des druides allemands. C'est la Loge *Ad Astra* de Malmö. L'Ordre s'appelle ici *Förenade Gamla Druid Orden* (F.G.D.O.), ce qui signifie toujours : Ancien Ordre Uni des Druides. Il compte actuellement quatre mille cinq cents (4 500) membres, le nombre des Frères ayant doublé dans les vingt dernières années. Contrairement à l'U.A.O.D. anglais, le F.G.D.O. n'est pas une société mutualiste. Cet aspect, qui a de moins en moins sa raison d'être, a d'ailleurs été pratiquement abandonné dans les Pays nordiques où les gouvernements prennent en charge les affaires sociales. En Suède les femmes ne sont toujours pas admises à l'Ordre, pas plus qu'en Allemagne, mais la tendance actuelle serait de les y admettre, tout au moins en créant des loges féminines. L'âge d'admission en Suède est de vingt et un ans. Le candidat doit être parrainé par deux Frères, et accepté par vote secret. Toute opposition de 10 % des voix écarte la candidature.

Il y a dix Grandes Loges et cinquante-huit Loges en Suède.

Les Loges se réunissent chaque quinzaine. Elles pratiquent les initiations aux trois premiers degrés, c'est-à-dire aux degrés d'*eubat*, de barde et de druide. On devient *eubat* dès l'admission, mais il faut un délai de douze mois et avoir assisté à neuf réunions pour être initié barde. La condition est la même pour devenir druide. Ce n'est qu'au grade de druide qu'on est membre à part entière de la Loge avec droit de vote et possibilité de devenir officier. Les quatrième, cinquième et sixième degrés sont conférés par la Grande Loge.

Le quatrième degré est celui de « Chapitre ». Il faut être druide depuis au moins vingt-quatre mois et avoir assisté à dix-huit réunions pendant les deux dernières années.

Le cinquième grade s'appelle « l'Anneau ». Il faut trente-six mois de « Chapitre » et avoir assisté à quinze réunions dans les trois dernières années pour y être admis. L'initié reçoit un anneau druidique en or qu'il portera à l'index de la main droite.

Le sixième grade est celui d'Ancien Archidruide. Pour l'obtenir il faut avoir été officier de loge pendant six ans, ou s'être particulièrement signalé par ses activités druidiques, ou encore avoir fondé une nouvelle loge. C'est le plus haut grade délivré par la Grande Loge. A ce degré on peut devenir officier de sa Grande Loge et délégué de sa Grande Loge aux réunions de la Grande Loge Suprême.

Le septième grade, réservé à la Grande Loge Suprême, est celui de Suprême Ancien Archidruide. C'est un titre très difficile à obtenir. Il faut avoir été officier de Grande Loge pendant au moins douze ans, ou Noble Grand Archidruide à la tête d'une Grande Loge pendant quatre ans, ou officier de la Suprême Grande Loge. Il n'y a actuellement en Suède que soixante et un titulaires du septième degré.

Chaque initiation donne lieu au versement d'un droit.

Les dix Nobles Grands Archidruides à la tête des Grandes Loges se réunissent deux fois par an pendant trois ou quatre jours avec les huit officiers de la Grande Loge Suprême, mais ces huit officiers suprêmes doivent se réunir entre eux tous les mois.

Bien entendu, tous les frais de déplacements « pour raisons druidiques » sont pris en charge par l'Ordre.

Le F.G.D.O. dispose, outre ses loges et temples, d'un secrétariat permanent tenu par le Grand Secrétaire Suprême assisté d'une secrétaire-dactylo.

Les soirées de loge, chaque quinzaine, comprennent essentiellement le rite, spécifique pour chaque degré, avec musique, hymnes, conférences. La tenue de soirée est de rigueur pour les initiations. Après le rite, un repas fraternel est prévu pour faciliter les rencontres. Ainsi tous les membres peuvent se parler et les jeunes demander conseil aux plus anciens sur les problèmes de la vie. On chante dans une ambiance détendue. Cinq à six fois par an, les loges organisent des soirées mondaines où les femmes sont invitées.

Pour ne quand même pas oublier la tradition mutualiste de l'U.A.O.D. d'origine, le F.G.D.O. couvre ses membres d'une importante assurance contre tout accident survenu éventuellement en dehors de leur domicile. La revue des druides suédois est le *Nordisk Druid Tidning*, « le Temps des Druides du Nord ». L'Ancien Ordre Uni des Druides semble particulièrement bien structuré et organisé en Suède. Un juste équilibre a été trouvé entre l'aspect initiatique, fraternel, mondain, culturel et mutualiste.

L'Ancien Ordre Uni des Druides en Norvège

L'Ordre fut introduit en Norvège par la Suède, en 1935, sous l'appellation de *Forenede Gamle Druid Orden* (F.G.D.O.) qui signifie évidemment : Ancien Ordre Uni des Druides. On y trouve les sept degrés d'initiation de Suède avec quelques variantes, à savoir :

— au premier degré on est Frère Ovate, avec le vert pour couleur rituelle ;
— au second degré : Frère Barde, avec le bleu pour couleur rituelle ;
— au troisième degré : Frère Druide, avec le rouge pour couleur ;
— au quatrième degré : Frère du Chapitre, avec en sautoir une médaille triangulaire gravée de la sentence : « Savoir, c'est pouvoir ! » ;
— au cinquième degré : Frère de l'Anneau, portant un anneau d'or orné de symboles druidiques au majeur de la main droite ;
— au sixième degré : Frère Ancien Archidruide, portant un grand collier de feuilles de chêne d'argent rehaussées d'émail ;
— au septième degré : Frère Chevalier de la Table Ronde, dit aussi Ancien Arch' du Royaume, portant un grand collier de feuilles de chêne d'or.

La plus grande tolérance permet d'admettre au sein de l'Ordre des membres de toutes dénominations religieuses. La croyance en Dieu apparaît au cours des rites lorsqu'il est fait référence au « Père de l'Univers ». Les principaux symboles sont l'étoile à sept branches, le chêne et l'autel. Les cérémonies ont lieu chaque quinzaine sauf durant la période d'été. Comme en Suède, les cérémonies sont suivies d'un repas fraternel. La revue des druides norvégiens est intitulé : *Barden,* « le Barde ».

L'étonnant succès de la deuxième branche du néo-druidisme

Ainsi l'Ancien Ordre des Druides de Henry Hurle a connu une extraordinaire expansion depuis 1781. Même si les activités mutualistes n'étaient pas à l'origine le but premier de l'Ordre, elles ont puissamment favorisé son développement à travers le monde anglo-saxon. Cependant, les groupements nationaux se sont diversifiés, certains, tel l'Ordre suédois, en compliquant les rites d'origine. La plus large tolérance est observée partout en matière de foi religieuse. Toutefois, il est assez curieux de constater que l'Ancien Ordre des Druides ainsi que la Grande Loge Internationale du Druidisme ont chacun un « aumônier » officiel qui est, évidemment, un ministre de culte protestant. Les druides modernes issus de Henry Hurle n'ont pas osé rompre avec le milieu socio-culturel chrétien ambiant. Il ne semble pas d'ailleurs qu'ils se soient même posé la question.

Outre une ressemblance avec la franc-maçonnerie, tout au moins quant au style, c'est peut-être ce respect de l'environnement chrétien qui a assuré la plus grande diffusion d'un ordre druidique constitué à l'origine par des gens qui voulaient discuter tranquillement dans leur *pub* favori sans avoir à parler de politique ni de religion. Pas de problème métaphysique, pas de contestation politique ou religieuse, pas de problème linguistique, pas de problème nationaliste, pas même de femmes... au contraire la sécurité mutuelle, une ambiance feutrée, bourgeoise, le confort assuré... mais sous l'appellation druidique de ces ordres cossus et bien établis, que reste-t-il en définitive du druidisme initiatique antique ?

Le tableau suivant essaiera de schématiser l'expansion de l'A.O.D. et de l'U.A.O.D. à travers le monde depuis 1781.

LE RENOUVEAU DU DRUIDISME

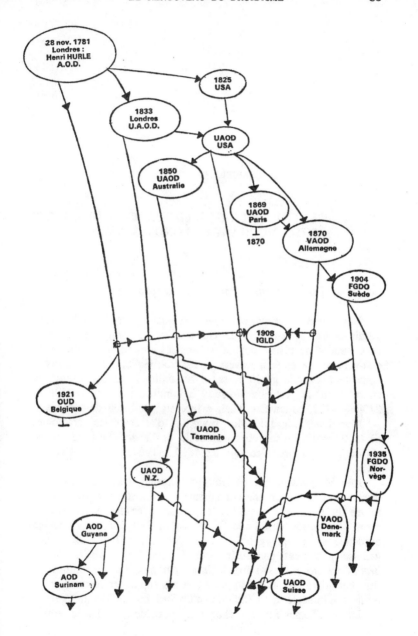

CHAPITRE QUATRIÈME

DEVELOPPEMENT DE LA *GORSEDD* AU PAYS DE GALLES IOLO MORGANWG, LONDRES, 1792

La foi de Iolo Morganwg impose la Gorsedd

Nous avons expliqué plus haut comment la tradition bardique s'était conservée au Pays de Galles sous la forme de concours de chants et de poésie populaires appelés *eisteddfodau* tenus irrégulièrement, çà et là à travers le Pays de Galle. Iolo Morganwg, l'ouvrier-maçon de génie, restaura les antiques assises druidiques en célébrant la première *Gorsedd* à Londres, à Primrose Hill, le 21 juin 1792, au solstice d'été, « face au soleil, œil de lumière ».

L'originalité de Iolo Morganwg fut d'associer les cérémonies de la *Gorsedd* au concours de poésie de l'*eisteddford*, ce qui se réalisa pour la première fois en 1819 à l'*eisteddfod* de Carmarthen.

Iolo Morganwg, qui n'aurait pas inventé des traditions druidiques sans une profonde connaissance de l'histoire et de la littérature du Pays de Galles, fut le premier à étudier systématiquement l'institution druidique. Il fit de la *Gorsedd* une véritable académie du peuple gallois où les poètes populaires de langue galloise pouvaient concourir pour le grade de *B.B.D.* (*Bardd Braint a Defod*), c'est-à-dire « Barde par privilège et coutume », titre considéré par Iolo Morganwg et ses supporters comme supérieur à n'importe quel diplôme d'Oxford ou de Cambridge.

Le Dr Thomas Burgess, évêque anglican de Saint-David, fonda

la première association culturelle du Pays de Galles dite *The Cambrian Society*, à Carmarthen en 1818. Cette société prit en charge l'organisation des *eisteddfodau*. Iolo Morganwg était présent à l'assemblée constitutive de la nouvelle association. En dépit du *leadership* d'un évêque anglican, de nombreux pasteurs protestants de dénominations « non-conformistes » adhérèrent d'emblée à la nouvelle société quand une *eisteddfod* fut annoncée pour l'année suivante à Carmarthen. Ces ministres du culte montraient par là même combien les divisions engendrées par la religion chrétienne dans la société étaient en définitive artificielles ! Le concours commença le mardi 8 juillet 1819 à l'auberge du « Buisson de Lierre » (*The Ivy Bush Inn*). Il y avait environ deux à trois cents bardes, musiciens et chanteurs.

Gwalter Mechain (Walter Davies) reçut le premier prix pour la composition poétique du genre *englyn*, pour le meilleur essai sur les institutions bardiques et pour un poème à la mémoire du général Picton. Il fut conduit à un fauteuil de chêne sculpté de style gothique, placé pour la circonstance sur la grande table de la salle d'honneur de l'auberge. A peine avait-il pris possession de sa chaire qu'Iolo Morganwg, en dépit de ses soixante-douze ans, sauta sur la table et attacha un ruban bleu au bras droit du lauréat pour montrer qu'il le recevait en qualité de « barde » à la *Gorsedd* de l'Ile de Bretagne. Iolo Morganwg se dirigea ensuite vers l'évêque Burgess, président de l'*Eisteddfod* et il le « fit druide » en lui nouant un ruban blanc au bras droit. Mais la cérémonie spécifique de la *Gorsedd* eut lieu le samedi matin 10 juillet 1819 dans les jardins de l'auberge.

La *Gorsedd* comprenait huit dignitaires, bardes et druides, dont trois pasteurs. Iolo Morganwg fut désigné comme officiant. Il commença par délimiter un cercle sur le sol avec des cailloux. Une pierre un peu plus large fut placée au centre. A moins d'être admis barde, nul n'était supposé pénétrer dans ce cercle. Iolo Morganwg fit prêter serment sur l'épée à demi-dégainée, tout en rappelant aux nouveaux initiés l'obligation de non-violence. Chaque nouveau barde reçut un ruban bleu, symbole de vérité, noué au bras droit ; puis l'épée fut déposée sur la pierre centrale. Pour l'admission au degré de druide, les titres et qualités de chaque candidat étaient énoncés de sorte que tout assistant pût éventuellement faire objection. Avec le consentement général le candidat était « fait druide » et recevait un ruban blanc, donné comme symbole d'innocence, également noué au bras droit. La même cérémonie eut lieu pour l'initiation des ovates qui reçurent un ruban vert symbolisant les arts. Dès cette première *Gorsedd*, une femme, Elizabeth Jones, fut reçue en qualité d'ovate, eu égard à son œuvre littéraire. Des poèmes furent déclamés, des chants interprétés, le tout en gallois bien entendu. Edward Jones, harpiste du Prince Régent, joua quelques morceaux de harpe. Ainsi prit fin dans l'euphorie générale la première cérémonie au Pays de Galles de la *Gorsedd Beirdd Ynys Prydain*, Assise des Bardes de l'Ile de Bretagne, des temps modernes, vingt-sept ans après les deux *gorseddau* de Primrose Hill à Londres.

Cette cérémonie se caractérisait par sa tenue en plein air, le matin avant que le soleil ne fût au zénith, à l'intérieur d'un cercle de pierres, avec initiation aux trois ordres de druide, marqué d'un ruban blanc, de barde, marqué d'un ruban bleu, et d'ovate, marqué d'un ruban vert. Elle se caractérisait encore par le serment prononcé sur une épée à demi sortie du fourreau avec promesse de non-violence. Les couleurs symboliques de chaque ordre étaient bien définies. Enfin les femmes étaient admises. Dès lors, la *Gorsedd* devint partie intégrante de l'*eisteddford* galloise, et même plus, la *Gorsedd contrôlerait l'eisteddford.* On remarquera toutefois qu'il n'y avait pas encore de *régalia* ou costumes spécifiques pour les initiés, hormis le ruban de couleur noué au bras droit.

La Gorsedd *s'équipe*

A l'*eisteddfod* de Llangollen de 1858 apparurent les premiers costumes druidiques ou bardiques. Ab Ithel (le Révérend John Williams, 1811-1862), Môr Meirion (le Révérend Richard Williams Morgan, 1815-1889 qui devint le 6 mars 1874 évêque sous le nom de Mar Pélage et le premier Patriarche de l'Ancienne Eglise Britannique restaurée) et Carn Ingli (le Révérend Joseph Hughes, 1803-1863), tous trois organisateurs de l'*eisteddfod* apparurent en tuniques druidiques blanches, ressemblant à des chemises de nuit selon les mauvaises langues de l'époque.

Myfyr Morgannwg (Evan Davies, 1801-1888), horloger de son état, autodidacte passé maître en poésie galloise comme en mathématiques, ardent admirateur de Iolo Morganwg, se présenta, lui, avec un « œuf druidique » pendu au cou, en fait un micraster ou oursin fossile. Le Docteur William Price de Llantrisant fit son apparition en « archidruide » portant une peau de renard en guise de couvre-chef, pantalon vert, gilet bleu, chemise blanche, large ceinture-turban rouge et une longue épée au côté.

A la *Gorsedd* de 1884 tenue à Liverpool, les bardes portaient une écharpe et un tablier de soie bleue brodés de symboles druidiques.

Les premiers costumes druidiques modernes dignes de ce nom apparurent aux cérémonies de la *Gorsedd* de Bangor de 1890. En 1894 les robes étaient, pour la première fois, blanches, bleues ou vertes selon les titres de druides, bardes ou ovates. Le professeur d'art Hubert Herkomer, membre de l'Académie Royale et marié à une Galloise, dessina les robes ainsi que la grande épée en se conformant aux instructions de Iolo Morganwg.

La robe verte des ovates signifie l'acquisition et la croissance du savoir. La roble bleue des bardes, musiciens et hommes de lettres, rappelle la couleur bleu d'un ciel serein d'été et donne la paix et la vision claire des choses à la lumière céleste. La robe blanche des druides est un symbole de vérité sans compromission, en accord avec la devise druidique : « La vérité à la face du monde ! ».

L'épée, celle qui est actuellement utilisée, comporte un cristal brut au pommeau, symbole des anciens mystères. Sur ce cristal sont gravés les trois rais de lumière, le *tribann*, supposés représenter la première tentative pour écrire le nom de Jéhovah, d'après le témoignage d'Hubert Herkomer. Un dragon sertit la pierre. La poignée est de bronze, et les volutes de la garde en acier. Sur le fourreau de bois sont gravées les devises des cinq provinces du Pays de Galles : Clamorgan, Gwent, Gwynedd, Powys et Dyfed, à savoir :

— *Y Gwir yn erbyn y byd* : La vérité à la face du monde ;
— *Duw a phob daioni* : Dieu et toute bonté ;
— *Calon wrth galon* : Cœur à cœur ;
— *A laddo a leddir* : Qui tuera sera tué ;
— *Jesu na ad gamwaith* : Jésus ne permet pas l'oppression.

La bannière de la *Gorsedd* fut réalisée par Lena Evans en 1896. Encadré de broderies d'or de feuilles de chêne, de gui et d'un poireau, symbole végétal du Pays de Galles, un soleil rayonnant porte le Dragon Rouge du Pays de Galles et les Trois Rais de Lumière s'échappent du soleil pour rejoindre les Trois Rais émanant du Cercle Druidique figuré par des cabochons de cristal.

La corne d'abondance et son support furent dessinés par le barde-héraut Arlunydd Penn-y-garn qui avait déjà dessiné la bannière. La corne elle-même est une immense corne de buffle provenant du Cap. Le couvercle de la corne représente un petit château-fort avec ses tours et cinq petits dragons aux pieds d'un druide jouant de la harpe celtique. Le support est un dragon en argent massif tenant dans ses griffes une boule de cristal. La corne d'abondance est toujours utilisée dans le rite de la *Gorsedd* galloise.

L'archidruide gallois Cynan (Sir Cynan Evans-Jones, † 1970), grâce à ses qualités de metteur en scène, donna aux cérémonies galloises actuelles l'éclat, la pompe et la dignité qui convenaient à un rite se voulant druidique.

Des tendances paganisantes

Iolo Morganwg, bien qu'initiateur et infatigable animateur de la moderne *Gorsedd* jusqu'à sa mort à soixante-dix-neuf ans, ne prit jamais le titre d'archidruide. Son fils, Taliesin ab Iolo, lui succéda en 1826 sans prendre non plus lui-même le titre d'archidruide. En revanche, trois personnes portèrent alors simultanément ce titre, à savoir : Myfyr Morgannwg, le Docteur Price de Llantrisant et le Révérend David James, Dewi o Ddyfed de son nom bardique (1803-1871) qui fut sans doute le premier à avoir utilisé le titre d'archidruide à l'*eisteddfod* de Beaumaris en 1832. Ce dernier était pasteur anglican, militant gallois convaincu ne cessant de contester pour qu'on ne nomme au Pays de Galles que des *clergymen* parlant couramment le gallois. Les deux autres archidruides — qui n'étaient pas des pasteurs protestants — sont des figures particulièrement hautes en couleur et intéressantes parce qu'ils tentèrent, sans coordination d'ailleurs, une restauration du druidisme en tant que culte païen.

Remarquons que le mouvement bardique gallois fut tout de suite accaparé par le clergé protestant qui y voyait certainement une sorte d'échappatoire, surtout pour les « non-conformistes », à l'ambiance puritaine qu'ils étaient supposés entretenir dans leurs temples. Le théâtre et la danse étaient condamnés par le clergé au Pays de Galles, comme suspects d'incliner au péché. Les pasteurs presbytériens n'avaient pas non plus l'espoir de devenir un jour évêque puisque cette dignité n'existait pas dans leur église. L'absence de pompe dans des temples nus, sans statues, sans décors, des offices réduits à la simple expression de la parole et du chant choral, appelaient un exutoire qui fut trouvé avec la *Gorsedd*. On allait enfin pouvoir « pontifier » ! Il est certain que ce n'était pas le but recherché par Iolo Morganwg lui-même contestataire, républicain et nationaliste gallois, qui aurait certes préféré restaurer les mystères païens de l'Ile de Bretagne que de voir l'institution qu'il venait de fonder envahie par des pasteurs protestants.

Cependant, Myfyr Morgannwg, le barde horloger, poursuivit la tradition de célébrer des rites druidiques païens aux équinoxes et aux solstices — et non pas à n'importe quel moment — près d'une pierre branlante dans les landes de Pontypridd (Glamorgan). Il se présentait comme « l'Archidruide » et portait en guise d'insigne distinctif un « œuf druidique » pendu au cou. Cette excentricité n'était qu'apparente, car il y avait là référence évidente au fameux « œuf de serpent » des druides, plus exactement le micraster ou oursin fossile, symbole cosmique des druides.

En effet, l'oursin fossile est un échinoderme qui se trouve dans les formations crétacées. Il existe depuis l'ère primaire, soit environ soixante-dix millions d'années. Il ressemble à un cœur ou à une pomme. Il est strié de cinq nervures qui forment une étoile à cinq branches. L'oursin fossile est également cité par Hersart de la Villemarqué dans son *Barzaz Breiz*, p. 62, comme « l'œuf rouge du serpent marin » du druide Merlin.

Quant au Docteur William Price de Llantrisant, extraordinaire figure du siècle dernier au Pays de Galles, il mériterait toute une étude. Chemise blanche, gilet bleu, pantalon vert, ceinture-turban rouge à pans flottants, longue épée au côté, croissant de lune à la main, cheveux en longues tresses et barbe abondante, une peau de renard sur la tête comme insigne de sa fonction de médecin, le Dr Price ne manquait pas d'attirer l'attention. Il était non seulement un nationaliste gallois farouche, mais aussi un militant socialiste contestataire, partisan de l'action directe insurrectionnelle. Ses déclarations fracassantes avaient devancé le « Manifeste du Parti Communiste » de 1848. Il n'hésita pas en 1839 à participer à la levée d'une véritable armée de quatre mille mineurs gallois pour défendre les classes laborieuses. Les manifestants marchant sur Cardiff tombèrent dans une embuscade tendue par l'armée anglaise. Il y eut de nombreux morts et les soldats anglais empêchèrent même qu'on soigne les blessés. Les responsables des grévistes furent arrêtés. Le Dr Price, la tête mise à prix pour 100 £, mort ou vif, s'enfuit en France habillé en femme. Il y resta sept ans. De retour au Pays de Galles, il était sans cesse en procès. Sur le point d'être arrêté une fois de plus, il s'échappa pour un second exil de six ans à Paris. Il fit légaliser la crémation en Grande-Bretagne après un procès fameux qu'il gagna. Le Dr Price mettait toujours ses idéaux en pratique. Partisan du mariage à l'essai et de l'union librement vécue, il ne se maria jamais légalement. Il aimait parcourir les collines du Pays de Galles en récitant des vers à haute voix. Arrivé au sommet des collines, il y pratiquait le nudisme intégral en véritable adorateur du soleil. Il affirmait être descendant de druides et il le démontra en un *affidavit* de sept cent vingt-cinq pages qu'il fit enregistrer légalement. Il y établissait entre autres son droit au titre d'archidruide. Tout comme Myfyr Morgannwg, le Dr Price célébrait des cérémonies druidiques près de la pierre branlante des landes de Pontypridd, soit de jour, soit de nuit. Il n'eut pas peur de s'affirmer ostensiblement paganisant et naturiste. Alors qu'il était en exil à Paris, il découvrit au Musée du Louvre une pierre sculptée représentant un druide tenant dans la main un « œuf cosmique » et s'adressant à la lune, avec une inscription en caractères grecs non encore déchiffrée. Il prétendit l'avoir décryptée après vingt années de recherche. D'après lui, ce message vieux de deux mille ans, intentionnellement destiné au premier traducteur, donc à lui-même, l'établissait comme successeur des anciens druides avec toute l'autorité sacerdotale et royale afférente pour accomplir sa mission de restauration du druidisme.

Malgré leur courage, leur conviction et leur enthousiasme, les deux archidruides paganisants ne furent pas suivis et les néo-druides gallois continuèrent leurs concours de poésie sans davantage se préoccuper de l'antique religion druidique.

Des règles traditionnelles ?

Aucun des trois archidruides spontanés gallois ne fut officiellement reconnu comme tel par la *Gorsedd*. Il fallut attendre 1876 pour que David Griffiths, prétendant au titre depuis 1860, fût installé, officiellement cette fois, comme premier archidruide, sous le nom de Clwydfardd. Jusqu'en 1923, les archidruides gallois étaient élus à vie, mais une nouvelle règle, peu traditionnelle si l'on en croit Jules César, limita la fonction à quatre années. On remarquera que sur les dix-neuf archidruides gallois des temps modernes, au moins quinze étaient des pasteurs protestants. L'archidruide Cynan est le seul à avoir été élu deux fois de suite.

Contrairement à la tradition et aux textes de Iolo Morganwg qui voudraient que les assemblées se tiennent aux fêtes traditionnelles celtiques, les *eisteddfodau* et donc les assises bardiques les accompagnant se tenaient un peu à n'importe quelle date. Cependant, depuis 1918, la date en est fixée à la première semaine d'août qui correspond à l'antique fête de *Lugnasad*, la fête de Lug le Polytechnicien. Il y a fort à parier que ce n'est pas cette considération qui a fait choisir cette date-là par les pasteurs protestants majoritaires de la *Gorsedd* galloise.

Bien qu'il n'y ait plus actuellement qu'une seule *Eisteddfod* nationale par an au Pays de Galles, il y a toujours autant de petites *eisteddfodau* locales qu'il y a de « Pardons » en Bretagne.

Iolo Morganwg qui était pacifiste et dont le rituel insiste tant sur « la paix », avait prévu qu'en temps de guerre, il ne pouvait y avoir d'assemblée druidique. Toutefois, ni pendant la guerre de 1914-1918, ni pendant celle de 1939-1945, l'*Eisteddfod* galloise ne fut vraiment suspendue. La popularité de l'institution était devenue telle qu'il était impensable de la supprimer, même provisoirement pour cause de guerre, sous peine de porter atteinte gravement au moral de la population et des soldats gallois. Il arriva même en 1917 qu'un barde, qui avait été tué sur le front de France, gagna le prix de poésie. C'était à l'*Eisteddfod* de Birkenhead connu depuis sous le nom de *Cadair Ddu*, ou « trône noir », parce que le trône où aurait dû s'asseoir le vainqueur du prix fut tendu d'un voile noir.

Outre les poètes et artistes reçus et couronnés par la *Gorsedd* galloise à l'issue du concours, un certain nombre de personnalités furent admises comme membres d'honneur, en particulier :

— la Reine Marie de Roumanie, à l'*Eisteddfod* de Llandudno de 1890, sous le nom bardique de Carmen Sylva ;

— le Prince de Galles et la Princesse Alexandra, à Caernarfon en 1894 ;

— le Duc de Windsor alors Prince de Galles, à la *Gorsedd* de Pontypwl de 1924 ;

— le futur Roi George VI et son épouse l'actuelle Reine-Mère Elizabeth qui reçut le nom bardique de Betsi o Efrog à l'*Eisteddfod* de Swansea de 1926.

— La Princesse Elizabeth, actuellement régnante, fut initiée en qualité d'ovate sous le nom bardique d'Elizabeth o Windsor à l'*Eisteddfod* de Mountain Ash de 1946. Elle a assisté depuis, à plusieurs reprises, aux cérémonies de la *Gorsedd* galloise.

— Le Prince Philip, Duc d'Edinburgh et Comte de Merioneth, fut initié ovate sous le nom de Philip Meirionnydd, à l'*Eisteddfod* de Cardiff de 1960.

La *Gorsedd* galloise participa en retour très officiellement à la cérémonie d'investiture du Prince de Galles au château de Caernarfon le 1er juillet 1969 et il est actuellement question d'initier le Prince à son tour à une prochaine *Gorsedd*.

Toutefois, si l'on se réfère à l'Antiquité, la classe sacerdotale druidique était distincte de la noblesse. Si, dans certaines circonstances, un druide pouvait devenir roi, le contraire, un roi devenant druide, était impensable. En conséquence, si les initiations princières actuellement pratiquées donnent, certes, de l'éclat à l'institution néo-druidique, elles n'en demeurent pas moins en contradiction avec la tradition.

D'aucuns qui avaient critiqué vertement les « pseudo-druides » modernes considèrent maintenant comme un honneur enviable le privilège de faire partie de leur compagnie ! La *Gorsedd* ne compte pas moins de quatre professeurs d'Université galloise, un prêtre catholique romain irlandais qui fraternise avec l'évêque anglican de Swansea, des poètes, écrivains, chanteurs, musiciens et artistes en tous genres, sans oublier une célébrité du rugby gallois. Le recrutement de la *Gorsedd* est très démocratique puisqu'il s'agit d'un concours. Aucune distinction n'est faite entre les candidats, professeurs d'Université ou autodidactes. Tous se rejoignent dans l'amour du Pays de Galles, de sa langue, de l'art, de la musique et de la poésie.

Iolo Morganwg avait déjà admis lui-même en 1819 une femme, Elizabeth Jones, au rang d'ovate, pour l'ensemble de son œuvre littéraire. Il y eut toutefois un moment d'hésitation quand la couronne fut attribuée par vote secret pour la première fois à une femme, Dilys Cadwaladr, à l'*Eisteddfod* de Rhyl en 1953. C'était là quelque chose de comparable à l'élection d'une femme à l'Académie française. La couronne en poésie fut à nouveau gagnée par une femme, Eluned Philips, à l'*Eisteddfod* de Bala de 1967.

Les druides gallois et les autres Pays Celtiques

L'importance et le succès du renouveau druidique au Pays de Galles ne manqua pas d'intéresser les autres Pays Celtiques.

Dès 1838, la Bretagne Armoricaine était représentée à l'*Eisteddfod* d'Abergavenny par Hersart de la Villemarqué, et la France par Alphonse de Lamartine. Mais il fallut attendre 1899 pour que les bases d'une *Gorsedd* bretonne fussent posées à l'*Eisteddfod* de Cardiff. Nous en parlerons au chapitre suivant.

Le premier Cornouaillais à être « reçu dans le Cercle » fut l'historien J. Hobson Matthews, sous le nom bardique de Mab Cernyw, c'est-à-dire : Fils de Cornouaille, à la même *Eisteddfod* de Cardiff. L'homme de lettres cornouaillais Henry Jenner fut reçu barde sous le nom de Gwaz Mikael en 1904 en compagnie de Duncombe Jewell de la *Cowethas Kelto-Kernuak*, la Société Celto-Cornique. Le 7 août 1928, sous l'égide de la *Federation of Old Cornwall Societies*, la Fédération des Sociétés de Vieille Cornouaille, sept Cornouaillais et une Cornouaillaise furent nommés bardes par la *Gorsedd* galloise à l'*Eisteddfod* de Treorci en Galles du Sud. Les nouveaux bardes élirent le soir même Henry Jenner (1848-1934) comme Grand-Barde de Cornouaille, constituant ainsi la *Gorsedd* cornouaillaise ou *Gorseth Kernow* en cornique. La première cérémonie officielle de la nouvelle filiale bardique eut lieu le 21 septembre 1928, à l'équinoxe d'automne, à Boscawen'n Un, sous la présidence de l'Archidruide gallois Pedrog qui installa officiellement Henry Jenner en qualité de Premier Grand-Barde de Cornouaille.

La particularité de la *Gorseth Kernow* est de n'avoir ni druides ni ovates, mais seulement des bardes.

La *Gorsedd* galloise faisait ainsi fonction de *Gorsedd*-mère pour la Bretagne Armoricaine, pour la Cornouaille Britannique, et éventuellement pour la Gaule, mais il n'existe pas encore de filiales dans les autres Pays Celtiques, ni en Irlande, ni à l'Ile de Man, ni en Ecosse. Diverses personnalités de ces Pays ont pu néanmoins se faire initier à la *Gorsedd* galloise, comme, par exemple, le patriote irlandais Padraig Pearse à l'*Eisteddfod* de Cardiff de 1899. Des échanges sont organisés également entre l'*Eisteddfod* galloise et ses équivalents celtiques, l'*Oireachtas* irlandais et le *Mod* écossais.

La *Gorsedd* galloise fait figure de référence et l'Archidruide du Pays de Galles apparaît comme l'autorité suprême et le garant de l'orthodoxie druidique, au même titre que la Grande Loge Unie d'Angleterre se considère comme la Loge-Mère de la franc-maçonnerie internationale.

La renaissance bardique galloise

L'action et l'influence de la renaissance bardique galloise ont été et sont toujours considérables, tant au Pays de Galles que dans les pays voisins. Toutefois, l'importance prise par les préparatifs matériels de l'organisation et les diverses compétitions littéraires et artistiques ont certainement fait négliger l'aspect initiatique de l'institution druidique qui est devenue plus représentative de la vie culturelle nationale galloise que de l'antique ordre des druides. Ainsi on continue à se parer de titres, mais sans se soucier de leur contenu initiatique et religieux.

Mais fallait-il hésiter entre l'extraordinaire renaissance culturelle galloise qui touche chaque année des milliers et des milliers de gallois (on peut même dire des millions depuis que la radio et la télévision diffusent pratiquement l'intégralité des concours et des cérémonies. A titre d'exemple, il y eut deux cent mille spectateurs à l'*Eisteddfod* de Bala de 1969), et un groupuscule de druides « folkloriques » qui n'aurait eu pratiquement aucune chance de connaître le succès et la popularité actuels s'il ne s'était, selon l'idée du génial Iolo Morganwg chargé de contrôler l'*Eisteddfod*?

CHAPITRE CINQUIÈME

DÉVELOPPEMENT DU DRUIDISME EN BRETAGNE

Premier contact : La Villemarqué initié à Abergavenny, 1838

La prise de conscience culturelle en Bretagne commença avec Jean François Marie Le Gonidec († 1838). Réfugié au Pays de Galles au moment de la Révolution française, avait été témoin du réveil culturel gallois. Simple fonctionnaire des Eaux et Forêts, il fut l'auteur entreprenant d'une *Grammaire celto-bretonne* (1807) et d'un *Dictionnaire celto-breton* (Angoulême, 1821) prônant la réforme de l'écriture et l'unification des dialectes bretons. Il fut suivi en particulier par Auguste Brizeux et Hersart de La Villemarqué.

Mais l'idée de la création d'une *gorsedd* en Bretagne revient au Gallois Thomas Price (1787-1848), Carnhuanawc de son nom bardique. Celui-ci avait gagné un prix à l'*Eisteddfod* de Welshpool de 1824 pour un mémoire sur les relations traditionnelles entre les Bretons de Grande-Bretagne et les Armoricains. Thomas Price s'intéressait particulièrement à l'antiquité celtique et avait entrepris de visiter les différents Pays celtiques. Pendant son séjour en Bretagne, il se mit à apprendre le breton. Il promut la traduction de la Bible en breton et proposa l'organisation d'une *eisteddfod* en Bretagne, dès l'année 1829.

Cependant le vicomte Hersart de La Villemarqué (1815-1895) fut le premier Breton des temps modernes à assister à une *eisteddd-*

fod galloise, à Abergavenny, en 1838, et à s'y faire initier. Il était accompagné de deux autres Bretons : du Marc'hallac'h et un certain Rio ou Riou.

Alphonse de Lamartine (1790-1869) assistait également à cette *eisteddfod* et il écrivit pour la circonstance le poème *Toast porté dans un banquet national des Gallois et des Bretons à Abergavenny, dans le Pays de Galles* qui fut publié dans ses *Recueillements poétiques*.

Hersart de La Villemarqué prit le nom bardique de Hersaty Kervarker.

Il ne semble pas qu'Alphonse de Lamartine ait tenté de fonder en France quelque association bardique à la suite de son voyage au Pays de Galles. Mais Hersart de La Villemarqué publiait l'année suivante, donc en 1839, son fameux *Barzaz Breiz* qui fut reçu de la même façon que l'œuvre de Iolo Morganwg ou celle de Macpherson.

La Villemarqué ne tenta pas de fonder tout de suite l'équivalent de la *Gorsedd* galloise qui était alors loin d'être aussi bien structurée qu'actuellement. Néanmoins, il fonda en 1855 une *Breuriez Barzed Breiz*, c'est-à-dire une Fraternité des Bardes de Bretagne regroupant des hommes de lettres décidés à publier en langue bretonne, tels François-Marie Luzel, Milin, Le Scour, Jean-Marie Lejean, sans toutefois que cette *Breuriez* ne tînt des « assises » comparables à celles de la *Gorsedd* galloise.

En 1867 l'Association bretonne invita quelques érudits gallois et irlandais à son congrès tenu à Saint-Brieuc. Mais les choses s'arrêtèrent là.

Les Bretons à Cardiff en 1899

Les 13, 14 et 15 août 1898 eurent lieu à Morlaix et à Ploujean des fêtes bretonnes célébrant la création de l'*Unvaniez Broadus Breiz*, plus connue sous le nom d'Union régionaliste bretonne. Parmi les invités de marque se trouvait Edmond Fournier d'Albe, de Dublin, Negesyd O'r Ynys Werdd de son nom bardique, fondateur de la *Pan-Celtic Association*. Il suggéra aux Bretons de l'Union régionaliste de rétablir les liens traditionnels avec les Celtes d'outre-Manche. Comme il était aussi le secrétaire de la Fraternité celtique de Dublin, il conseilla aux Gallois du comité de l'*Eisteddfod* d'inviter des Bretons pour l'année suivante à Cardiff.

Vingt personnalités bretonnes, ou ayant des affinités ou des centres d'intérêt celtiques notoires, furent invités à l'*Eisteddfod* d'août 1899 à Cardiff. Voici la liste de ces invités et leurs résidences d'alors :
— Yves Berthou, de Paris *,
— l'abbé Buléon, de Sainte-Anne d'Auray,
— Auguste Cavalier, de Morlaix *,
— le comte de Chateaubriand, de Paris,
— Emile Cloarec, de Morlaix *,
— Guillaume Corfec, de Saint-Brieuc *,
— René Degoul, de Lorient,
— le professeur Henry Gaidoz, de Paris,
— François Jaffrennou, de Carhaix *,
— le professeur d'Arbois de Jubainville, de Paris,
— le comte de Kerdrel, de Saint-Brieuc,
— Anatole Le Bras, de Quimper *,
— Jean Le Fustec, de Paris *,
— Charles Le Goffic, de Paris *,
— Joseph Loth, de Rennes,
— R. de l'Estourbeillon, député de Vannes *,
— Lionel Radiguet, de Paris *,
— Louis Tiercelin, de Paramé,
— François Vallée, de Saint-Brieuc *,
— Yves Riou, député de Gingamp *.

Seuls répondirent favorablement à l'invitation (*) Yves Berthou, A. Cavalier, Et Cloarec, G. Corfec, F. Jaffrennou, A. Le Bras, J. Le Fustec, Ch. Le Goffic, R. de l'Estourbeillon, L. Radiguet, F. Vallée et Y. Riou, si bien que quelques personnes non invitées. mais intéressées, décidèrent de s'y rendre. Ce furent :
— Bourgault-Ducoudray, de Vernouillet, Seine-et-Oise,
— Léon Durocher, de Paris,
— Emile Hamonic, de Saint-Brieuc,
— Oscar Havard, de Paris,
— Raoul de Saint-Meleuc, de Saint-Malo,
— Rémy Saint-Maurice, de Paris,
— de Traissan, député de Vitré.

Jean Le Fustec, qui était parti à Cardiff quelques semaines à l'avance pour l'organisation pratique de cette rencontre historique et qui avait lu Lamartine, eut l'idée de faire confectionner un glaive en deux parties, l'une pour les Gallois, l'autre pour les Bretons. Dans chacune des rencontres entre Bretons et Gallois, les deux parties du glaive seraient solennellement réunies pour symboliser l'identité ethnique des deux peuples. Le morceau de glaive revenant aux Bretons fut confiié au Marquis de l'Estourbeillon qui prêta serment qu'il le conserverait pour les besoins de l'association.

Fondation de la Gorsedd *de la Presqu'île de Bretagne*

Ce n'est toutefois que l'année suivante que Jean Le Fustec, François Vallée et François Jaffrennou organisèrent l'assemblée constitutive d'une association des bardes bretons sur le modèle de la *Gorsedd* du Pays de Galles.

Pour donner dans la tradition qui rapporte que le *Druid Order* fut réuni à Londres par John Toland le 22 septembre 1717 à la Taverne du Pommier, ici la fraternité des Bardes de Petite Bretagne fut constituée à Guingamp, à l'auberge de la Veuve Le Falc'her, route de Callac, devenue depuis rue des Salles, le samedi 1er septembre 1900. Une plaque commémorant cet événement a été apposée sur le mur extérieur de l'ancienne auberge à l'occasion de la *Gorsedd* de Guingamp de 1976. Pour la petite histoire et pour les curieux qui iront la voir, la plaque a été par erreur scellée dans le mur de la maison voisine, maison qui n'existait pas en 1900, tandis que l'auberge, elle, existe toujours telle qu'elle était à l'époque.

L'assemblée constitutive élut le conseil composé de :

— Jean Le Fustec, Ian ab Gwillerm de son nom bardique, élu Grand-Druide. Il adoptera par la suite le nom bardique de Lemenik,

— François Vallée, druide Ab Herve,

— François Jaffrennou, barde-héraut Taldir,

— Alfred Lajat, porte-bannière Mab an Argoat,

— Francis Evan, porte-corne d'appel Karevro,

— Charles Piquenard, porte-gui Barz Melen.

Voici la liste des autres membres fondateurs présents à l'assemblée constitutive de l'auberge de la Veuve Le Falc'her à Guingamp :

— Yves Berthou, de nom bardique : Alc'houeder Treger,

— Gilles Corfec : Bruglann,

— Noël Kerangue : Ab Erwan,

— Léon Le Berre : Ab Alor,

Gorsedd Beirdd Ynys Prydain, at Orsedd Beirdd
Gorynys Llydaw.

Y mae Gorsedd Beirdd Ynys Prydain
yn addaw rhoddi ei nawddgaeth i
Orsedd Beirdd Gorynys Llydaw, ar yr
amod iddi ufuddhau i'w holl reolau.

Hwfa Môn.

Llangollen,
Medi, 26, 1900.

Yr Archdderwydd.
Cadvan
Dirprwy Farad yr Orsedd

— Yves Le Moal : Dirnador,
— Maurice Nicolas : Mab ar Gwen,
— Olivier Sagory : Olier Barr Avel.

Le barde Taldir-Jaffrenou fut chargé en sa qualité de barde-héraut d'annoncer la nouvelle à la *Gorsedd* du Pays de Galles.

Voici la traduction du texte gallois de la réponse de l'Archidruide Hwfa Môn-Richard Williams :

> La *Gorsedd* des Bardes de l'Ile de Bretagne
> à la *Gorsedd* des Bardes de la Presqu'île de Bretagne.
>
> La *Gorsedd* des Bardes de l'Ile de Bretagne déclare donner son patronage à la *Gorsedd* des Bardes de la Presqu'île de Bretagne, à la condition que celle-ci obéisse à tous ses règlements.
>
> > Hwfa Môn l'Archidruide
> > (signature)
> > Cadvan barde délégué de la *Gorsedd*
> > (signature)
>
> Llangollen
> 26 septembre 1900
>
> (est apposé le sceau de la *Gorsedd* des Bardes portant un dragon avec la devise : C'est le Dragon Rouge qui donne le branle).
> (Le fac-similé de l'original gallois est à la page 99.)

Naissance, reconnaissance

Etablissons ici le parallèle avec les loges maçonniques reconnues par la Grande Loge d'Angleterre. L'assemblée druidique bretonne agit de même avec l'assemblée druidique galloise considérée comme la *Gorsedd*-mère, seule habilitée à accorder une reconnaissance officielle. On remarquera que cette reconnaissance, ce « patronage », cette « régularité » ne seront valable que dans la mesure où l'assemblée bretonne respectera les règles établies par les Gallois. C'est donc une reconnaissance conditionnelle dont le manque évident de précisions devait par la suite entraîner quelques frictions.

L'orthodoxie druidique, tout comme l'orthodoxie maçonnique,

vient donc de Grande-Bretagne. Le texte de Jules César aurait-il gardé toute son actualité ?

« Leur doctrine a été élaborée en Bretagne, et de là, pense-t-on, apportée en Gaule, et aujourd'hui encore la plupart de ceux qui veulent mieux connaître cette doctrine partent là-bas pour l'apprendre » (*de Bello Gallico.* VI.13.).

Si du temps de César il était question de « doctrine », dans l'acte gallois de reconnaissance il n'est question que de « règlements » pour la raison, hélas évidente, que la *Gorsedd* de l'Ile de Bretagne n'avait pas de doctrine druidique à proposer.

L'association bardique bretonne ne fut officiellement déclarée que le 23 novembre 1908 (Journal Officiel du 18 décembre 1908) sous le titre de *Gorsedd Barzed Gourenez Breiz Izel*, c'est-à-dire *Gorsedd* des Bardes de la presqu'île de Basse-Bretagne.

Les statuts furent modifiés en 1909, 1926, 1937 et 1976. L'appellation actuelle de l'association est : Fraternité des druides, bardes et ovates de Bretagne, soit en breton : *Breudeuriezh Drouized, Barzhed, Ovizion Breizh.*

Théoriquement l'appartenance à l'association est réservée aux personnes d'origine celtique décidées à participer au réveil culturel breton. La croyance en Dieu et à l'immortalité de l'âme est stipulée au Règlement intérieur de 1909 en même temps que la liberté de croyance. Théoriquement il faut savoir parler, lire et écrire le breton pour pouvoir être admis. Cette condition a subi tant de dérogations qu'elle fut la cause d'une scission d'une élite de bretonnants de 1954 à 1962.

Voici les buts de l'association d'après le texte breton des statuts de 1937 traduit en français par le druide Kadvan :

« La Fraternité des Bardes est créée pour accroître, conserver, reconstruire l'esprit et la race celtiques ; répandre la langue, la littérature et les arts bretons ; faire reposer sur eux la révolution nationale ; être un lien entre la Bretagne et les autres Pays Celtiques ; faire régner la paix entre les Bretons ; rassembler les meilleurs sous sa règle. »

Si la *Gorsedd* du Pays de Galles est essentiellement un jury de concours de poésie, chants, arts et traditions populaires, le tout se réclamant plus du bardisme que du druidisme, la *Gorsedd* de Bretagne semblerait actuellement vouloir se tourner, de façon encore bien timide et sporadique, vers la recherche du **druidisme** ancien et par conséquent païen. Il n'y a pas en effet à la *Gorsedd* de Bretagne de concours littéraire et artistique, ce qui ne signifie pas qu'il n'y aurait pas de poètes ou d'artistes parmi ses membres, bien au contraire, mais la *Gorsedd* bretonne prend de plus en plus conscience de sa vocation nationale bretonne tout en restant au-dessus des partis alors que la *Gorsedd* galloise, peuplée de Révérends, devient une institution de plus en plus conformiste de l'*Establishment*.

Fonctionnement de la Gorsedd *bretonne*

Les assemblées officielles de la *Gorsedd* de Bretagne ont lieu une fois par an, en public, en plein air, dans un cercle de pierres levées, le matin, « à la face du soleil, œil de lumière ».

Voici les lieux et dates des cérémonies druidiques bretonnes depuis la fondation de 1900 :

Le premier Grand-Druide étant Jean Le Fustec, de son nom barbique Ab Gwillerm puis Lemenik :

1 —	Guingamp	le 1er septembre	1900
2 —	Carnac	le 26 septembre	1902
3 —	Brignogan	le 10 septembre	1903

le deuxième Grand-Druide étant Yves Berthou-Kaledvoulc'h :

4 —	Gourin	le 25 septembre	1904
5 —	Roscoff	le 13 septembre	1905
6 —	Saint-Brieuc	le 23 juillet	1906
7 —	Kenac'h Laeron	le 14 août	1907
8 —	Brest	le 20 septembre	1908
9 —	Pédernec	le 14 septembre	1909
10 —	Nantes	le 1er août	1910
11 —	Carnoët	le 14 août	1911
12 —	Locronan	le 6 août	1912
13 —	Hennebont	le 2 septembre	1913

ici interruption de treize ans due à la guerre de 1914-1918,

14 —	Riec	les 12 et 13 août	1927
15 —	Locmariaquer	les 9 et 10 septembre	1928
16 —	Le Huelgoat	les 18 et 19 août	1929
17 —	Le Pélem	les 24 et 25 août	1930

18 —	Le Faouët	le 24 août	1931
19 —	Pontivy	le 30 juillet	1932

le troisième Grand-Druide étant Taldir-Jaffrennou :

20 —	Ro'ch al Lazh	le 31 juillet	1933
21 —	Roscoff	les 28/31 juillet	1934
22 —	Quimperlé	les 27/30 juillet	1935
23 —	Guéméné	le 25 juillet	1936
24 —	Perros-Guirec		1937
25 —	Châteaulin		1938
26 —	Vannes	les 29/31 août	1939

nouvelle interruption due à la guerre de 1939-1945,

27 —	Trégastel	avril	1950
28 —	Tréhorenteuc	le 29 juillet	1951
29 —	Perros-Guirec	le 16 août	1952
30 —	Guérande	le 23 août	1953
31 —	Carnac	le 21 août	1955

le quatrième Grand-Druide étant Pierre Loisel-Eostig Sarzhaw,

32 —	Saint-Brieuc	le 29 juillet	1956
33 —	Le Faouët	les 3 et 4 août	1957
34 —	Mur-de-Bretagne	les 12 et 13 juillet	1958
35 —	Saint-Guénolé	août	1959
36 —	Saint-Malo	le 28 août	1960
37 —	Brest	le 4 août	1961
38 —	Saint-Quay	les 25 et 26 août	1962
39 —	Vannes	du 9 au 12 août	1963
40 —	Paimpont	le 22 août	1964
41 —	Paimpont	le 21 août	1965
42 —	Paimpont	les 19/23 août	1966
43 —	Paimpont	les 18/21 août	1967
44 —	Paimpont	les 18/19 août	1968
45 —	Paimpont	les 23/24 août	1969
46 —	Guidel	les 15/16 août	1970
47 —	Carnac	le 16 août	1971
48 —	Gourin	les 26/28 août	1972
49 —	Qimperlé	août	1973
50 —	Nantes	août	1974
51 —	Guingamp	les 20/22 août	1976
52 —	Le Faouët	les 14/15 août	1977

53 —	Mur-de-Bretagne	les 13/14 mai	1978
54 —	Moëlan-sur-Mer	les 1ᵉʳ et 2 septembre	1979
55 —	St-Rivoal/Pleyben	les 24/26 mai	1980

le cinquième Grand-Druide étant le Dr Gwenc'hlan Le Scouézec,

56 —	Douarnenez	les 6 et 7 juin	1981
57 —	Combourg	les 29/31 mai	1982

Le premier Grand-Druide de Bretagne fut Jean Le Fustec, Ian ab Gwillerm de son nom bardique. Pour se conformer à la règle galloise du mandat de quatre années seulement, il démissionna en septembre 1904. Il changea alors de nom bardique pour se faire appeler Lemenik sous lequel il est plus connu. Il avait joué un rôle important dans la rencontre de Cardiff de 1899.

Le second Grand-Druide de Bretagne fut Yves Berthou, sous le nom bardique de Kaledvoulc'h. Il conserva sa charge jusqu'à sa mort en 1933 en contradiction avec le règlement gallois, mais c'était là une façon de faire beaucoup plus traditionnelle pour autant qu'on sache. En effet Jules César rapporte dans son *de Bello Gallico* (VI-13) :

« A tous ces druides commande un chef unique lequel exerce parmi eux l'autorité suprême. A sa mort, si l'un d'eux l'emporte en dignité, il lui succède... »

La *Gorsedd* bretonne voulait-elle faire montre d'indépendance par rapport à la *Gorsedd*-mère ?

Kaledvoulc'h est l'auteur de *Sous le chêne des druides,* ouvrage dans lequel il expose ses conceptions du druidisme à partir des *Triades* bardiques galloises. Bien que « recommandé », cet ouvrage n'a jamais été imposé comme réprésentant une quelconque doctrine officielle de la *Gorsedd* bretonne.

Le troisième Grand-Druide de Bretagne fut François Jaffrennoù, Taldir de son nom bardique, jusqu'à sa mort en 1956.

Pierre Loisel lui succéda comme quatrième Grand-Druide de Bretagne. Il portait le nom bardique d'Eostig Sarzhaw. Obligé de réduire ses activités pour raison de santé, il eut pour coadjuteur Stivellig an Dour Don et, depuis septembre 1979, le druide Gwenc'hlan Le Scouézec. Eostig Sarzhaw ayant trépassé le 30 octobre 1980, la veille de la fête druidique de Samain et fin de l'année celtique, son coadjuteur Gwenc'hlan est devenu de plein droit le cinquième Grand-Druide de Bretagne.

Dissidences

A chaque guerre, contrairement à ce qui se passe au Pays de Galles, les activités de la *Gorsedd* de Bretagne sont suspendues afin d'être en accord avec le rite qui ne suppose une célébration que si la paix règne effectivement. « Y-a-t-il la paix ? » demande le héraut. Les guerres d'Indochine ou d'Algérie n'empêchèrent cependant pas la *Gorsedd* bretonne de célébrer ses assises, pas plus d'ailleurs que les activités « explosives » attribuées au F.L.B. (Front de Libération de la Bretagne). Le réveil de l'association fut difficile après chaque guerre. Celle de 1914-1918 provoqua une interruption de treize ans, et celle de 1939-1945 une interruption de dix ans. Au moment de la reprise des activités de la *Gorsedd* bretonne en 1950, un groupe marginal se constitua, dit « le Grand Collège celtique », fondé le 15 août 1950. Bien que son siège social soit à Saint-Onen-la-Chapelle, à l'orée de la Forêt de Paimpont, ce groupe s'intitule en langue anglaise *The Great Oak Forest Celtic College of Broceliande* qui signifie « Le Grand Collège celtique de la forêt des chênes de Brocéliande », mais ses activités réelles sont localisées dans la région parisienne. Ce groupe marginal n'est pas une « dissidence » mais plutôt une sorte de « conseil fédératif », et accepte bien volontiers la double, voire la triple appartenance aux diverses associations druidiques. Son Grand-Druide, Yann Sukellos, apparaît dans les manifestations organisées par la Société Atlantis, en particulier pour le solstice d'été aux Arènes de Lutèce à Paris ou au château de Chamarande (Essonne). Mais une scission se produisit au sein de la *Gorsedd* bretonne quand un groupe dissident se constitua légalement en 1954 sous le nom de *Goursez Barzhed Breizh,* ce qui signifie : *Gorsedd* des Bardes de Bretagne. On remarquera que le nouveau groupe traduisait en breton le mot gallois *gorsedd*. Il utilisait aussi l'orthographe unifiée du breton comportant le fameux *-zh*. Les dissidents protestaient en effet contre un certain laxisme de la *Gorsedd* à l'égard de la langue bretonne, langue officielle mais pas assez employée à leur goût par une association supposée assurer la défense, si ce n'est l'illustration, de la langue bretonne. Cette dissidence se rallia à la *Gorsedd* légitime en 1962, sauf trois irréductibles qui conservèrent les emblèmes offerts par les Gallois, sans toutefois constituer d'association rivale.

La vraie scission se produisit en 1975. Cette année-là il n'y eut pas d'assemblée druidique. Une partie des membres de la

Gorsedd, en particulier ceux qui trouvaient que l'association faisait par trop figure de reconstitution historico-folklorique et ne s'intéressait pas assez aux traditions celtiques ésotériques, se regroupa autour du druide Kalondan pour fonder la *Kenvreuriezh Prederouriel an Drouized* ou Confraternité phiolsophique des Druides. Depuis, ce nouveau groupe organise ses propres assemblées et développe son idéologie spécifique. La *Gorsedd* du Pays de Galles, servant de référence en matière d'orthodoxie druidique, ne reconnaît évidemment que le groupe fondé en 1900. La situation de la nouvelle Confraternité est ambiguë pour la bonne raison que certains membres de la *Gorsedd* reconnue sont tiraillés entre les deux associations : ils voudraient rester à la *Gorsedd* bretonne à cause de son « homologation » par les Gallois, mais ils sont également intéressés par la nouvelle Confraternité qui se préoccupe effectivement davantage des problèmes philosophiques. Ce dernier groupe dynamique a déjà suscité au moins deux autres groupes druidiques : la Confraternité des Druides et Femmes consacrées de la nation picarde et les Druides des Celtes de Normandie qui sont des groupements autonomes mais reconnus par la Confraternité, sans parler du Collège de Druides gaulois devenu depuis le Collège druidique traditionnel et d'un nouveau collège de druides en formation dans le Bourbonnais.

La particularité de la Confraternité philosophique est d'avoir mis l'accent sur le rôle spécifique de la femme, considérée comme aussi importante que l'homme mais différente. Ici les femmes ne sont pas druidesses, ni ovatesses, ni bardesses, mais elles constituent un ordre à part, l'ordre des femmes consacrées, les *Korriganed* ou Korriganes (qui ne sont pas malfaisantes, n'en déplaise à la définition incongrue du *Petit Larousse*). Le problème de l'initiabilité de la femme a été tranché par la Confraternité philosophique des Druides de la façon suivante : la femme n'a pas besoin d'être initiée car elle est, de par sa nature, initiée de naissance. Toutefois elle peut être consacrée.

Chrétiens ou païens ?

Qu'il y ait des scissions ou des groupes parallèles non vraiment scissionnistes mais plus axés vers une tradition paganisante est le résultat d'une impossibilité pour certains de faire coïncider la *Gorsedd* bretonne avec leurs aspirations légitimes à une structure tendant à se rapprocher le plus possible de l'organisation druidique de l'antiquité. Or, pour ce qui est de la *Gorsedd* orthodoxe, il est devenu de tradition en Bretagne que, les jours d'assemblée publique, la *Gorsedd* salue les autorités civiles et religieuses locales. Les druides vont même à la messe avant leur propre cérémonie, et en costume druidique.

Le curé archiprêtre de la cathédrale de Saint-Malo ne s'y est pourtant pas trompé en 1960 lorsqu'il refusa catégoriquement l'accès de sa cathédrale aux druides qui s'étaient présentés à la messe catholique en saies, c'est-à-dire en robes druidiques. Il leur expliqua péremptoirement que les druides étaient des païens et que les païens n'avaient pas le droit d'entrer dans une église chrétienne où leur présence ostensible ne pouvait que faire scandale. En fait le rigoriste curé archiprêtre avait raison : l'institution druidique préchrétienne était évidemment païenne, même si les bons druides catholiques romains de 1960 n'y avaient jamais prêté attention.

L'église chrétienne triomphante en Occident n'eut de cesse d'avoir supplanté l'autorité des druides. Tout nouveau sacerdoce qui veut s'imposer ne peut d'ailleurs le faire qu'en supplantant l'ancien. Prétendre restaurer l'ancien ordre des druides, c'est donc nécessairement se revendiquer d'un passé pré-chrétien païen que l'église chrétienne a combattu et apparemment vaincu, ce dont la plupart des druides modernes ne semblent pas avoir pris effectivement conscience. S'afficher druide, c'est se rattacher, qu'on le veuille ou non, à une tradition païenne. Les salutations au clergé local, sincères ou non, de courtoisie ou de simple politique opportuniste, n'y changeront rien. Et pourtant, la *Gorsedd* de Bretagne compte parmi ses membres une forte proportion de catholiques pratiquants. Il y a eu, et il y a encore, des ecclésiastiques catholiques romains membres de la *Gorsedd* de Bretagne, par exemple le défunt Dom Alexis Presse, abbé de Boquen, considéré comme « l'aumônier ». L'un des membres actuels du conseil directeur, dit *poellgor,* est un chanoine. Plusieurs membres du clergé de l'Eglise Celtique restaurée sont également membres de la *Gorsedd* bretonne, et que dire des innombrables ministres de divers cultes protestants membres de la *Gorsedd* galloise ?

Néanmoins il est également vrai que le Grand-Druide Kaledvoulc'h, décédé en 1933, était de tendance païenne. Le Grand-Druide Taldir, décédé en 1956, refusa sur son lit de mort l'assistance d'un prêtre catholique en disant : « Un prêtre n'a pas besoin d'un autre prêtre ! », prouvant par là qu'il croyait au sacerdoce druidique et qu'il était bien un païen malgré son souci, dans l'exercice de ses fonctions de Grand-Druide, d'être toujours en bons termes avec le clergé catholique romain breton.

La Kredenn Geltiek *ou Croyance celtique*

Certains, désireux de mettre effectivement leurs convictions païennes en pratique et considérant que la *Gorsedd* de Bretagne sacrifiait par trop au respect à accorder à l'église établie, décidèrent de s'affirmer tels qu'ils étaient, c'est-à-dire païens. C'est la raison pour laquelle paraissait en 1936 le manifeste de la *Breuriez Spered Adnevezi* ou Fraternité de l'Esprit du Renouveau, première expression de la *Kredenn Geltiek* ou Croyance Celtique qui visait la restauration en Bretagne du culte druidique païen. Comme il fallait s'y attendre en milieu breton très contrôlé par un clergé catholique ultramontain, la *Kredenn Geltiek* ne pouvait avoir qu'une audience extrêmement réduite. Toutefois les quelques membres de ce groupe étaient des gens de valeur et des chercheurs sérieux qui ne s'abandonnaient pas à de simples réactions sentimentales à caractère romantique. Lisons la revue *Kad* (Combat) pour s'en convaincre, ainsi que la collection de l'excellente revue *Nemeton* de Morvan Marchal (le fondateur en 1919 du journal *Breiz Atao*) qui signait Artonovios et dont les attaches maçonniques étaient bien connues.

La *Kredenn Geltiek* composa des rites très élaborés et reconstitua un calendrier liturgique celtique néo-païen en se basant sur les données du calendrier gaulois découvert à Coligny en 1897.

Les fêtes principales célébrées par la *Kredenn Geltiek* sont les quatre fêtes celtiques traditionnelles de *Samain* (1er novembre), *Imbolc* (1er février), *Beltane* (1er mai) et *Lugnasad* (1er août) avec les deux solstices et les deux équinoxes.

L'élaboration des rites de la *Kredenn Geltiek* est due principalement aux recherches du druide Vissurix, Berthou-Kerverzhiou, fondateur par ailleurs du groupe et de la revue *Ogam*. Les rituels d'initiation de la *Kredenn Geltiek* ne sont pas communicables, nous ne pourrons donc donner ici que certains textes ayant déjà fait l'objet de publication. C'est certainement la *Kredenn Geltiek* qui a produit le groupe le plus structuré et le plus avancé sur le plan de la réflexion métaphysique et des rites, mais c'est aussi le groupe le plus réduit en nombre et, par voie de conséquence, sans portée réelle, un de ces groupes qui agissent par idéal, par conviction, par foi, car ici il s'agit bien de foi, d'une façon totalement désintéressée, sachant pertinemment que dans le contexte socio-culturel et religieux de la Bretagne contemporaine un tel mouvement n'a pratiquement aucune chance de se développer. Aucune chance ? Le travail effectué a été considérable et n'a encore été que très partiellement publié. Le nombre des adeptes a certes peu augmenté depuis 1936, mais le groupe a marqué par le sérieux de ses travaux.

L'Eglise Celtique restaurée, l'Ordre Monastique d'Avallon et la Fraternité des Druides d'Occident

De la même inspiration que la *Kredenn Geltiek,* apparut comme association cultuelle en février 1974 à Quimper une Fraternité des Druides d'Occident, *Kenvreuriez Drouized Kornog.* Cette nouvelle branche très discrète du druidisme armoricain insiste sur la fonction sacerdotale du druide et se revendique à la fois de la *Gorsedd* orthodoxe de Bretagne, de la tradition druidique antique conservée clandestinement en Bretagne sous certains aspects, et des filiations véhiculées par l'Eglise Celtique restaurée. Ce groupe, qui admet aussi la double appartenance, ne constitue à proprement parler ni une dissidence ni une scission. Nous venons de citer l'Eglise Celtique restaurée qui constitue elle aussi une société initiatique de par sa vocation traditionnelle. Toutefois le sujet étant trop vaste et débordant nos limites fixées aux associations à caractère druidique, il ne nous sera pas possible de traiter ici de l'Eglise Celtique restaurée si ce n'est succinctement et à cause de son implication dans la création de sociétés initiatiques celtiques à caractère druidique tels l'Ordre Monastique d'Avallon et, partant, la Fraternité des Druides d'Occident.

L'Eglise Celtique, ou plutôt les Chrétientés celtiques primitives (il n'y eut jamais en effet une Eglise Celtique monolithique, mais de multiples communautés de styles semblables, d'*éthos* celtique) seraient donc le résultat de l'assimilation par les missionnaires chrétiens de certains aspects du druidisme païen. Il faut croire que ce christianisme particulier convenait assez bien aux populations européennes traumatisées par les diverses invasions, car l'ère d'expansion des chrétientés celtiques couvre non seulement l'Europe de l'Ouest mais aussi l'Allemagne, la Suisse, l'Italie du Nord, une bonne partie de l'Europe centrale, surtout le long du Danube, et jusqu'à l'Ukraine. Ces chrétientés pittoresques par leurs coutumes différentes des usages latins (tonsure, date de Pâques, pénitentiels, liturgies, place donnée à la femme dans l'Eglise) furent assimilées, de gré ou de force, vers le xiie siècle par l'Eglise romaine qui cherchait à imposer ses normes à tout l'Occident chrétien.

Hormis la réforme, si tant est que la Réforme ait jamais eu l'intention de restaurer les antiques chrétientés celtiques parfois pourtant considérées comme « protestantes » avant la lettre, l'initiative de la restauration des chrétientés celtiques est due à l'ancien dominicain français Jules Ferrette. Celui-ci, alors missionnaire au Moyen-Orient, fut consacré évêque, en 1866, dans le cadre du Patriarcat jacobite d'Antioche « pour l'île d'Iona et ses dépendances ». Cette formule énigmatique au premier abord évoquait le riche passé de la petite île écossaise d'Iona d'où les missionnaires celtes se répandirent à travers l'Europe, et annonçait la restauration par un Patriarcat historique des antiques chrétientés celtiques. L'évêque Jules Ferrette se rendit en Grande-Bretagne pour accomplir sa mission et il y consacra en 1874 comme premier Patriarche britannique de l'antique Eglise celtique restaurée le Révérend Richard William Morgan. Celui-ci déjà pasteur de l'Eglise au Pays de Galles (Eglise anglicane) n'était autre que le barde gallois Môr Meirion, l'un des organisateurs de l'*Eisteddfod* de Llangollen de 1858 cité plus haut. Or le sixième Patriarche britannique de cette succession apostolique, Mar Georgius de Glastonbury, consacra le Breton Iltud qui devint métropolite de l'Eglise celtique en Bretagne. Celui-ci conféra, en 1970, une initiation spéciale pour l'Ordre monastique d'Avallon nouvellement créé. Cet Ordre quoique se disant « monastique » n'était pas chrétien, ce qui évidemment ne pouvait pas manquer de surprendre. Et pourtant il est certain que le monachisme n'est pas une exclusivité des Eglises chrétiennes. Il existe en effet des moines non chrétiens, par exemple les moines bouddhistes ou les moines lamaïstes tibétains. L'originalité était d'introduire cette notion en un milieu aussi christianisé que la Bretagne. Comment une telle expérience fut-elle ressentie par les populations environnantes ? Il est regrettable que le nouveau groupe se soit constitué dans des circonstances ambiguës. Les trois premiers moines de l'Ordre monastique d'Avallon, Henri, Jacques et Daniel, n'étaient autres que trois moines démissionnaires de l'Eglise celtique du Prieuré du village des Sept-Saints, Le Vieux-Marché, 22420 Plouaret. Lorsqu'ils quittèrent l'Eglise celtique, ils signifièrent clairement que c'était leur foi chrétienne qu'ils remettaient en cause, en même temps que la structure ecclésiale, l'ensemble étant désormais considéré par eux comme « dépassé et incapable d'apporter des solutions au monde moderne ». Ils cessèrent de faire référence à l'Eglise chrétienne et se mirent à porter au cou, en guise de symbole, une fleur de pommier en bois sculpté remplaçant la croix celtique qu'ils portaient jusqu'alors. Le Prieuré celtique fut fermé mais les anciens moines chrétiens devenus moines « avalloniens » s'installèrent à quelques centaines de mètres de là dans un vallon dit Le Verger Fall (le mauvais verger) vite rebaptisé *Ker Avalenn* (le village du pommier).

Le mot « Avallon » choisi par les nouveaux moines se référait à l'île mythique d'Avallon où se retira le Roi Arthur dans l'attente de son retour libérateur. La tradition britannique a situé cette île à Glastonbury, Somerset, Grande-Bretagne, petite ville, dite encore actuellement « l'Ancienne Avallon », célèbre par les ruines de sa prestigieuse abbaye où l'on peut voir le tombeau du Roi Arthur. Or le Patriarche de l'Eglise Celtique restaurée est dit « Patriarche de Glastonbury » parce qu'une certaine tradition chrétienne rapporte que le Christ Jésus adolescent serait venu s'y faire initier par les druides de l'antique collège établi autrefois en ce lieu. Le druide William Blake y fait allusion dans son poème *Jerusalem*. Plus tard Joseph d'Arimathie y aurait dissimulé la coupe ayant servi à la Cène, c'est-à-dire le Graal. Arrivant dans cette île, en fait située au milieu des terres mais autrefois entourée de marécages, il y aurait planté son bâton qui aurait poussé et dont il existe encore des rejetons qui ont cette particularité de fleurir à Noël. C'est le célèbre *Holy Thorn*, le Saint-Epineux, une espèce effectivement originaire du Moyen-Orient. L'île d'Avallon est un *omphalos* celtique, c'est-à-dire un centre religieux préchrétien mais aussi par la suite un important centre chrétien de Celtie, et enfin le refuge mythique du Roi Arthur. Le mouvement *hippie* britannique choisit ce centre de ralliement de la jeunesse en quête de Graal, artificiel ou non...

En quittant l'Eglise Celtique, le Frère Henri sollicita de son ancien hiérarque une bénédiction qui lui donnerait une filiation, sinon apostolique, tout au moins initiatique. L'archevêque Iltud était, outre sa qualité d'évêque celte, initié lui-même à divers ordres traditionnels. Dans sa sollicitude pour ses frères démissionnaires, l'archevêque Iltud accepta et créa un rite spécial pour la circonstance. Il était bien entendu qu'il ne saurait s'agir en aucun cas d'un acte ecclésial, ni d'un sacrement chrétien pour la raison évidente que le sujet de l'éventuelle initiation venait précisément de renoncer à la foi chrétienne. La cérémonie eut lieu « sous l'œil du soleil » dans le vallon de Ker Avalenn, le samedi 27 juin 1970. Etant donné le caractère inhabituel de la cérémonie, l'archevêque Iltud la précéda d'une déclaration d'intention explicite indiquant qu'il n'agissait pas là en tant qu'évêque mais seulement en tant que « véhicule de filiations » d'origines diverses et en particulier de filiations druidiques qui auraient pu éventuellement passer par le biais de druides convertis devenus évêques de l'Eglise Celtique primitive. L'Eglise Celtique restaurée détient en effet, entre autres filiations apostoliques, celle de l'Eglise d'Irlande et de l'Eglise du Pays de Galles. Est-il possible de supposer que, lorsque les anciens druides devenus évêques chrétiens imposèrent les mains à leur tour à de nouveaux évêques, ils leur communiquèrent, en même temps que la filiation apostolique chrétienne, leur propre sacerdoce druidique ? C'est tout au moins ce à quoi l'initiateur de l'Ordre d'Avallon fit expressément allusion en disant :

« ... Il est également stipulé que mon intention est de donner à Henri toutes les lignées initiatiques dont je suis détenteur et particulièrement celles des lignées qui ont pu passer dans les Eglises depuis les druides, mes prédécesseurs, par exemple au moment de la consécration des druides aux charges d'évêques. »

En dépit des précautions de l'initiateur, l'équivoque plana sur ce nouvel ordre si original. En effet le village des Sept-Saints était déjà connu pour avoir un Prieuré de l'Eglise Celtique, la presse ayant fait suffisamment écho des démêlés des moines colombaniens celtiques avec le clergé local catholique romain ou avec la gendarmerie. Les milliers de personnes qui étaient passées par les Sept-Saints en deux ans ne comprenaient pas très clairement les changements intervenus si brutalement avec le déménagement du village à Ker Avalenn d'abord, puis sur la colline de Run Méno. Les nouveaux moines d'Avallon avaient construit une chapelle qu'ils appelaient « temple », où ils célébraient des offices. Mais les changements depuis Vatican II ont tant compliqué la situation que le passage de l'Eglise Celtique à l'Ordre a-confessionnel et théoriquement d'inspiration druidique d'Avallon ne fut jamais vraiment perçu comme tel ni par le public peu averti, ni même par les fidèles locaux qui s'étaient habitués à ces moines marginaux mais sympathiques. Les articles de presse publiés de temps à autre n'étaient pas faits pour éclaircir la situation. En 1975, soit cinq ans après le changement d'orientation, le journal *Armor Magazine*, n° 70, titrait encore en manchette en parlant de l'Ordre d'Avallon : « Les Moines de l'Eglise Celtique », ce qui constituait une énorme contrevérité. La situation, déjà bien ambiguë, empira lorsque Henri, « Ancien d'Avallon », retrouva la foi chrétienne aussi soudainement qu'il l'avait perdue deux ans plus tôt !

L'Ordre Monastique d'Avallon, qui se voulait pourtant une structure non ecclésiale, ne sut pas plus résister à ses antécédents qu'à son environnement traditionnel chrétien et réinventa en quelques semaines les sacrements, les rites, les titres, voire des subtilités canoniques dignes des meilleurs théologiens byzantins. La situation devint si confuse qu'elle aboutit à l'éclatement. L'Ordre abandonna Run Méno pour se replier à Montpellier et entrer en sommeil.

Ce sont deux « Anciens d'Avallon » qui, en février 1974, fondèrent à Quimper l'association cultuelle de la Fraternité des Druides d'Occident. Si cette Fraternité n'a pas été fondée sous l'égide de la *Gorsedd* de Bretagne, l'un au moins des fondateurs était effectivement déjà membre de la *Gorsedd*. En fait la Fraternité des Druides d'Occident est un épiphénomène de l'Ordre Monastique d'Avallon, une sorte de version restructurée et « druidisée ». Les trois degrés initiatiques de l'Ordre d'Avallon se retrouvent dans les rites de la Fraternité des Druides d'Occident avec l'immersion, le sacerdoce et le druidicat. L'immersion reprise du baptême chrétien existait déjà dans l'Ordre d'Avallon, le sacerdoce aussi. Quant au druidicat, il correspond à la « plénitude du sacerdoce » conférée aux « Anciens d'Avallon ».

Pour conclure ce chapitre

On voit que le druidisme s'est développé de façon variée en Bretagne depuis l'initiation de La Villemarqué à Abergavenny en 1838. Nous résumerons ce chapitre par le tableau synoptique ci-après reflétant cette diversification.

Mais nous ne voudrions pas clore un chapitre pourtant déjà abondant, sans citer, ne fut-ce que pour mémoire, la tentative d'instauration en Bretagne d'une franc-maçonnerie nationale bretonne par Gérard Toublanc († 1965) avec la fondation en 1962 d'une

Loge-Mère de Bretagne, ainsi que la création, dans les années 1950, d'un scoutisme breton avec les Scouts Bleimor. Ces deux associations, sans être d'origine celtique, n'en constituaient pas moins des sociétés initiatiques, société de pensée ou société d'adolescents, à caractère celtique affirmé.

Le Breton de Dinan, Charles Pinot Duclos, était-il au courant de l'assemblée druidique réunie à Londres en 1717 par John Toland ? Lorsqu'il écrivait en 1746 son *Mémoire sur les druides* pour le présenter à l'Académie Française, peut-être avait-il en arrière-pensée le souhait de voir un jour cette antique institution refleurir ? S'il en était ainsi, son souhait n'est-il pas exaucé ?

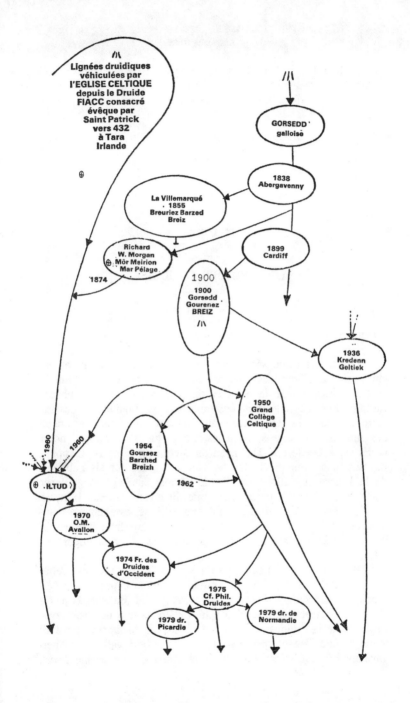

CHAPITRE SIXIÈME

LES DRUIDES GAULOIS

Premières approches contemporaines

Nous avons traité séparément les Bretons qui, par leurs origines ethniques, sont les plus proches des Celtes d'Outre-Manche et ont conservé leur langue brittonique. Néanmoins le substrat gaulois, donc celtique, de l'ensemble des populations françaises, voire européennes, est encore relativement conséquent en dépit des multiples invasions allogènes, pour que l'on puisse encore parler de « Gaulois ». D'ailleurs en breton moderne on n'appelle pas autrement que « Gaulois », *Gallaoued,* les actuels habitants de la France. Le cliché du druide gaulois cueillant le gui avec une faucille d'or fait partie intégrante du mythe national français.

Nous avons déjà vu que le substrat celtique, assez mince pourtant, des Pays germaniques et scandinaves n'empêchait pas ceux-ci d'avoir les groupements druidiques modernes les plus importants d'Europe.

Divers auteurs français se sont intéressés très tôt aux Celtes et aux druides. Le Breton La Tour d'Auvergne baptisa les mégalithes des noms de *dolmens* et de *menhirs.* Le Malouin François René de Chateaubriand sacrifia à la « celtomanie » naissante avec l'épisode de la druidesse *Velleda.* Alphonse de Lamartine qui était marié à une Britannique assista à l'*Eisteddfod* galloise d'Abergavenny en 1838 et écrivit pour la circonstance son poème *Toast,* mais contrairement à Hersart de La Villemarqué en Bretagne, également présent et initié à Abergavenny, il ne créa pas à Paris une quelconque organisation druidique. La fondation de la première loge druidique en France ne remonte qu'au 26 décembre 1869 quand trois druides de l'*United Ancient Order of Druids* de Californie fondèrent à Paris le Bosquet Persévérance. Cette première tentative, dans le cadre de la lignée issue de Henry Hurle (Londres 1781) resta sans lendemain en raison de la guerre de 1870. Il y eut bien une certaine Eglise Druidique et Nationale fondée en 1885 par un certain Henri Lizeray, mais notre enquête sur cette organisation n'a pas abouti. Il y avait peut-être quelque lien avec l'homme politique et celtomane Jacques de Biez (vers 1890) pour qui Jésus était un Celte de Galilée. Mais il faudra attendre l'année 1932 pour qu'il soit à nouveau question de « druides gaulois ».

Philéas Lebesgue, le druide-paysan

A l'instigation des druides Bretons Yves Berthou-Kaledvoulc'h et Taldir-Jaffrennou, le poète-paysan Picard Philéas Lebesgue prit contact en octobre 1932 avec la *Gorsedd* du Pays de Galles. Il s'ensuivit qu'une délégation « gauloise » fut invitée par l'Archidruide Gallois Gwili-Jenkins à l'*Eisteddfod* de Wrexham en août 1933 pour y être « reçus dans le cercle ».

Les membres fondateurs du Collège Bardique des Gaules, c'est le titre que prit le nouveau collège, furent:
— Philéas Lebesgue, Grande-Druide,
— Jacques Heugel, Président,
— Jean Cadic,
— Joseph Canteloube,
— Paul Diverrès,
— Jean-Marie Jacob,
— Gaston Luce,
— Marc Meny de Marangue,
— André Savoret.

L'emblème du Collège Bardique des Gaules était un cheval blanc, en souvenir de la « déesse » celtique Epona. Le Collège était effectivement dirigé par Jacques Heugel et Robert Ambelain imprimait le bulletin. André Savoret donna au nouveau groupe une empreinte plutôt catholique. C'est ainsi qu'on peut lire dans des documents, datant de 1937, du Collège Bardique des Gaules des passages de ce genre :

« ... L'idéalisme celtique [...] a pour couronnement le spiritualisme chrétien. »

et

« Les Bardes, Ovates et Druides des Modernes Gaules [...] croient en la suprématie indestructible de l'Evangile. »

Jacques Heugel réaffirme d'ailleurs ces principes dans une lettre du 22 mars 1969 adressée à Jean Le Flemm :

« Nous avons toujours proclamé très haut notre qualité de chrétiens, et uniquement de chrétiens, et nous avions pris pour chapelain le Révérendissime Père Dom Alexis Presse, abbé de Boquen. »

Quant à lui, Philéas Lebesgue était plutôt de tendance socialisante.

A la *Gorsedd* bretonne de Vannes du 29 au 31 août 1939, le Grand-Druide des Gaules Philéas Lebesgue, Ab Gwenc'hlan de son nom bardique, côtoyait le Grand-Druide de Bretagne Taldir-Jaffrennou, l'Archidruide du Pays de Galles, Crwys, le Rd W. Crwys Williams, et le Grand-Barde de Cornouaille.

Quelques jours seulement après cette belle assemblée druidique interceltique, la guerre éclata. Le Collège Bardique des Gaules entrait en sommeil.

Paul Bouchet, Grand-Druide Bod-Koad

Blessé à l'ennemi et évacué sur l'hôpital d'Albi, un passionné des mystères celtes nommé Paul Bouchet mit à profit sa convalescence pour se documenter sur le druidisme et commencer déjà à rédiger ce qui sera plus tard publié sous le titre de *Science et philosophie des druides*. Paul Bouchet essaya d'entrer en contact avec la *Gorsedd* de Bretagne, mais sa méconnaissance de la langue bretonne (ce qui n'était pas le cas de Philéas Lebesgue) lui fut objectée. Rentré à Paris, libraire au Faubourg Poissonnière, Paul Bouchet rencontra Philéas Lebesgue qui l'invita à lui rendre visite dans sa ferme de La Neuville-Vault près de Beauvais. Dès lors Paul Bouchet se mit à l'école du Grand-Druide des Gaules qui bientôt l'initia « druide », en 1942, mais en privé et sans témoin eu égard aux hostilités.

Fort de l'enseignement et de l'initiation reçus, Paul Bouchet décida de constituer un « collège druidique » clandestin pendant la guerre, collège qui devint une association de fait sous le nom de Collège des Druides, Eubages, Bardes et Ovates des Gaules, dit le plus souvent pour abréger : Collège Druidique des Gaules, ou encore C.D.G., remplaçant pratiquement le Collège Bardique des Gaules en sommeil. En fait à la mort de Philéas Lebesgue en 1958, Jacques Heugel fut élu Grand-Druide par le Comité Directeur, mais le Collège Bardique des Gaules ne fut pas pour autant réactivé. Paul Bouchet de son côté devint naturellement le Grand-Druide de son propre collège, sous le nom de Bod Koad. Toutefois des esprits critiques remarquant que Paul Bouchet n'avait jamais été officiellement recommandé par Philéas Lebesgue en vinrent à mettre en doute même l'initiation druidique de Paul Bouchet. A cause de la guerre, cette initiation avait été effectuée sans témoin dans la ferme du poète-paysan Philéas Lebesgue qui n'avait pas jugé utile, selon la tradition druidique d'ailleurs, d'en établir la preuve écrite. Cependant théoriquement les initiations druidiques sont publiques et célébrées en plein air « à la face du soleil, œil de lumière ». Cette querelle d'investiture allait bien malencontreusement jeter le doute et le trouble parmi les néo-druides gaulois. Si ces mêmes néo-druides gaulois avaient eu connaissance des *Iolo Manuscripts*, ils n'auraient pas eu tant de soucis. On a tort de vouloir assimiler la filiation initiatique druidique à la succession apostolique des églises catholiques ou orthodoxes. On sait que dans les églises apostoliques il est indispensable pour l'évêque de pouvoir remonter, sans aucune discontinuité, d'évêque à évêque jusqu'à l'un des premiers apôtres. Or d'après la tradition galloise rapportée par Iolo Morganwg, en cas de risque de disparition du druidisme, il suffit que celui qui se lève pour ranimer la flamme fasse déclaration publique de son intention qui prendra effet après un délai d'un an et un jour, en vertu du privilège de nécessité. Même donc si Paul Bouchet n'était pas officiellement « le » successeur, il n'en était pas moins « le Grand-Druide » du Collège Druidique des Gaules qu'il avait fondé en 1942. Par ailleurs il n'est pas possible que Paul Bouchet ait délivré des enseignements aussi originaux que les siens sur les seuls données initiatiques véhiculées par le Collège Bardique de Philéas Lebesgue ou même par la *Gorsedd*. Ici intervient cette organisation druidique secrète très mystérieuse dont Paul Bouchet aurait recueilli au moins en partie la tradition et que certains initiés énigmatiques désignent comme « Le Grand Chêne ».

Quelles que soient les critiques formulées à l'encontre de Paul Bouchet, celui-ci œuvra avec foi et conviction pour la renaissance du druidisme, il orienta le Collège Druidique des Gaules dans un sens paganisant, sans fausses concessions à l'Eglise établie. C'est sans doute là d'ailleurs la vraie raison de la fausse querelle d'investiture. Le Collège Druidique des Gaules s'efforça d'entretenir des liens fraternels avec les autres organisations druidiques et Paul Bouchet-Bod Koad assista à plusieurs reprises en qualité de Grand-Druide des Gaules aux assemblées druidiques de Bretagne ainsi qu'aux cérémonies du *Druid Order* de Grande-Bretagne, y compris dans le cadre prestigieux de Stonehenge.

Contrairement à la *Gorsedd* de Bretagne qui ne se réunit qu'une fois l'an, le Collège Druidique des Gaules célèbre les fêtes traditionnelles celtiques, les solstices et les équinoxes, et il est peut-être, à notre connaissance, le seul groupement néo-druidique contemporain à effectuer solennellement la cérémonie de la cueillette du gui.

Le Grand-Druide Paul Bouchet écrivit plusieurs ouvrages de vulgarisation des connaissances du Collège Druidique des Gaules et c'est sans doute en faisant cela qu'il était le plus antitraditionnel, les connaissances ne devant être transmises que par oral. Il insistait beaucoup sur la notion de courants telluriques que jalonnent, selon lui, les menhirs, les dolmens et les divers édifices religieux anciens.

En 1976 Paul Bouchet intronisa son fils René comme druide sous le nom de Renatos Bod Koad. Celui-ci fonda alors à titre privé un Collège d'Etudes Celto-Druidiques délivrant des cours par correspondance avec travaux pratiques et devoirs corrigés aboutissant aux cérémonies d'initiation de son cercle intérieur dit « Grand Chêne Interceltique ».

L'éclatement

L'ensemble du Collège Druidique des Gaules, appréciant peu l'initiative de Renatos Bod Koad, prit immédiatement du champ par rapport à ce nouveau « collège par correspondance ». Une importante partie des membres se sépara pour constituer, le 21 octobre 1976, une Fraternité Universelle des Druides, F.U.D., sous l'égide de l'ancien *Pendragon* du C.D.G. (grand-druide adjoint et secrétaire). Celui-ci qui était déjà simultanément membre de la *Gorsedd* de Bretagne sous le nom de Kerpeoc'h, se fit élire Grand-Druide de la F.U.D. sous le nom de Mael Dervenn.

Si le Collège Druidique des Gaules était théoriquement de tendance paganisante, la nouvelle Fraternité Universelle des Druides subit l'influence de son Grand-Druide devenu, après son entrée en druidisme, prêtre dans l'Eglise Celtique et responsable d'une communauté monastique. Cette fois le problème de la compatibilité du sacerdoce druidique et du sacerdoce chrétien, qui semble n'avoir jamais troublé des druides ou bardes-pasteurs-protestants du Pays de Galles, se posa : peut-on vraiment être druide tout en étant chrétien ? Ou : peut-on vraiment être chrétien tout en étant druide ?

Historiquement, avec Patrick en Irlande les premiers évêques chrétiens furent choisis parmi les druides, mais c'était précisément pour eux renoncer au druidisme en tant que sacerdoce. Dubtach, le chef des druides de Tara, l'avait bien compris quand il refusa de recevoir le sacerdoce chrétien. De même le Roi Suprême d'Irlande Leagaire refusa le baptême.

Après quelques années de réflexion, le Grand-Druide Mael Dervenn démissionna, en 1979, de sa charge de Grand-Druide et même de sa qualité de membre de la Fraternité qu'il avait fondée, pour se consacrer uniquement à l'Eglise Celtique. A l'issue de sa démission, la Fraternité Universelle des Druides se réunit pour élire un nouveau Grand-Druide qui fut, pour la première fois dans l'histoire des sociétés néo-druidiques, une femme, une druidesse, Plac'h Doue (Fille de Dieu) de son nom bardique, élue le 2 octobre 1979.

Bien que faisant partie du groupe sécessionniste par rapport au Collège Druidique des Gaules, la Grande-Druidesse Plac'h Doue est une fervente disciple du Grand-Druide Bod Koad. Comme s'il n'attendait plus que cela pour se désincarner, le Grand-Druide Bod Koad-Paul Bouchet partit pour *Tir na nOg,* l'Autre-Monde, Terre des Vivants, Terre des Jeunes pour les Celtes, quelques jours plus tard, le 15 octobre 1979.

La postérité du Grand-Druide Bod Koad n'a pas fini de nous étonner. Un nouveau collège druidique procédant de Paul Bouchet et se réclamant de la Tradition du « Grand Chêne » s'est constitué sous le nom de Grand Chêne Celte, tandis qu'un Archidruide Eduen, toujours de la lignée de Paul Bouchet apparaît en 1982.

Entre-temps à l'*Emvod* du Méné Bré du 19 août 1979, c'est-à-dire à l'assemblée annuelle de la Confraternité Philosophique des Druides, le Grand-Druide Breton Kalondan avait investi deux nouveaux Grands-Druides, l'un pour les Celtes de Normandie, l'autre pour la Nation Picarde, faisant ainsi la preuve que les Bretons ne se désintéressaient pas de leurs frères et sœurs Gaulois. Un nouveau groupe druidique gaulois s'est également constitué en Corse et un autre est en cours de formation dans le Bourbonnais.

Citons aussi pour les Gaules les groupes moins bien connus de La Religion des Druides, de la Fraternité du Soleil Celtique, de l'Ordre Vert Druidique et de la Fraternité Initiatique des Druides Bardes et Ovates, les deux derniers basés en Belgique.

Le tableau suivant essaiera de résumer cette très intéressante diversification du néo-druidisme gaulois d'expression française.

Toutefois, si la *Gorsedd* galloise avait effectivement reconnu le Grand-Druide Philéas Lebesgue et son Collège Bardique des Gaules, en sommeil depuis la dernière guerre, aucun autre groupe gaulois n'a encore été reconnu par la *Gorsedd* de l'Ile de Bretagne qui se pose, ne l'oublions pas, en unique garante de l'orthodoxie druidique.

LE RENOUVEAU DU DRUIDISME

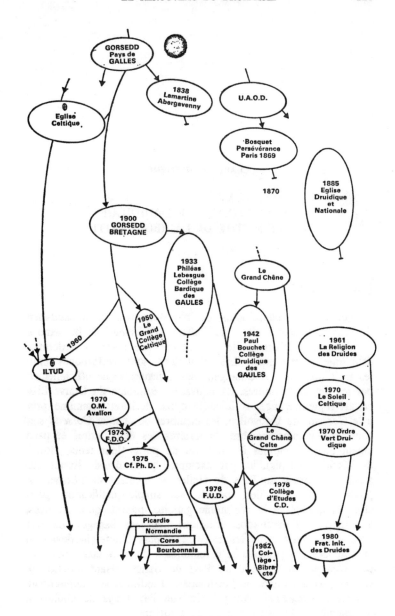

CHAPITRE SEPTIÈME

DE L'ORTHODOXIE DRUIDIQUE
OU LE MYTHE DE LA REGULARITE

L'accord de 1971

Les trois *Gorseddau* issues de Iolo Morganwg, la *Gorsedd*-mère de l'Ile de Bretagne (Pays de Galles), la *Gorsedd* de Bretagne et la *Gorsedd* de Cornouaille, constituent une sorte de fédération druidique interceltique. Les invitations sont réciproques entre les trois groupes qui échangent des délégués reçus officiellement par les uns et les autres. L'émouvante cérémonie du Glaive Brisé en est le témoignage. A la suite d'une décision commune prise à la *Gorsedd* de Llangollen, les membres de chaque *Gorsedd* sont considérés comme membres honoraires des deux autres et participent aux cérémonies à condition de porter leur tenue rituelle druidique. Ceci signifie, par exemple, qu'un druide Breton qui serait de passage au Pays de Galles au moment de l'*Eisteddfod* pourrait, sans invitation spéciale, sur simple justification, participer ès qualités à la cérémonie galloise, pourvu qu'il ait pensé à emporter sa garde-robe druidique dans ses bagages. La réciproque est vraie dans les trois *gorseddau*. Toutefois devant le nombre des groupements se revendiquant du druidisme, mais non contrôlés par la *Gorsedd* du Pays de Galles faisant fonction de *Gorsedd-mère* garante de l'orthodoxie druidique, les représentants des trois *Gorseddau* réunis à Carlyon Bay (Pays de Galles) le 3 septembre 1971 signèrent l'accord suivant :

> **ACCORD DE BAE CAERLYON : 1971**
>
> « Nous, Tilsli, Archidruide de Galles,
>   Eostig Sarzhaw, Grand-Druide de Bretagne,
>   et Trevanyon, Grand-Barde de Cornouaille,
>   ainsi que
>   Gwyndaff, archiviste de la *Gorsedd* des Bardes
>   et ancien Archidruide de Galles,
>
> réunis ce jour 3 septembre 1972 à Bae Caerlyon, réaffirmons par la présente notre allégeance personnelle et l'allégeance de nos *Gorseddau* respectifs à l'héritage celtique qui nous a réunis.
>
> Nous reconnaissons :
> 1 - l'autorité suprême de l'Archidruide de la *Gorsedd* de l'Ile de Bretagne en tout ce qui concerne la constitution et les coutumes des *Gorseddau* ;
> 2 - l'absolue nécessité de protéger nos propres assemblées de l'intrusion d'éléments et de personnes étrangers et non-Celtes ;
> 3 - l'indépendance complète des *Gorseddau* de Galles, de Bretagne et de Cornouaille dans leurs affaires intérieures propres.
>
> (signé) Tilsli, Eostig Sarzhaw, Trevanyon,
>   Gwyndaf,
>   Témoin : Map Kenwyn. »

On remarquera que cet accord consacrait officiellement au premier point la reconnaissance de l'autorité suprême de l'Archidruide du Pays de Galles, ce qui était déjà une question de fait depuis la fondation de la *Gorsedd*-fille de Bretagne en 1900 et de celle de Cornouaille en 1928.

Cette autorité suprême se limite à la « constitution », dans le sens de création, fondation, établissement, et aux « coutumes » des *Gorseddau*. L'Archidruide juge souverainement de l'opportunité de la création d'une nouvelle *Gorsedd* ou de son éventuelle reconnaissance officielle. Ainsi il n'y a pas encore de *Gorsedd*-fille ni en Ecosse, ni en Irlande, ni à l'Ile de Man, Pays Celtiques par excellence, pas plus d'ailleurs qu'en Galice d'Espagne, autre Pays Celtique oublié. En conséquence, et pour le cas où des associations druidiques se créeraient dans ces Pays, l'Archidruide aurait toute discrétion pour reconnaître ou non ces associations. Réciproquement c'est une reconnaissance officiellement renouvelée par la *Gorsedd-mère* de ses deux filiales. Toutefois l'autonomie interne de chaque association est formellement garantie au troisième point.

Si le Collège Bardique des Gaules de Philéas Lebesgue avait été reconnu de 1933 à 1939, il n'en a pas été de même du Collège Druidique de Paul Bouchet.

En dépit de leur ancienneté, le *Druid Order,* la plus ancienne organisation druidique réapparue depuis l'Antiquité (1717), et les milliers de druides de par le monde issus de Henry Hurle (1781) tombaient sous le coup de l' « excommunication » galloise.

En ce qui concerne les « coutumes », les rites des *Gorseddau* sont déjà assez strictement réglementés et quasi-standardisés sur le modèle gallois hérité de Iolo Morganwg. L'autorité suprême de l'Archidruide gallois s'étend donc sur tout ce qui touche aux rites, aux grades, aux titres. C'est assez normal puisqu'il y a équivalence des titres et des grades d'une *Gorsedd* à l'autre et que tout membre d'une *Gorsedd* doit être accueilli comme tel par les deux autres.

Les « orthodoxes » se protègent

Ces pratiques étaient déjà effectives depuis fort longtemps et ne constituaient pas une nouveauté à telle enseigne qu'on se demande quelle était la vraie raison de cet « Accord de Bae Caerlyon ». Le plus important des trois points est le second, bien encadré par les deux autres. Cette fois il s'agit d'un accord de protection. Les *Gorseddau* se sentent-elles donc menacées qu'elles ont besoin de se protéger de « nécessité absolue » ? Et de quoi veulent-elles se protéger ? « ... de l'intrusion d'éléments et de personnes étrangers et non-Celtes ».

Cette fédération de fait des trois *Gorseddau* se pose donc comme référence unique de l'orthodoxie druidique et garante de l'intégrité celtique. Le Grand-Druide de Bretagne commente ainsi l'Accord de Bae Caerlyon dans le bulletin officiel de la *Gorsedd* de Bretagne, *An Tribann,* n° 79 de 1977 :

« C'est cet Accord de Bae Caerlyon qui régit aujourd'hui à la fois nos rapports vis-à-vis du Gorsedd de Galles, ou, plus exactement, son Archidruide, et notre politique vis-à-vis des personnes non-celtes, ou des multiples organismes se réclamant, dans l'Hexagone ou ailleurs, d'un prétendu « druidisme ». Sans mettre en cause la sincérité de certains d'entre eux, l'accord de Bae Caerlyon nous interdit de les recevoir parmi nous dans le Cercle lors des cérémonies du Gorseed Digor, ou dans les tenues privées. La nationalité bretonne ou l'appartenance à un des autres Pays de langue celtique, Cornwall, Galles, Man, Ecosse, et Irlande, est une condition nécessaire à l'admission dans la Fraternité. »

En ce qui concerne les « éléments étrangers » il s'agit là d'éviter que les rites ne soient déformés ou corrompus par des apports qui ne seraient pas traditionnellement celtiques. Il n'est pas impossible que les auteurs de l'Accord aient songé à d'éventuels apports de mouvements d'Extrême-Orient qui seraient alors impitoyablement rejetés. L'offensive des sectes et la floraison des nouveaux prophètes plus ou moins exotiques paraissent avoir justifié cette mesure de protection.

Quant au rejet des « personnes non celtes », le commentaire du Grand-Druide de Bretagne nous indique les personnes visées puisque la liste des Pays Celtiques est limitative et ne comprend, par exemple, ni la France, ni l'Angleterre. Les groupes visés sont donc les groupes français, anglais et autres se réclamant du druidisme. En 1971 le Collège Druidique des Gaules de Paul Bouchet semblait particulièrement visé, mais aussi le Grand Collège Celtique de Yann Sukellos, la *Kredenn Geltiek*, l'Ordre d'Avallon, le Grand Chêne Celte, la Religion des Druides, le Soleil Celtique et l'Ordre Vert Druidique... Mais les groupes constitués depuis tombent également sous le coup de cette excommunication druidique. Exiger l'appartenance à un Pays Celtique limitativement désigné n'est qu'un prétexte. Pourquoi est-ce que la France et les autres Pays d'Europe constituant autrefois la Gaule ne seraient pas encore aujourd'hui des Pays Celtiques ? Dans son commentaire le Grand-Druide Breton parle de « Pays de langue celtique ». Si les Pays Celtiques se limitent aux celtophones, il n'y aura pas un Breton sur trois à pouvoir éventuellement faire acte de candidature à la *Gorsedd* bretonne. Le fait d'avoir désigné l'association bardique bretonne à sa création comme *Gorsedd* des Bardes de la Presqu'île de Basse-Bretagne, en faisant référence expresse à la Basse-Bretagne (*Breiz Izel*), créait une ambiguïté, peut-être voulue par les dirigeants d'alors. En effet on pourrait comprendre l'expression Basse-Bretagne comme désignant l'ensemble de la Bretagne Armoricaine par rapport à la Bretagne « d'en haut » qui serait la Bretagne insulaire, la Grande-Bretagne, située au Nord, terre d'origine des Bretons ayant émigré en Armorique autour du VIe siècle. Si cette distinction dans le sens géographique Nord-Sud correspond assez bien à la réalité, ce n'est pas du tout ainsi qu'elle s'entend en fait. La distinction n'est pas Nord-Sud mais Ouest-Est, la Basse-Bretagne étant la partie Ouest de la péninsule, et la Haute-Bretagne la partie Est. Mais cette distinction correspond à l'aire d'extension de la langue bretonne, traditionnellement parlée en Basse-Bretagne alors qu'en Haute-Bretagne la langue gallo — survivance du gaulois déformé par le latin de l'occupation romaine — fortement implantée limitait du même coup l'extension de la langue bretonne. Les franges Est et Sud-Est de la Bretagne n'ont pratiquement jamais parlé le breton. Est-ce que dans la pensée des fondateurs de la *Gorsedd* de *Breiz Izel* il fallait être Bas-Breton bretonnant pour avoir le droit d'entrer à l'association ? Peut-être pouvait-on ne pas être Bas-Breton, pourvu qu'on fût bretonnant ! C'est d'ailleurs ainsi précisément, parce qu'il avait appris le breton, que le Picard Philéas Lebesgue fut admis parmi les druides Bretons. A l'instar de la *Gorsedd* galloise, le souci de la préservation de la langue bretonne était le but principal de la création de l'association. Cette préoccupation figure aux statuts de façon militante car il ne s'agit pas seulement de « préserver » mais de « répandre la langue, la littérature et les arts bretons ».

De la langue et des non-Celtes

En avril 1950 la *Gorsedd* galloise avait envoyé une importante délégation aux assises druidiques de Trégastel afin de s'associer très officiellement à la reprise de la vie de l'association de l'après-guerre. C'était la première assemblée publique druidique en Bretagne depuis 1939. Mais la *Gorsedd* galloise cessa immédiatement ses apparitions en Bretagne dès qu'il y eut une crise intérieure avec la scission de 1954 du *Goursez Barzhed Breizh* précisément à cause de la langue bretonne. Entre-temps le Grand-Druide Breton Taldir mourut en 1956 et Eostig Sarzhaw fut élu Grand-Druide, mais il ne fut pas « reconnu » par la *Gorsedd* galloise qui mit plusieurs années à étudier le dossier avant de donner finalement raison à sa *Gorsedd*-fille contre le *Goursez Barzhed Breizh*. L'Archidruide Trefin vint tout spécialement en Bretagne pour reconnaître officiellement Eostig Sarzhaw et l'investir en qualité de Grand-Druide en lui imposant les mains à la *Gorsedd* de Saint-Malo le 28 août 1960. L'Archidruide ayant tranché, les dissidents n'avaient plus qu'à se rallier, ce qu'ils firent pratiquement tous en 1962. La branche contestataire, désavouée par l'autorité suprême galloise, n'avait duré que huit ans.

On vit bien encore la force de l'autorité galloise lorsque la *Gorsedd* du Pays de Galles rompit ses bonnes relations avec les druides Bretons en 1964 dès qu'elle apprit la participation à l'assemblée bretonne d'une « organisation inacceptable qui s'intitulait *Gorsedd Llundain* (Gorsedd de Londres) ». Or il s'agissait en fait des druides du *Druid Order* de Londres, les authentiques héritiers du Père du Druidisme moderne John Toland de la fameuse assemblée de la Taverne du Pommier de 1717, que les Gallois prétendent ne pas reconnaître parce qu'ils ne parlent pas de langue celtique. Ainsi pendant les années suivantes la *Gorsedd* bretonne fit à son tour figure d'excommuniée ! Pour ne pas rester isolée, elle en profita pour resserrer ses liens avec le *Druid Order* de Londres et le Collège Druidique des Gaules. Comme le *Druid Order* célébrait dans le cadre mégalithique prestigieux de Stonehenge, on put voir les trois associations représentées y concélébrer fraternellement, ce qui ne manqua pas, bien entendu, d'entraîner le Collège des Gaules dans la même réprobation de la part des Gallois. Cependant le Chef-Druide du *Druid Order* de Londres, Robert Mac Gregor Reid mourut. Il fut remplacé par le Dr Maughan, mais une contestation interne éclata au cœur du *Druid Order*. Les Bretons qui commençaient à souffrir de la rupture du cordon ombilical gallois tirèrent parti de ces dissensions pour se rapprocher du Pays de Galles tout en s'écartant des druides londoniens et gaulois. Mais il fallut « aller à Canossa », et ici ce fut Bae Caerlyon, avec l'accord du 3 septembre 1971 que nous avons cité. La *Gorsedd* bretonne était rentrée dans le rang de « l'orthodoxie druidique galloise ».

Le Chef-Druide Nuinn-Ross Nichols de l'Ordre londonien répliqua à l'exclusive galloise par une circulaire où l'on pouvait lire :

« Ce n'est pas parce qu'un certain druidisme nationaliste rejette les non-Celtes — que'le que puisse être exactement la définition d'un

Celte — que l'Ordre des Bardes, Ovates et Druides (O.B.O.D.) doive répliquer par des mesures analogues ! Les représentants autorisés et même les individus de quelque groupe druidique que ce soit pourront être accueillis comme hôtes à la plupart de nos cérémonies publiques [...]. Des invités représentant des groupes religieux et ceux tels que les maires représentant des localités sont également les bienvenus. »

Mais où est donc l'orthodoxie ?

Qu'est-ce que cette prétendue orthodoxie druidique ? Pour qu'il y ait orthodoxie, encore faut-il qu'il y ait un dogme qui soit considéré comme le seul vrai. Or quel dogme enseigne la *Gorsedd* du Pays de Galles ? On peut répondre sans risque d'erreur que la *Gorsedd* galloise n'a aucun dogme particulier, ni sur le plan religieux, ni sur le plan philosophique, pas même les enseignements retranscrits par Iolo Morganwg et connus sous le nom de *Triades*.

Le Barde-Héraut du Pays de Galles, Dillwyn Miles, déclare dans son ouvrage sur l'*Eisteddfod* :

« Personne aujourd'hui ne se réclame de l'antiquité druidique de la *Gorsedd*, au contraire chacun croit que ce n'est rien de plus que la création d'un ouvrier maçon gallois intelligent et imaginatif, Iolo Morganwg, qui vivait à une époque romantique et néo-druidique. »

Si la *Gorsedd* galloise a une doctrine, c'est d'œuvrer sur le plan culturel pour la défense de la langue galloise et du sentiment national gallois. En l'occurrence le druidisme n'est qu'un prétexte.

Parmi les buts des trois associations-sœurs, la défense de la langue celtique de chacun des Pays représentés est au centre des préoccupations. Curieusement l'Accord de Bae Caerlyon ne parle même pas de l'obligation de parler une langue celtique ! Serait-ce qu'il y aurait des mobiles cachés dont le principal serait d'éviter de remettre en cause par des recherches quelque peu sérieuses la valeur de la prétendue orthodoxie druidique galloise. Si le druidisme avait été restauré au Pays de Galles pour son contenu philosophique et religieux, l'œuvre de la *Gorsedd* galloise ne se serait pas cantonnée dans l'action culturelle. C'est au contraire dans le sens des Myfyr Morgannwg et des William Price de Llantrisant qu'aurait dû travailler une *Gorsedd* se voulant vraiment « orthodoxe ». Or ce sont ceux qui ont fait les premiers pas dans le sens de la véritable recherche druidique qui sont traités d'hérétiques. On comprendra dès lors pourquoi le druidisme gallois et ses satellites bretons et cornouaillais sont considérés par les « hérétiques » des autres groupes druidiques comme faisant preuve de racisme et de chauvinisme étroit et en contradiction avec la pensée celtique traditionnelle.

Le nombre impressionnant des ministres de divers cultes chrétiens qui adhèrent avec enthousiasme à la *Gorsedd* galloise met celle-ci bien à l'abri de toute velléité de s'intéresser d'un peu trop près à l'histoire et à la pensée authentiques des druides de l'antiquité qui étaient, eux, plus que des poètes ou des artistes, les prêtres vénérés de l'Ancienne Religion de la plus grande partie de l'Europe préromaine et préchrétienne.

Les groupements néo-druidiques qui sacrifient à un contexte religieux chrétien en contradiction formelle avec tout druidisme authentique se condamnent *ipso facto* à ne représenter en définitive qu'un pseudo-druidisme de reconstitution à caractère folklorique d'apparence trompeuse. Les troupes de l'orbite galloise insistent plus sur leur caractère « bardique » que sur leur caractère « druidique », se rattachant ainsi plus à une forme de littérature traditionnelle qu'à un sacerdoce païen.

Cette remarque n'entend cependant pas remettre en cause l'œuvre littéraire, artistique, linguistique, politique ou philanthropique de groupes d'inspiration certes celto-druidique, mais peu soucieux d'une recherche du druidisme authentique.

DEUXIÈME PARTIE

INITIATIONS ET RITES

CHAPITRE PREMIER

RITES DU DRUID ORDER

Initiations

Il y a plusieurs types d'initiation selon qu'il s'agit *a*) d'une initiation à un art, au sens le plus large du mot, par exemple l'apprentissage d'un métier, *b*) d'une initiation sur le plan social, c'est-à-dire l'admission dans un groupe social, que ce soit l'Université pour un étudiant ou le syndicat pour un ouvrier, *c*) ou encore d'une initiation sur le plan religieux ou philosophique.

L'initiation imprègne toute notre existence et la plupart de nos démarches, même dans ce monde moderne, correspondent à des rites initiatiques. L'instinct rituel est si profondément ancré dans le subconscient de l'homme que s'il vient à manquer de rites, il se dépêche d'en créer de nouveaux !

Nous ne nous intéressons ici bien entendu qu'aux initiations supposées à caractère philosophique ou religieux des sociétés initiatiques celtiques dont nous avons essayé de décrire la genèse dans la première partie de cet ouvrage. Il ne nous sera pas possible d'étudier les rites initiatiques de chacune des sociétés que nous avons citées. Nous sélectionnerons certains de ces rites dont la publication n'a pas fait l'objet d'interdit. Il ne faut pas confondre les rites d'initiation et les rites de célébration. Quelquefois les rites d'initiation sont tenus secrets mais pas les rites de célébration. Dans ce cas les rites de célébration apportent des éléments importants pour la compréhension des sociétés étudiées, c'est pourquoi nous observerons éventuellement les rites de célébration à défaut des rites d'initiation.

Il apparaît à l'étude de nombreux rites d'initiation de par le monde et à travers l'histoire que la structure universelle fondamentale de toute initiation consisterait en trois phases, dans l'ordre suivant :

1° phase de régression, jusqu'à la mort initiatique,

2° phase de renaissance, reconnaissance, re-création, ré-actualisation,

3° phase de retransmission-réception-révélation (dans les deux sens de « dévoiler » et de « re-voiler »),

le tout étant ponctué par des épreuves plus ou moins traumatisantes.

Le Professeur Jacques Brengues, spécialiste en maçonologie, de l'Université de Haute Bretagne, ramène ce schéma à deux phases seulement : une phase de déstructuration suivie d'une phase de restructuration.

Nous devrions donc retrouver ces étapes dans les rites des sociétés initiatiques celtiques contemporaines.

La plus ancienne de ces sociétés néo-druidiques étant le *Druid Order* de Londres (1717), c'est par cet Ordre que nous commencerons notre étude des rites druidiques modernes.

Mystères Celtes à Stonehenge

Etant donné l'enthousiasme de John Aubrey et de William Stukeley pour Stonehenge considéré alors comme un temple druidique, le *Druid Order* célèbre ses rites chaque année dans ce cadre mégalithique grandiose. Bien que les spécialistes affirment que les druides n'ont aucun lien avec Stonehenge, le *Druid Order* n'en a pas moins continué de soutenir le contraire. En effet si les druides n'ont pas construit Stonehenge, pourquoi ne l'auraient-ils pas utilisé pour leurs cérémonies ?

Nous prendrons comme exemple le rite du solstice d'été célébré à Stonehenge par le *Druid Order*. La cérémonie commence la veille, avant minuit, donc dans la nuit du 20 au 21 juin.

Les druides en procession se dirigent vers un point, à l'extérieur du cercle de pierres, là où traditionnellement a lieu le contact entre les vivants et les morts. On y fait mémoire des trépassés et les membres présents renouvellent leurs vœux druidiques en vue de la cérémonie du lendemain. Les invités, les amis et les assistants non-membres forment un cercle autour des druides pendant la veillée. Un peu avant l'aube, les porteurs d'éléments placent leurs symboles aux quatre stations autour du cercle de pierres. Ainsi l'eau est placée sur le tertre Nord et le feu, dans un encensoir, sur le tertre Sud. L'élément terre, représenté par du pain et du sel, est déposé à la pierre de station du côté Ouest,

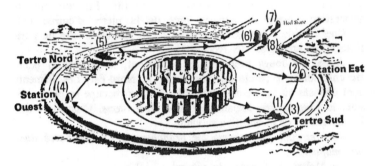

Dessin donnant une vue « aérienne » de l'ensemble « reconstitué » de Stonehenge. Lorsqu'on est au centre du cercle de pierres [9], le soleil se lève, au solstice d'été, dans la direction nord-est, c'est-à-dire vers le haut à droite du dessin, où se trouve la « Heel Stone » [7]. Le tertre-nord est situé en haut à gauche près du fossé [5]. Le tertre-sud est à l'opposé en diagonale vers le bas à droite sur le dessin [3]. La pierre de station-ouest est la pierre isolée à gauche du dessin près du fossé [4], et la pierre de station-est se trouve à l'opposé à droite [2].
(Le dessin — non fléché — est de J. A. Dryburgh in E. Raymond Capt. Stonehenge and druidism. Thousand Oaks (USA), Artisan Sales, ca. 1970, p. 8.)

tandis que l'élément air, représenté par une rose, est déposé sur la pierre de station du côté Est. Les druides, portant un rameau de chêne, se regroupent sur le tertre Sud [1]. Le Maître de cérémonies dirige une méditation sur la divinité en tant que Lumière et invoque le Dieu Unique. Ensuite on rassemble les éléments et la procession se forme en contournant de gauche à droite le cercle de pierres, vers la pierre de la station Est [2] où la rose est recueillie. De retour au tertre Sud [3] l'encensoir est allumé pour symboliser le feu « en reconnaissance de la puissance de majesté universelle, de Vérité et d'Amour infini et en hommage au Verbe qui s'est fait connaître à nos Pères ». Puis la procession se dirige vers la pierre de la station Ouest [4] pour y prendre le pain et le sel et enfin au tertre Nord [5] pour y prendre l'eau. Ensuite la procession s'arrête à l'entrée du cercle-fossé pour déposer les éléments sur la seule pierre d'entrée qui reste, actuellement renversée [6], et se dirige vers la *Heel Stone* (en breton *heol* signifie soleil), dite aussi « gnomon » ou « Pierre du Soleil » [7]. Là chacun renouvelle son serment druidique en plaçant la main droite sur la pierre sous l'œil vigilant du *Pendragon*. Cette pierre est un symbole de virilité. En revenant, la procession s'arrête à nouveau près de la pierre d'entrée [8]. Le Chef-Druide y fait des aspersions d'eau lustrale à titre de purification et en signe de fécondité.

Après ces longs préliminaires seulement, la procession pénètre enfin dans le cercle de pierres par le Nord-Est. Les éléments sont déposés au centre du cercle [9]. Chacun occupe sa place prévue, le Chef-Druide faisant face à la *Heel Stone*. C'est alors que l'Archiviste pose la question suivante :

— *Pourquoi portez-vous les branches de l'Arbre Sacré dans vos mains ?*

Le Maître de Cérémonie répond :

— *C'est en offrande à l'Unique Ineffable. Nous avons cueilli ces branches afin de pouvoir alimenter le Feu Sacré avec la vie qui provient du plus beau et du plus vigoureux des arbres qui poussent dans le Bosquet Sacré. De même que nos Pères l'ont fait dans leur sagesse, ainsi le faisons-nous de nos jours de plus grande évolution.*

Le Chef-Druide intervient :

— *C'est bien ! Souvenez-vous du Cercle Sacré en déposant votre offrande sur le Feu Sacré.*

Les branches de chêne sont alors placées sur l'encensoir.

Le Chef-Druide ajoute :

— *Puissiez-vous obtenir pour toute l'année à venir le courage divin qui éloigne toute crainte !*

Le Maître de Cérémonie continue :

— *Que le Mot Sacré soit prononcé dans nos cœurs !*

Ici chacun prononce intérieurement le Mot Sacré qui est *Awen* prononcé [*a-u-e-n*] en allongeant le [*u*].

L'Archiviste interroge :

— *D'où nous est venu le Mot Mystique ?*

Le Chef-Druide répond :

— *Du Très-Haut, à l'Age d'Or, quand les Mystères furent révélés aux fils des hommes.*

Les druides forment alors le cercle en se donnant les mains et prononcent tous ensemble à haute voix le serment suivant :

— *Nous jurons, par la Paix et par l'Amour, de rester cœur à cœur et main dans la main : approuve-nous, ô Esprit ! Ecoute-nous maintenant et confirme notre Serment Sacré.*

Le Maître de Cérémonie ajoute :

— *Nous qui sommes assemblés par affinité en ce Lieu Sacré, reconnaissons le cercle symbolique comme autrefois et mesurons, comme le firent nos Pères, les tracés du Plan Eternel. En faisant cela, abandonnons tout désir terrestre.*

Le Chef-Druide reprend :

— *Réjouissons-nous dans l'attente de ce jour de toute illumination, débordant de grâce, de sagesse et d'amour, de telle sorte que nous quittions ce Lieu Sacré en réfléchissant Sa Lumière sur tous ceux que nous rencontrerons.*

Le Héraut continue :

— *Que toute l'humanité se prépare à la restauration de l'héritage qui lui a été confisqué par les puissances des ténèbres. Que la Terre se prépare à la venue de la Grande Paix.*

A ce moment la trompette sonne en direction des quatre points cardinaux. Tous se tournent vers le Nord-Est. Au moment précis où le soleil apparaît sur la ligne d'horizon, exactement dans l'alignement de la Pierre Solaire, le Chef-Druide s'écrie :

— *Lève-toi, ô Soleil ! Que l'obscurité de la nuit se dissipe dans les rayons de Ta glorieuse Lumière !*

Le Chef-Druide remet alors un texte sur les desseins divins, texte qui est proclamé par le Héraut. Ensuite un Barde déclame les paroles d'or et les paroles de sagesse des anciennes Triades. Le porteur d'eau asperge le cercle. Le porteur de feu le suit et encense le cercle en signe de purification. Enfin le Barde entonne la Prière des Druides. La fin de chaque vers est reprise en chœur par tous :

— *Dieu, donne-nous Ton appui,*
Tous : *Ton appui ;*
— *et avec Ton appui, la force,*
Tous : *la force ;*
— *et avec la force, la compréhension*
Tous : *la compréhension ;*
— *et avec la compréhension, le savoir,*
Tous : *le savoir ;*

— et avec le savoir, la science de la justice,
TOUS : *la science de la justice ;*
— et avec la science de la justice, son amour,
TOUS : *son amour ;*
— et avec son amour, l'amour de toute chose vivante,
TOUS : *l'amour de toute chose vivante ;*
— et en toute chose vivante, l'amour de Dieu,
TOUS : *l'amour de Dieu ;*
— de Dieu et de toute bonté.
TOUS : *de Dieu et de toute bonté.*

Après la bénédiction du Chef-Druide et la formule de clôture, la procession quitte le cercle de pierres par la porte du Sud.

Ainsi s'achève la cérémonie du lever du soleil, le jour du solstice d'été, c'est-à-dire le 21 juin, le jour le plus long de l'année, dans le cadre grandiose de Stonehenge, cérémonie célébrée par les druides modernes du *Druid Order* dérivant directement de la fédération de loges druidiques survivantes réalisée en 1717 par l'Irlandais John Toland à Londres.

Cependant la journée solsticiale n'est pas terminée pour les druides, car une nouvelle cérémonie les rassemble à midi, moment où le soleil est à son zénith. Les membres de l'Ordre se rassemblent à nouveau au tertre Sud de Stonehenge d'où les éléments sont portés comme la nuit précédent, c'est-à-dire l'eau au tertre Nord, le pain et le sel à la pierre de la station Ouest, le feu au tertre Sud, la rose à la pierre de la station Est.

Les éléments sont également recueillis en procession solennelle : la rose d'abord, puis le feu, le pain et le sel, et enfin l'eau. Ces éléments sont déposés à la pierre d'entrée du fossé circulaire tandis que la procession se rend à la Pierre Solaire.

Celui qui fait office de président de la cérémonie dégage une épée qui a été coincée dans la pierre. Il s'agirait là d'un rite néolithique, la puissance étant associée à la pierre. On pense aussi à l'épée Excalibur du Cycle de la Table Ronde. Voici le texte du rite :

— Dans l'admiration, pénétrons ce monde de beauté selon la coutume de nos prédécesseurs qui cherchèrent l'union avec la source suprême de Vie, avec un profond respect et un silence contemplatif, de toute la force de l'âme.

L'épée rengainée est déposée sur la pierre d'entrée et la Paix est proclamée aux quatre points cardinaux. La procession se dirige ensuite vers les piliers Est du cercle de pierres où celui qui préside dit :

— *Que l'Unité, l'Harmonie et la Beauté soient nos mots de passe. Puissiez-vous participer avec abondance à l'illumination. Soyez prêts à entendre la voix de ceux qui cherchent et réclament la sagesse à grands cris. Ecoutez aux portiques, car le monde est vaste, et multiples sont ceux qui cherchent. Ouvrez-leur les portes, et portails après portails vous seront ouverts. Procédons en Paix !*

A présent les druides pénètrent dans le cercle jusqu'à leurs places prévues. La réception des invités a lieu à ce moment-là, et d'abord celle de « La Dame » représentant Céridwenn, la Terre-Mère, qui arrive avec ses suivantes portant la corne d'abondance et les fruits de la terre. Ces présents symboliques sont offerts au Président et aux chefs de l'Ordre. La Dame est reçue avec cérémonie. Les autres invités sont également accueillis et présentés. Alors le Chef-Druide dégaine à moitié l'épée et demande par quatre fois, tourné successivement vers les points cardinaux :

— *Y a-t-il la Paix ?*

A chaque fois l'assemblée répond en chœur :

— *Il y a la Paix.*

Le Chef-Druide rengaine l'épée. A ce moment trois porteurs de bâton, disposés en éventail devant le président, dirigent leur bâton vers la tête du président de façon à former le *tribann*, c'est-à-dire le signe druidique des trois rayons de lumière. Pendant ce temps le Président reçoit une couronne de feuilles de chêne. Le Maître de Cérémonie lui dit alors :

— *Porte la couronne de feuilles que nous avons cueillies du plus beau et du plus fort des arbres de ce lieu de Paix.*

Le Héraut interroge :

— *Pourquoi porter une couronne de feuilles ?*

Le Chef-Druide répond :

— *A titre de symbole de la souveraineté du Verbe qui fut, est et sera à jamais.*

Le Maître de Cérémonie ajoute :

— *Que le Verbe Sacré soit prononcé dans nos cœurs !*

Chacun prononce alors intérieurement le Mot Sacré *Awen* comme pendant la cérémonie de l'aube. Les membres présents dans le cercle forment ensuite la chaîne d'union en se prenant par la main et renouvellent leur promesse :

— *Nous jurons par la Paix et par l'Amour de rester cœur*

à cœur et main dans la main : approuve-nous, o Esprit ! Ecoute-nous maintenant et confirme notre Serment Sacré.

Le Président prend la parole et dit :

— *Je déclare devant la Lumière du Soleil et devant tous ici assemblés que tous sont égaux en dignité. C'est pourquoi je transmets à présent cette couronne aux autres.*

Il prend sa couronne de feuilles de chêne et la pose sur la tête de son voisin qui fait de même, si bien que la couronne fait, de tête en tête, le tour de l'assemblée pour parvenir au Chef-Druide qui, lorsqu'il l'a reçue à son tour dit :

— *Et maintenant je vais restituer la couronne à celui qui l'a portée en premier. En effet, même si tous sont égaux en dignité tous ne le sont pas en privilèges.*

Et il remet la couronne au Président qui la dépose au milieu des éléments et la cérémonie se poursuit avec « l'enseignement divin ». C'est le Héraut qui commence ainsi :

— *Savez-vous quelle est la longueur de l'ombre ?*

Le Chef-Druide répond :

— *Il n'y a pas d'ombre, il est midi juste. C'est l'heure de célébrer la fête, à la face du Soleil, dans l'œil de la lumière, sur le tapis de verdure, en pleine vue de tous.*

Le Héraut enchaîne :

— *Qu'il soit bien connu que ceux qui nous ont transmis la Divine Sagesse n'ont jamais cessé d'exister. Et vraiment les Immortels ne permettront jamais que la chaîne soit brisée.*

Le Maître de Cérémonie intervient :

— *A présent invoquons le Verbe céleste, la Manifestation de l'Unique Esprit Divin, la Tri-Une Intelligence du Monde.*

Le Chef-Druide confirme :

— *Sois avec nous maintenant !*

On fait un temps de silence pour méditer.

Le Chef-Druide reprend la parole en disant :

— *L'Unique a parlé et les Trois ont paru. Ainsi l'ont déclaré les Anciens.*

Le Maître de Cérémonie ajoute :

— *Et les Trois sont devenus la Multitude, et la Multitude nous a ramené vers les Trois et l'Unique. Ainsi en sera-t-il toujours.*

On fait à nouveau le silence pour méditer. Le Héraut, interrompant la méditation, proclame :

— *Le verbe est proféré et acompli.*

Le Chef-Druide ajoute :
— *Le Verbe Saint est descendu ; voyez l'accomplissement !*
Suit ici un troisième temps de silence et de méditation. La cérémonie continue par le rappel des vivants et des défunts. Le Héraut prenant la parole dit :
— *Pensons à ceux qui sont malades ou dans la détresse.*
Il fait une pause et poursuit :
— *Unissons-nous sincèrement en esprit à la chaîne d'or de la succession druidique. Puissent ceux qui montent la garde sur le courant de vérité et sur ce Saint Lieu veiller sur nous et sur l'enseignement de la plus ancienne sagesse druidique !*
Le Chef-Druide ajoute :
— *Hommage à nos Anciens, hommage à tous nos compagnons trépassés.*
L'Archiviste lit alors à haute voix les noms des trépassés dont la présence, à ce moment précis du rite, en compagnie de tous les autres druides inconnus défunts, est admise comme un fait réel. Et le Chef-Druide conclut en disant :
— *Que l'Eternelle Sagesse soit avec nous et avec tous les êtres passés, présents et encore à venir !*
Et tous répondent :
— *Qu'il en soit ainsi !*
La fête symbolique qui suit permet aux invités et à tous les amis présents de se retrouver dans l'amour fraternel et la concorde. Les éléments, essentiellement le pain, le sel et l'eau, et éventuellement les roses si on a pu s'en procurer en nombre suffisant, sont alors distribués d'abord aux druides puis aux amis présents. Lorsque la distribution est terminée le Héraut proclame :
— *L'unité est accomplie.*
Ce qui reste des éléments est alors émietté et dispersé à la volée vers les points cardinaux tandis que la couronne de chêne et la rose sont placées sur la pierre dite « du sacrifice ». L'assemblée récite la prière des druides comme à la cérémonie du matin et quitte le cercle par le portique Sud.

Observations

Nous avons reconstitué ces cérémonies grâce à des notes aimablement communiquées par un ancien Chef-Druide du D.O.

On voit que le *Druid Order*, bien que se défendant d'être une religion, rend en fait un culte à la Déesse-Mère symbole de fécondité et au Dieu-Père symbole de virilité. Céridwenn, personnifiée dans le rite, n'est pas à proprement parler une déesse celtique, mais la Mère mythique aux multiples métamorphoses du barde gallois Taliésin. Tirer l'épée de la pierre peut être un rappel de la fabrication des premières armes tirées de la pierre aussi bien que sa transposition symbolique : tirer sa puissance de la pierre, puis tirer sa virilité de la pierre.

Toutefois on ne saurait vraiment qualifier de païen ce rite par ailleurs bien marqué de réminiscences bibliques avec les références exprimées au Très-Haut, à l'Unique, au Verbe, à la Création et à la Trinité. Il y a même des allusions à la chute impliquant le péché originel, l'existence des forces du mal et l'Incarnation du Verbe avec l'annonce de la Paix sur la terre.

L'expression « en réfléchissant sa lumière » est à consonances rosicruciennes ainsi que l'utilisation de la rose.

Avec « Quelle est la longueur de l'ombre ? » on retrouve le « Quelle heure est-il ? » maçonnique.

Les couronnes de feuilles et les rameaux se retrouvent dans les rites compagnonniques du bois.

En revanche le rite doit être célébré « face au Soleil, dans l'œil de la lumière, sur le tapis de verdure, en pleine vue de tous », ce qui est tout à l'opposé de la franc-maçonnerie où le temple doit être « couvert », toutes portes closes et l'accès réservé aux seuls initiés. Cette remarque est valable pour tous les groupements druidiques à l'exception des groupes issus de Henry Hurle qui, eux au contraire, se rapprochent de la franc-maçonnerie et célèbrent dans des temples « couverts ».

Le druidisme fait figure de société ouverte, voire écologique.

Le D.O. se dit « Fraternité Universelle » et est donc aussi très œcuménique. Dans les années 1960 il ne manquait pas d'inviter à ses cérémonies de Stonehenge les représentants de différentes religions, y compris des bonzes ou des lamas de passage en Grande-Bretagne. Cet œcuménisme se comprend dans le sens du plus grand respect de chaque tradition. Si le contenu spirituel oriental par exemple est à valeur universelle, son expression n'en est pas moins étrangère aux mentalités occidentales, et d'après le D.O. c'est l'antique sagesse druidique qui est la tradition naturelle, donc la plus assimilable, pour les peuples d'Occident auxquels elle est spécifiquement destinée.

Il y a parmi les druides du D.O des hommes et des femmes en toute égalité. Tous les membres portent la même saie de couleur blanche avec un voile également blanc.

Seules les cérémonies du solstice d'été ont lieu à Stonehenge. L'équinoxe de printemps est généralement célébré à Tower Hill à Londres et celui d'automne à Primrose Hill, bien sûr, en souvenir de John Toland.

CHAPITRE DEUXIÈME

RITES DU COLLEGE DRUIDIQUE DES GAULES

Nous citons le Collège Druidique des Gaules aussitôt après le *Druid Order* parce que c'est le Collège des Gaules qui, se démarquant sensiblement des trois *Gorseddau*, est le plus proche du *Druid Order* quant aux rites. Nous verrons ici le rite d'admission d'un disciple et les rites d'intronisation des bardes, ovates et druides au Collège Druidique des Gaules.

Rite d'admission d'un disciple au C.D.G.

Bien que la norme soit de célébrer les rites en plein air, en cas de besoin on peut officier dans des locaux appropriés.

Dans le cercle rituel les druides sont placés à l'Ouest, faisant face à l'Est où se trouvent les bardes ; les eubages et les ovates sont placés au Sud.

Notons au passage que la dignité d'eubage est devenue au C.D.G. un titre intermédiaire avant d'accéder au druidicat, après six ans d'ancienneté dont au moins deux ans comme barde ou ovate. Il semble toutefois que le mot « eubage » soit une erreur de décryptage d'un texte grec d'Amien Marcellin (Timagène XV-9) où il fallait seulement lire *vates*. C'est sans doute la prise de conscience de cette erreur d'interprétation qui fait que le titre d'eubage tombe actuellement en désuétude au Collège Druidique des Gaules.

Devant le druide officiant est dressée une table recouverte

d'une nappe blanche sur laquelle sont posés quatre symboles :
une croix druidique en chêne, une bougie allumée dans un
bougeoir de cuivre, l'épée rituelle dans son fourreau de bois
et la faucille druidique. A l'extérieur du cercle — ou dans la
pièce voisine si la cérémonie a lieu dans une maison — on
dispose une table couverte d'une nappe blanche avec une coupe
d'eau, du pain et du sel, une bougie allumée dans un
bougeoir de cuivre ou un brûle-parfum symbolisant le foyer. Un
ancien du Collège fait fonction de « gardien ». Le candidat,
ou la candidate, est à l'extérieur. La cérémonie commence lorsque le druide officiant déposant son bâton druidique, récite,
les bras levés, paumes tournées vers le ciel, la prière aux
Grands Etres :

— *Esprits bienfaisants et Ames de Celtes, veuillez accepter
l'aide de nos bras et de nos forces pour qu'elles soient harmonieuses avec vos intelligences. Veuillez nous aider, nous guider,
nous conseiller afin que de nos efforts conjugués renaisse une
Patrie plus belle dans laquelle vivront éternellement les Ames
des Celtes, sous la Lumière de l'Incréé. Amen !*

Le candidat qui était tenu à l'écart s'annonce alors en se
faisant entendre. Si la cérémonie a lieu dans une maison, il
frappe quatre coups à la porte. Le Gardien lui demande alors :
— *Qui es-tu ?*
Le candidat répond :
— *Un Celte (une Celte).*
Le Gardien :
— *Que veux-tu ?*
Le Candidat :
— *La Lumière !*
Le Gardien :
— *Entre si tu as le cœur pur.*

Le Gardien fait entrer le candidat, il peut éventuellement le
faire asseoir, et lui offre le pain, le sel, l'eau et le feu en disant :
— *Nous t'offrons, ô fils, le Feu pour te réchauffer, le Pain
pour te réconforter, l'Eau pour te désaltérer, et le Sel pour ton
intelligence.*

Le candidat remercie, il se réchauffe les mains à la flamme,
met du sel sur le pain qu'il consomme, et boit la coupe. Quand
il est prêt, le Gardien ajoute:
— *Que la Lumière de Belen t'éclaire, ô mon fils ! Que
demandes-tu ?*

Le candidat répond :

— *Valeureux Barde* (ou *Sage Ovate*, selon le cas), *peux-tu me conduire vers cette Lumière ?*

Le Gardien :

— *Je le puis.*

Le candidat :

— *Je demande à te suivre.*

Le Gardien :

— *As-tu fortifié ton âme ?*

Le candidat :

— *Oui.*

Le Gardien :

— *Alors, lève-toi et viens !*

Le Gardien couvre la tête et le visage du candidat d'un voile blanc et, le tenant par la main, il l'introduit dans le cercle en le plaçant soit devant les bardes, soit devant les ovates, selon l'ordre qui convient au candidat. Le druide-instructeur demande alors au candidat :

— *Qui es-tu ?*

Le candidat répond en donnant son nom :

— *Je suis le Celte -N- qui demande la voie vers la Lumière d'Occident.*

Le druide-instructeur répond :

— *C'est Bélen qui dispense la Lumière à ses druides, bardes et ovates !*

Le candidat ajoute alors :

— *Je demande respectueusement à Leurs Sérénités de m'admettre comme disciple-barde (disciple ovate).*

Le druide-officiant intervient :

— *Pourquoi, Celte -N-, veux-tu devenir disciple-barde (ou ovate) ?*

Cette fois le candidat doit répondre par lui-même. Les membres présents dans le cercle sont autorisés à poser des questions au candidat qui s'efforcera de répondre de son mieux pour prouver la sincérité de sa démarche. Puis le druide-officiant pose la question suivante :

— *Chers Frères et Sœurs, jugez-vous en votre cœur le Celte -N- digne d'être admis comme disciple-barde (ovate) ?*

Le vote se fait en silence à main levée. Si un membre n'approuve pas la candidature, il croise les bras. La règle exige l'unanimité. En cas d'opposition, même d'un seul, le candidat, toujours

voilé, est reconduit à l'extérieur par le Gardien, son admission est donc différée ou définitivement refusée selon les justifications de l'opposant. En cas de vote favorable, le Gardien ôte le voile du candidat. Le druide officiant adresse quelques mots de bienvenue au néophyte en lui expliquant qu'il est désormais considéré comme un fils par tous les dignitaires. Il trace sur lui une large croix druidique en disant :
— *Que la Bénédiction soit sur toi !*

Le Gardien revêt alors le nouveau disciple de sa saie, simple, sans aucun insigne, ni rabat, ni voile, ni diadème. Le druide-officiant ayant déposé son bâton druidique met les deux mains sur les épaules du nouveau disciple et lui donne une triple accolade. Le nouveau reçu fait le tour des dignitaires pour recevoir de chacun la triple accolade.

Un disciple est autorisé à assister à certaines des réunions du Collège, mais il n'a pas voix au chapitre, sauf éventuellement voix consultative, jusqu'à ce qu'il soit investi barde ou ovate.

Remarques sur l'initiation d'un disciple au C.D.G.

Contrairement aux *Gorseddau*, le Collège Druidique des Gaules a prévu une cérémonie spécifique d'admission d'un disciple. Dans les *Gorseddau*, en effet, le rite est toujours le même quel que soit le grade. Nous avons donc ici une forme plus appropriée pour les néophytes, forme qui s'apparenterait d'ailleurs assez à certains rites maçonniques ou rosicruciens.

Outre l'épée dans son fourreau, on trouve cette fois la fameuse faucille des druides. Elle est, dans le cas présent, toute symbolique, n'ayant aucune fonction précise dans le rite. La table aux quatre symboles rappelle la table du « bateleur » du tarot initiatique.

Nous avions déjà trouvé l'eau, le pain, le sel et le feu dans les « éléments » du rite du *Druid Order* à Stonehenge. Il ne manque ici que la rose.

Le rite est célébré en français, les druides Gaulois ne faisant aucune campagne pour la restauration de la langue gauloise, alors que les Gallois, Cornouaillais et Bretons ont fait du maintien de leurs langues celtiques le but essentiel de leurs *Gorseddau*. Toutefois l'idée nationaliste n'est pas absente chez les Gaulois. On invoque les « Grands Etres » pour que « renaisse une Patrie plus belle ». Le candidat doit être Celte. Pourtant le *amen* judéo-chrétien de la fin de la prière n'est pas très celtique, sans doute faute d'avoir trouvé un équivalent valable. Par contre, c'est la première fois que nous trouvons cité un « dieu » celte dans une cérémonie druidique moderne, en l'occurrence Bélen qui est cité deux fois. Le Collège Druidique des Gaules s'affirmerait-il néo-païen sans honte ? Il est vrai que ce Collège n'est pas composé essentiellement de pasteurs protestants comme c'est le cas au Pays de Galles, ni non plus contraint à une certaine retenue par la foi catholique ambiante comme c'est le cas en Bretagne. Il est donc en définitive plus libre de s'exprimer et d'invoquer des « divinités » celtiques.

Rite d'intronisation d'un barde ou d'un ovate au C.D.G.

Voici maintenant le rite d'intronisation d'un barde ou d'un ovate. Il faut pour devenir barde ou ovate trois années d'ancienneté en tant que membre du Collège dont au moins un an comme disciple accepté. L'âge minimum requis est de dix-neuf ans. Pour être admis, le disciple doit avoir présenté soit une œuvre artistique ou littéraire, soit une étude à caractère ésotérique. Le titre de barde est attribué aux poètes, artistes, écrivains, musiciens... Le titre d'ovate convient aux personnes ayant des activités médicales ou para-médicales, aux personnes de sciences en général ou aux gens pratiquant la divination. Les travailleurs manuels seront orientés par leurs instructeurs en fonction de leurs compétences ou de leurs centres d'intérêt.

Le lieu de réception est disposé comme pour l'admission d'un disciple, les druides à l'Ouest faisant face à l'Est, les bardes à l'Est, ovates et eubages au Sud ; tous sont en tenue de cérémonie. Sur la table devant le druide-officiant sont déposés la croix druidique en chêne, l'épée rituelle dans son fourreau de bois, la faucille, une bougie allumée et le Livre d'Or. Le druide-officiant ouvre la cérémonie en récitant, bras tendus, paumes tournées vers le ciel, la prière déjà citée :

— *Esprits Bienfaisants et Ames des Celtes...*

Le parrain ou instructeur du futur barde ou ovate fait à l'assemblée un rapport sur son disciple afin de justifier son avancement en grade. Pendant ce temps, à l'extérieur, le candidat, en saie simple, frappe quatre coups à la porte si la cérémonie a

lieu dans une maison, ou fait du bruit pour signaler son arrivée si la cérémonie a lieu dans la nature. Le Gardien demande alors :
— *Qui es-tu ?*
Le candidat répond :
— *Un Celte.*
Le Gardien :
— *Que veux-tu ?*
Le candidat :
— *Rejoindre mes Frères !*
Le Gardien :
— *Entre si tu as le cœur pur !*
Comme dans le cas du néophyte, le Gardien offre le feu, le pain, le sel et l'eau en disant :
— *Nous t'offrons, ô frère (sœur), le feu pour te réchauffer, le pain pour te réconforter, l'eau pour te désaltérer et le sel pour ton intelligence.*
Le candidat se chauffe les mains à la flamme, mange le pain saupoudré de sel et boit la coupe d'eau. Le Gardien continue :
— *Que la Lumière de Bélen t'éclaire, ô mon Frère (ma Sœur) ! Que demandes-tu ?*
Le candidat :
— *Vénéré Eubage* (Valeureux Barde, Sage Ovate. On dit *Sa Sérénité* à un druide), *peux-tu me conduire vers cette Lumière ?*
Le Gardien :
— *Je le puis.*
Le candidat :
— *Je demande à te suivre.*
Le Gardien :
— *Qui t'a conduit jusqu'ici ?*
Le candidat nomme son instructeur :
— *C'est le* (barde, ovate, eubage) *— N —.*
Le Gardien :
— *As-tu fortifié ton Ame ?*
Le candidat :
— *Oui !*
Le Gardien :
— *Alors, lève-toi et viens !*
La tête du candidat est voilée par le Gardien qui prend la bougie de la main droite et guide le candidat de la main gauche vers le cercle où il entre par le Nord jusqu'à la station des

bardes ou des ovates, selon le cas. C'est l'instructeur du candidat qui lui demande :
— *Qui es-tu ?*
Le candidat répond :
— *Le Celte — N — qui demande à voir la Lumière d'Occident.*
Le Gardien réplique :
— *C'est Bélen qui dispense la Lumière à ses druides, aux bardes et aux ovates.*
Le candidat :
— *Je demande respectueusement à Leurs Sérénités de me recevoir comme barde (ovate).*
Le druide-officiant :
— *Pourquoi, Celte — N —, veux-tu devenir barde (ovate) ?*
Le candidat doit formuler lui-même sa réponse. Les dignitaires peuvent poser des questions au candidat pour l'éprouver. Pour le cas où le candidat serait adepte d'une religion orientale, il ne peut être admis qu'après en avoir fait abjuration publique solennelle.
Le druide-officiant interroge l'assemblée :
— *Chers Frères et Sœurs, jugez-vous en votre cœur que le Celte — N — est digne d'être intronisé et de siéger parmi nous ?*
Les dignitaires votent en silence : à main levée pour répondre oui, en se croisant les bras pour répondre non. La règle étant l'unanimité, en cas d'opposition le candidat est reconduit à l'extérieur après qu'on lui a fait prêter serment de secret. L'opposant est alors prié d'expliquer son refus et l'intronisation peut éventuellement être remise à une date ultérieure. Le vote étant généralement acquis, le Gardien ôte le voile du candidat qui est conduit devant la table où se trouve le Livre d'Or qu'il devra signer de son sang prélevé au doigt d'une piqûre d'aiguille.
Le druide-officiant fait une allocution dans laquelle il explique que le nouvel initié est désormais « Frère par le sang » des autres initiés. Le nouveau barde ou ovate revêt les insignes de son rang, c'est-à-dire le rabat marqué du symbole de la Croix Druidique, le voile et le diadème (bandeau), puis il reçoit la triple accolade de tous. Son instructeur lui confie alors un secret correspondant à son degré d'avancement. A partir de ce moment le nouveau Frère a droit de participer à tous les travaux du Collège.

Commentaire sur le rite d'initiation d'un barde ou d'un ovate au Collège Druidique des Gaules

Ce rite d'initiation a la même structure que le rite d'admission d'un disciple, cependant deux éléments frappants interviennent ici, d'une part l'abjuration éventuelle de toute religion orientale, d'autre part le sceau du sang.

Dans le rite d'admission de disciple nous avions déjà remarqué la référence explicite au dieu Bélen sans qu'on ait toutefois demandé au candidat un acte de foi quelconque. Mais à présent, si aucun acte de foi spécifique n'est demandé, l'abjuration publique et solennelle de toute religion orientale est ici de rigueur. Cette fois l'engagement est très clair : il y a incompatibilité entre le Collège Druidique des Gaules et toute religion orientale. Pratiquement les grandes religions abrahamiques : judaïsme, christianisme et islamisme, sont donc incompatibles avec le druidisme du Collège des Gaules, de même que l'hindouisme, le bouddhisme, le lamaïsme et autres dénominations orientales. Même si cette disposition paraît choquante, il ne faut pas oublier que les religions exclues ici pratiquent le même ostracisme de leur côté. Cette règle n'est d'ailleurs pas strictement appliquée dans les faits, mais elle fut l'une des causes de l'éclatement du Collège en 1976 quand l'un des dignitaires fut « dénoncé » comme membre actif de l'Eglise Celtique, laquelle église, même celtique, pouvait bien être perçue par certains comme une secte orientale incompatible. Cela prouve que certains dignitaires du C.D.G. tenaient au respect des principes posés et n'hésitaient pas à s'affirmer les tenants contemporains de l'ancienne religion druidique.

Le sceau du sang, quant à lui, est ce qu'on pourrait appeler un rite fort. Il ne s'agit pas seulement d'une épreuve comme cela existe dans d'autres groupes initiatiques, mais bien d'un pacte de sang, ici avec le « dieu Bélen qui dispense la Lumière ». On comprend mieux dans ce cas que le C.D.G. demande une abjuration préalable. De toute façon, les religions visées n'accepteraient jamais qu'aucun de leurs adeptes puisse sans tomber sous le coup d'une excommunication majeure faire un pacte de sang avec le dieu celte Bélen.

Ajoutons que Bélen/*Belenos* est une appellation gauloise de Lug. En Irlande la fête de *Beltaine* (feu de Bel) avait lieu le 1ᵉʳ mai. C'était la fête des prêtres. En breton moderne on dit

encore *beleg* pour désigner un prêtre, même catholique romain !
Le mois de mai s'appelle toujours *Beltaine* en irlandais moderne
et la fête sacerdotale druidique est devenue la fête internationale
des travailleurs.

Intronisation d'un druide au Collège Druidique des Gaules

Pour devenir druide au C.D.G., il faut au préalable être barde ou ovate, puis eubage pendant au moins deux ans et totaliser neuf ans d'appartenance au Collège. L'âge requis est de trente ans. Il est nécessaire d'avoir fait la preuve, par sa vie et son comportement, de ses connaissances et de son niveau spirituel. La dignité de druide est conférée rituellement par le Grand-Druide lui-même, ou par son remplaçant dûment mandaté, le *Pendragon,* gardien des rites. L'accès à la dignité de druide est soumis à l'accord unanime des druides du Collège. Les femmes sont admises au même titre que les hommes. Seuls les druides peuvent assister à l'intronisation d'un druide. En voici le rite :

Le Grand-Druide :

— *C'est au Nom de l'Incréé, par le Seigneur Bélen, bien-aimé Frère — N —, et en vertu de cette autorité et de ce commandement que nous te demandons à présent et avec une charité sincère si, élevé à la fonction sacrée de Druide, tu en exerceras les pouvoirs exclusivement pour ce qui te semblera être le vrai Bien, mais sans préjudice pour qui ou quoi que ce soit du Collège Druidique des Gaules, dépôt sacré de nos Pères, et en abandonnant toute pensée de gloire personnelle.*

L'eubage, en saie et nu-tête, répond :

— *De tout mon cœur je m'efforcerai de le faire.*

Le Grand-Druide :

— *Promets-tu de placer autant qu'il te sera possible ton affection en les choses d'En-Haut et non dans celles de la Terre ?*

Le candidat :

— *Je le promets.*

Le Grand-Druide :

— *Promets-tu de te souvenir, avec l'aide des Grands-Etres, qu'en cette fonction à laquelle tu es appelé, tu auras le devoir absolu et devra avoir le souci constant de donner l'exemple d'une vie saine à tous ceux qui te seront confiés ?*

Le candidat :

— *Je le promets.*

Le Grand-Druide :

— *Promets-tu de garder précieusement, comme un dépôt sacré, le pouvoir qui te sera conféré, et t'engages-tu solennellement à user de prudence dans le choix de ceux à qui, au Nom de l'Incréé, tu conféreras, à ton tour, avec l'accord du Grand-Druide et du Pendragon, en unanimité avec l'assemblée des Druides, les trois degrés de pouvoir ?*

Le candidat :

— *Je le promets.*

Le Grand-Druide :

— *Promets-tu de te tenir constamment prêt à servir tous les hommes, autant que tu en es capable, te souvenant que le plus noble titre d'un Druide est « Serviteur de ses Frères » ?*

Le candidat :

— *Je le promets.*

Le Grand-Druide :

— *Que nos Grands-Etres te gardent, Frère bien-aimé, et qu'Ils te fortifient dans ta dignité !*

Le candidat :

— *Amen !*

Le Grand-Druide trace alors la Croix Druidique au-dessus de la tête de l'initié et lui trace du pouce le *Tribann* sur le front puis sur le plexus solaire en disant :

— *Au Nom de l'Incréé, nous Vous prions, Esprits Bienfaisants, d'accomplir en Sa Sérénité notre Frère — N — ce qui est symbolisé par ce signe invisible, afin que sa vertu puisse rayonner dans sa vie et dans ses actes.*

« *Faites que par ses paroles et par son exemple, il serve utilement et avec amour ceux qui se réuniront sous sa direction, afin qu'il les fasse croître sans cesse en la connaissance des vrais Mystères.* »

L'initié répond :

— *Amen !*

Le Grand-Druide coiffe le nouveau druide du bandeau et du voile blanc et fait le geste de lui ouvrir la bouche en disant :

— *Tu pourras maintenant enseigner, en toute responsabilité propre, ce que tu jugeras bon d'enseigner à ceux que tu jugeras en toute conscience dignes de recevoir cet enseignement. La responsabilité de toute divulgation devient tienne : tu es délié du secret !*

Le Grand-Druide continue en imposant les mains sur la tête de l'initié en disant :

— *Moi, — N —* (il donne ici clairement ses noms, titres et fonctions) *j'élève devant tous les Celtes Sa Sérénité — N — à la dignité de Druide du Collège Druidique des Gaules.*

« *Que la Bénédiction soit sur lui !*

Le Grand-Druide donne l'accolade au nouveau druide, après quoi il récite la grande prière des Druides que tous répètent vers par vers :

— *Donne-nous, ô Dieu, Ton Appui,*
— *Et avec Ton Appui, la Force,*
— *Et avec la Force, la Compréhension,*
— *Et avec la Compréhension, la Science,*
— *Et avec la Science, la Science de ce qui est juste,*
— *Et avec la Science de ce qui est juste, le pouvoir de l'aimer,*
— *Et en l'aimant, l'Amour de toute chose vivante,*
— *Et en toute chose vivante, l'Amour de Dieu,*
— *De Dieu et de tout Bien !*
— *Amen.*

Le Grand-Druide termine la cérémonie en disant :

— *Que la Paix soit sur toute la Terre !*
— *Que la Paix soit en Celtique !*
— *Que la Paix soit sur la Gaule !*
— *Que la Paix soit en nous et sur nous !*

Et tous répondent :
— *Amen !*

Commentaire pour le rite d'intronisation d'un druide au C.D.G.

On voit combien le C.D.G. qui se revendique des traditions et filiations galloises et bretonnes par le premier Grand-Druide contemporain des Gaules, Philéas Lebesgue (1869-1958), s'est distingué de ses origines pour devenir, si l'on en croit ses rites initiatiques, un groupement à caractère religieux néo-païen. Il est certain que le druidisme gaulois pratiqué dans un contexte différent de celui de Pays Celtiques aussi fortement caractérisés que le Pays de Galles, la Cornouaille britannique et la Bretagne, ne pouvait se contenter de maintenir la foi dans le retour mythique du Roi Arthur, avec les implications nationalistes que cela suppose, ou de cultiver le gaulois, langue celtique pratiquement disparue et qu'on ne connaît d'ailleurs pas suffisamment. C'est pourquoi le C.D.G. qui n'était bridé ni par un environnement protestant, ni par un environnement catholique romain prédominant, comme c'est le cas respectivement au Pays de Galles et en Bretagne, pouvait laisser libre cours à sa recherche orientée vers un retour aux sources des traditions et de la religion occidentales. Dans le contexte du Collège Druidique des Gaules, l'invasion romaine de la Gaule pouvait bien être considérée comme une sorte de génocide qui aboutit à l'extermination de l'ancienne religion druidique et de ses prêtres, les druides, massacrés par les légions romaines, génocide qui allait préparer le terrain aux missionnaires judéo-chrétiens qui suivraient les légionnaires de l'occupation romaine.

Le retour à l'authenticité « gauloise » ne pourrait donc passer que par le rejet de tout ce qui est romain et judéo-chrétien. Cette idéologie est partagée et développée par des mouvements qui, sans être à caractère initiatique, œuvrent parallèlement au Collège Druidique des Gaules, tels *La Septième Aurore*, fondée en 1965 pour la renaissance de la civilisation celtique, ou le *Front de Libération des Gaules* (F.L.G.) fondé en 1979, sans oublier des sociétés savantes comme la *Société de Mythologie Française* fondée en 1950.

Le Collège Druidique des Gaules célèbre certaines des fêtes celtiques traditionnelles à savoir :

— la fête de *Samain*, le 1er novembre, fin et début de l'année celtique, le *Samonios* gaulois du calendrier de Coligny ;

— la *Modra Necht* ou fête du gui, au solstice d'hiver, le 22 décembre ;

— l'équinoxe de printemps, le 20 ou 21 mars ;

— la fête du feu au solstice d'été ;

— la fête du chêne, à l'équinoxe d'automne, le 22 septembre.

Le Collège Druidique des Gaules dispose en outre de rites pour la vie courante, dont un rite de mariage, et même des rites particuliers d'exorcisme ou pour l'obtention de la pluie ou du beau temps. Cette richesse cultuelle du C.D.G. s'oppose aux options essentiellement culturelles des *Gorseddau* principalement cantonnées dans la défense des langues celtiques.

CHAPITRE TROISIÈME

RITES DES TROIS *GORSEDDAU*

Dans le cercle de pierres

Bien qu'autonomes pour leurs affaires intérieures, les *Gorseddau* de Cornouaille et de Bretagne font allégeance à la *Gorsedd* galloise dirigée par l'Archidruide. La *Gorsedd* de Bretagne est présidée par un Grand-Druide et celle de Cornouaille par un Grand-Barde. Les cérémonies sont pratiquement identiques pour les trois *gorseddau* avec cette différence toutefois que la *Gorsedd* galloise siège en même temps que l'*Eisteddfod* nationale, concours littéraire et artistique gallois qui dure une semaine au début du mois d'août de chaque année, la *Gorsedd* faisant office de jury, délivrant les prix, couronnant les bardes, attribuant les chaires.

Pour les trois groupes la cérémonie doit se tenir en plein air « à la face du soleil, œil de Lumière », dans un cercle de pierres, après avoir invoqué la protection de Dieu et Sa Paix. Les *gorseddau* utilisent le même symbole, le *Tribann* ∕❘∖. Chaque rayon représente un attribut divin : Amour, Justice et Vérité. Le *Tribann* s'appelle en gallois *Y nôd Cyfrin*, c'est-à-dire « le Signe Mystique ». On dit aussi « la marque des rayons de lumière » ou « les trois rais de lumière ». Les Bretons disent aussi « les Trois Cris de Lumière ». L'explication en fut donnée par Iolo Morganwg, le restaurateur du druidisme gallois en 1792, en ces termes :

« Au commencement : Dieu. Et Dieu en vocalisant son Nom dit ∕❘∖ et avec le Verbe, tous les mondes jaillirent à l'existence, chantant \|/ dans une extase de joie et répétant le Nom de la Divinité. »

Ce symbole est matérialisé dans le cercle de pierres par la disposition des trois pierres de l'entrée par rapport à la pierre centrale appelée *Maen Log* ou « pierre du pacte ». L'une marque le lever du soleil au solstice d'été ; celle du milieu marque le point cardinal de l'Est ; l'autre marque le lever du soleil au solstice d'hiver.

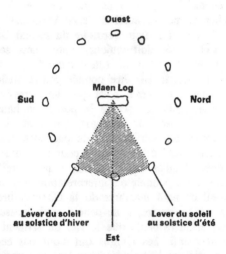

La partie délimitée ainsi à l'intérieur du cercle est la plus sacrée. C'est là que sera prêté le serment des druides, « entre les pierres du serment ». Cette forme n'est pas sans rappeler la « patte d'oie » « des Pédauques » ↑ ou encore le « Delta Lumineux » de la Franc-Maçonnerie △.

Le rite gallois comporte l'offrande de la *Hirlas Horn* et de l'*Aberthged*. La *Hirlas Horn* est une corne à boire contenant du vin de bienvenue. Elle est présentée solennellement à l'Archi-druide par une jeune femme du lieu où se déroule l'*Eisteddfod*, en signe d'hospitalité. Cela ne manque pas de faire penser aux *conhospitae* des antiques chrétientés celtiques, chargées à l'autel du service du vin. L'*Aberthged* est une gerbe de blé et de fleurs sauvages présentée par une jeune fille accompagnée d'un groupe de jeunes danseuses qui exécutent la « danse des fleurs ». Cette danse florale avec offrande des fruits de la terre se retrouve dans le rite cornouaillais mais pas dans le rite breton où il y aura l'offrande et la distribution du gui qui n'ont pas lieu dans les deux autres *Gorseddau*.

Les chants et les danses sont accompagnés à la harpe, considérée comme l'instrument bardique par excellence.

Le souvenir du Roi Arthur apparaît dans les trois rites avec le port de « l'épée d'Arthur », appelée au Pays de Galles : « la Grande Epée », *Kaledvoulc'h* en Bretagne et *Excalibur* en Cornouaille. *Kaledvoulc'h* signifie « entame dur » en breton (on ne peut s'empêcher de penser aussi à l'épée Durandal de la *Chanson de Roland*). Ce fut le nom bardique du second Grand-Druide de Bretagne. Cette épée doit toujours rester dans son fourreau. Elle ne peut en sortir qu'à demi. Elle est portée la pointe dirigée vers le sol et ne doit jamais être pointée contre quelqu'un, pour bien signifier que cette arme n'est pas ici agressive. En Cornouaille, cependant, elle est portée la pointe en haut mais toujours gainée. La *Gorsedd* de Bretagne, qui a dû, à un certain moment, comporter un bon nombre de pacifistes, insiste sur cet aspect en affirmant qu'il est « tabou » pour un druide de toucher le fer d'une épée et qu'en cas de conflit, il ne devrait pas porter les armes. Ceci correspondait à l'interprétation des dirigeants du *Poellgor* (conseil de neuf membres de la *Gorsedd* bretonne) prétendant qu'en cas de guerre, il ne peut y avoir d'assemblée druidique pour la raison évidente que le rite du serment de la Paix ne peut être accompli. Les Gallois qui n'ont pas ces scrupules, continuèrent à célébrer l'*Eisteddfod* pendant les guerres de 14-18 et de 39-45. L'*Eisteddfod* de 1940 eut lieu au moment de l'encerclement des Alliés dans la « poche de Dunkerque ». Comme le lieu prévu au Pays de Galles pour l'*Eisteddfod* était considéré par les autorités britanniques comme une cible éventuelle de bombardement ennemi, l'assemblée publique ne fut pas autorisée. C'est alors qu'on pensa faire l'*Eisteddfod* tout bonnement devant les micros de la radio au studio de la B.B.C. de Bangor (Pays de Galles du Nord). Ainsi les Gallois purent suivre, pour la première fois, à la radio, et intégralement, leur festival national, même si certains d'entre eux étaient alors « en *week-end* » quelque part sur les dunes de Zuydecoote ! Mme Le Roux et M. Guyonvarc'h ont montré que les druides historiques n'étaient sujets d'aucun interdit ; par conséquent, il ne leur était pas défendu de combattre en cas de nécessité. On trouve constamment dans les textes irlandais des druides armés, voire batailleurs. Il faut croire que le pittoresque « archidruide » William Price de Llantrisant l'avait bien compris, lui qui paradait en druide avec une longue épée au côté.

En ce qui concerne les trois titres de druide, barde ou ovate, la *Gorsedd* galloise les donne comme trois « ordres ». Pour être ovate gallois, il faut être poète, écrivain ou musicien et passer avec succès, en langue galloise bien entendu, les deux premiers niveaux des épreuves de la *Gorsedd*. D'abord réservés aux poètes et musiciens, les concours ont été élargis aux artistes en tous genres. Ainsi les joueurs de rugby sont admis, pourvu qu'ils parlent le gallois ! On peut aussi, dans des cas particuliers, recevoir le grade d'ovate à titre honorifique, même si on ne parle pas le gallois. Ce fut le cas de la Reine Elisabeth II et de diverses hautes personnalités.

Pour devenir barde, il faut être déjà ovate et passer l'épreuve de troisième niveau en gallois.

Quant à l'ordre des druides à proprement parler, il est très fermé et ne se recrute que par cooptation parmi ceux qui se sont distingués sur le plan culturel au service de la nation galloise. Les druides qui, en tenue de cérémonie, portent une couronne de laurier sur la tête sont des bardes devenus druides après avoir gagné une couronne ou une chaire lors d'une *Eisteddfod* antérieure. Il est de règle d'élire l'archidruide parmi eux.

En Bretagne, il n'y a pas de concours lié à la *Gorsedd*, donc pas d'examen à passer pour devenir membre, bien qu'il en ait souvent été question. On est admis par parrainage d'un membre actif. Toutefois il y a des limites d'âge. Il faut avoir au moins vingt-cinq ans pour être admis barde ou ovate, et quarante ans pour devenir druide. La connaissance de la langue bretonne est de règle, mais les non-bretonnants peuvent être admis à titre honoraire et, dans ce cas, ils ne portent pas le voile dans le cercle. Contrairement au Pays de Galles, en Bretagne les titres de barde, ovate et druide ne sont pas regardés comme des grades mais plutôt comme des correspondances de fonctions par assimilation aux trois classes sociales celtiques de l'Antiquité des druides-prêtres, des guerriers et des hommes de fécondité, en fait : le clergé, la noblesse et le tiers-état. En conséquence un ecclésiastique sera admis comme druide ; un militaire sera barde ; un ouvrier, commerçant ou artisan sera ovate. Ainsi l'évêque celte Iltud qui avait d'abord été reçu comme barde à la *Gorsedd* de

Saint-Malo de 1960 fut « reconnu » en tant que druide à la *Gorsedd* de Paimpont de 1964 eu égard à son rang ecclésial et en dépit du fait qu'il n'avait pas encore les quarante ans exigés.

Outre ce classement, on considère l'ordre des druides comme convenant particulièrement aux sages, aux philosophes, aux éducateurs ; l'ordre des bardes aux poètes, écrivains et artistes et l'ordre des ovates aux ingénieurs, médecins, pharmaciens.

« *Régalia* »

La tenue de cérémonie des membres de la *Gorsedd* galloise est une longue et ample robe avec une sorte de petit plaid sur les épaules et un voile sur la tête pendant largement par derrière jusqu'à la taille. L'ensemble est de teinte unie : verte pour les ovates, bleue pour les bardes et blanche pour les druides. L'archidruide ne porte pas de voile mais une sorte de bonnet entouré d'une couronne de feuilles de chêne en bronze et surmonté d'un *Tribann*. La robe de l'archidruide est de satin mordoré avec le col, les poignets et le bas passementés d'or. Il ne porte pas de plaid mais une sorte de manteau ainsi qu'une longue étole brodée et frangée d'or. L'archidruide a la poitrine décorée d'un énorme pectoral en vermeil directement inspiré d'une aquatinte coloriée intitulée « Un Archidruide en tenue de juge » extraite d'un ouvrage romantique du siècle dernier de Meyrick et Smith.

L'archidruide gallois tient en main un sceptre terminé par une boule de cristal de forme ovoïde, non pour y lire l'avenir... mais en signe d'autorité. Il porte au doigt une bague-cachet avec le sceau de la *Gorsedd*. Chaque officier porte au cou, au bout d'une chaîne d'argent, un bijou rehaussé d'émail, insigne de sa fonction. Le barde-héraut tient un bâton en bois de chêne décoré de feuilles de chêne et de feuilles de gui en bronze.

Le « Grande Epée » du Roi Arthur est portée devant l'archidruide au cours de ses déplacements rituels. Elle est utilisée à chaque ouverture et à chaque clôture de cérémonie, ainsi que pour le couronnement ou l'intronisation d'un barde.

Le « Glaive Brisé » est un glaive découpé par la moitié dans le sens de la longueur. Une moitié est en possession de la *Gorsedd* galloise et l'autre de la *Gorsedd* bretonne. A chaque fois qu'un délégué de l'autre *Gorsedd* assiste à une assemblée, que ce soit en

Bretagne avec un druide gallois, ou au Pays de Galles ou en Cornouaille avec un druide breton, cela donne lieu à la cérémonie de la « réunion du glaive brisé », pour rappeler à la fois l'unité des peuples Celtes frères par-delà la mer et la souveraineté du Roi Arthur sur les deux Bretagnes.

Si nous comparons cette « régalia » moderne druidique à ce que nous savons des druides historiques, nous sommes tout de suite frappés, devant un tel déploiement d'imagination, par l'absence d'un objet familier, tout au moins aux Français dès qu'on parle de druides, à savoir la faucille d'or, pour la cueillette du gui. Cette faucille a sa place dans le rituel du Collège Druidique des Gaules, mais pas au Pays de Galles où le gui n'est représenté que sur des motifs décoratifs.

Historiquement c'est la couleur blanche qui semble la couleur de prédilection des druides, ce qui est corroboré par les récits irlandais où les druides sont toujours dépeints comme vêtus de vêtements blancs, portant de belles tuniques très blanches, un manteau blanc brillant. Nous avons même une curieuse description de la robe d'un druide ayant le titre de « docteur » dans le « Dialogue des deux sages » tiré du *Book of Leinster* traduit et cité par F. Le Roux et Ch.-J. Guyonvarc'h dans *Les Druides* :

« Il alla s'asseoir sur la chaise du docteur et il mit sa robe. Cette robe avait trois couleurs, à savoir de plumes d'oiseaux brillantes au milieu ; une averse de bronze blanc à la partie inférieure, vers l'extérieur ; et la couleur de l'or à la partie supérieure. »

On pense qu'il s'agissait là de la description de la robe du chef des *filid* d'Ulster puisque, dans le récit, telle est l'ambition de celui qui la porte.

Toutefois le texte de Tacite (*Annales* : XIV-29) sur la prise de Mona précise que les femmes étaient vêtues de noir. Mais on ignore si ces femmes étaient des druidesses ou si la couleur noire ne correspondait pas à une tenue de guerre ou d'incantation maléfique contre les Romains. Dans le « Dialogue des deux sages » il est fait aussi mention des « branches » de bronze, d'argent ou d'or sur la tête des *filid* selon leur rang. Ceci ne manque pas de faire penser à la couronne de chêne, de bronze, de l'archidruide du Pays de Galles, mais aussi aux « Palmes Académiques » françaises, Ordre institué par Napoléon Ier et destiné particulièrement aux enseignants, écrivains et artistes.

Le druide-historien d'Ulster, Sencha le Grand, portait une épée au pommeau d'argent et une baguette de bronze à l'épaule. La baguette des druides peut être de coudrier, de bronze, d'argent ou d'or. Il n'est pas fait mention de boule de cristal. Mais la boule de cristal de l'archidruide gallois a la forme d'un œuf. N'est-ce pas une réminiscence de « l'œuf des druides », en fait l'oursin fossile, symbole cosmique ?

Influences chrétiennes.

Une impression certaine ressort de la description des vêtements et objets rituels (régalia) de la *Gorsedd* galloise, c'est qu'on semble y avoir été influencé par le modèle de la hiérarchie catholique, voire orthodoxe.

Le terme « archidruide » n'est pas un mot historique. Il est tout bonnement décalqué du mot « archevêque ». L'archidruide gallois ne porte-t-il pas au doigt un anneau, tout comme l'anneau pastoral d'un évêque ? Il porte aussi une couronne de feuilles de chêne que l'on peut assimiler à la mitre orientale des évêques orthodoxes, mitre appelée « couronne ». L'archidruide porte une étole, n'est-ce pas un ornement sacerdotal ? Il tient en main un sceptre qui peut rappeler la crosse de l'évêque, mais aussi le sceptre d'un roi. Quant à la plaque sur la poitrine de l'archidruide, ne fait-elle pas penser au pectoral du Grand-Prêtre, souverain sacrificateur des Hébreux au Temple de Jérusalem (*Exode,* 28:15) ?

Les grades d'ovate, barde et druide ont été trop souvent comparés aux degrés de sous-diacre, diacre et prêtre du sacerdoce chrétien. Un grand-druide serait assimilé à un évêque et un archidruide à un archevêque. Comment expliquer de telles assimilations ?

Les plus actifs des druides gallois sont presque toujours des pasteurs protestants de dénominations non-épiscopaliennes, non-conformistes (baptistes, méthodistes...) qui prédominent au Pays de Galles, c'est-à-dire les groupes chrétiens dans lesquels précisément il n'y a pas d'évêques, pas de liturgies solennelles, peu ou pas du tout de décorations dans des temples marqués par un puritanisme strict et froid. Le résultat, c'est que le peuple gallois s'est réfugié dans « la parole » à l'exemple de ses pasteurs. Ceci explique le développement spectaculaire de l'art oratoire chez les Gallois, de la poésie et du chant choral, en langue galloise de préférence, alors que la danse était condamnée par le clergé. Lorsque

Signe du « Tribann » gravé sur une pierre au pied de la colline du Tor à Glastonbury.

Plaque commémorative de la fondation de la Gorsedd de Bretagne à Guingamp. On peut lire, sous le signe du Tribann, en breton :
La Vérité à la face du Monde !
Ici dans la maison de la Veuve Le Falc'her,
le 1er septembre 1900,
sous l'égide de
la Gorsedd des Bardes de l'Ile de Bretagne,
a été fondée
la Gorsedd des Bardes de la Presqu'Ile de Bretagne
pour maintenir vivants
et le Pays et la langue bretonne.
20.VIII.1976.

Initiation druidique à Carnac au milieu des alignements mégalithiques.

La procession du gui à la Gorsedd de Bretagne.

La procession des druides un jour de Gorsedd : l'entrée dans le cercle.

Emvod de la Confraternité philosophique des druides :
Deux druides précèdent le Porte-Glaive.

Emvod de la Confraternité philosophique des druides :
à gauche sont placées les *Korriganed* ou femmes consacrées.

Cérémonie incantatoire à l'issue de l'Emvod. Il s'agissait en fait d'empêcher par exécration, l'implantation d'une centrale atomique sur ce site. Moins d'un an plus tard le projet de centrale visé était effectivement abandonné.

la *Gorsedd* fut restaurée, ou inventée de toutes pièces, peu importe, par Iolo Morganwg, les pasteurs gallois qui organisaient déjà entre eux des concours de prédicateurs, allaient être les premiers à s'engouffrer dans cette association qui constituait une sorte d'échappatoire de leur cadre écclésiastique austère imposé. Toutefois ils ne pouvaient pas aller trop loin, car le druidisme était, qu'on le veuille ou non, une ancienne religion païenne que nos braves pasteurs furent bien obligés de christianiser s'ils ne voulaient pas risquer les foudres de l'excommunication de leurs églises. C'est la raison pour laquelle les réminiscences chrétiennes sont évidentes en dépit des protestations de vague neutralité théiste de la *Gorsedd*. A titre de preuve de ce que nous avançons nous pouvons citer ce passage caractéristique du rite d'intronisation de l'archidruide du Pays de Galles :

« Prions le Seigneur Tout Puissant dans Sa Bonté Providentielle de te guider comme Archidruide de Galles et de bénir ta fonction pour le Pays, par Jésus-Christ Notre Seigneur. Amen ! »

Voici enfin l'aveu du défunt Archidruide Cynan (1963-1966), lui-même pasteur méthodiste :

« Je ne crois pas à l'antiquité druidique de la *Gorsedd*, mais je crois en ce que symbolise ce mythe imagé : la riche et splendide tradition du bardisme gallois dont on peut trouver trace aussi anciennement qu'au sixième siècle.
Je crois à la *Gorsedd* à cause de sa loyauté inconditionnelle envers la langue galloise.
Je crois à la *Gorsedd* en raison de l'encouragement qu'elle a donné à la jeunesse de Galles en l'amenant à étudier notre littérature originelle, notre musique et notre histoire.
Finalement, je crois à la *Gorsedd* des Bardes parce que, dans un Pays si privé de pompe, elle lui donne cet élément de drame, de cou'eur et de symbolisme vers lequel aspirent la plupart des Gallois. »

L'Archidruide Cynan, Sir Cynan Evan Jones, qui nous fit l'honneur de nous recevoir en sa résidence de Menai-Bridge (île de Mona-Anglesey) et de nous confier ses sentiments, est décédé fin janvier 1970. C'est le seul archidruide gallois à avoir été réélu comme archidruide une seconde fois (1950-1954 et 1963-1966). Non seulement il était pasteur méthodiste mais aussi un excellent metteur en scène de théâtre et acteur, sans parler de ses dons d'écrivain et de poète qui lui valurent trois couronnes et un trône aux concours de poésie galloise. C'est son sens du décorum et son expérience théâtrale qui lui permirent de conférer aux cérémonies de la *Gorsedd* cette dignité qui les caractérise depuis qu'il y a apporté quelques aménagements.

Que des pasteurs protestants privés de pompe dans leurs temples austères aient trouvé un exutoire dans le néo-druidisme gallois est une interprétation corroborée par le constat d'une participation massive de pasteurs gallois à la *Gorsedd* d'une part, et, d'autre part, par le fait que sur les dix-neuf derniers archidruides il y en eut quatorze qui étaient des pasteurs de diverses dénominations non-épiscopaliennes (indépendantes, calvinistes, méthodistes, congrégationalistes, baptistes, presbytériennes, wesleyennes...). Le peuple gallois a été très marqué par les différentes églises protestantes puritaines qui l'encadrent depuis la Réforme. Il était donc évident que la *Gorsedd* galloise allait aussi être marquée d'une empreinte chrétienne certaine et que ses responsables pasteurs protestants éviteraient bien sagement toute réminiscence païenne dans leurs néo-rites druidiques.

Nous verrons plus loin que s'il en est sans doute de même pour ce qui est de la *Gorsedd* de Cornouaille, notre opinion sera plus nuancée en ce qui concerne la *Gorsedd* bretonne.

CHAPITRE QUATRIÈME

RITE DE LA *GORSEDD* DE BRETAGNE

Préliminaires

Le rite de la *Gorsedd* de Bretagne est célébré en langue bretonne avec quelques passages en langue galloise ou en cornique. La description des cérémonies de la *Gorsedd* de Bretagne nous a été facilitée par la petite brochure *Lidou meur Gorsedd Breizh : rituel du Gorsedd.* Nantes : Gorsedd, 1958, 36 p., version en breton et en français dont nous avons adapté la traduction française en fonction de notre propre expérience de participation à plusieurs assemblées druidiques bretonnes.

La cérémonie doit avoir lieu entre le lever du soleil et son zénith, c'est-à-dire avant midi, généralement vers dix heures du matin. Les membres de la *Gorsedd* se réunissent dans une salle servant de vestiaire où chacun revêt sa tenue de cérémonie, essentiellement la saie, le voile et le bandeau de velours noir frappé du *Tribann* doré. Les druides sont en blanc, les bardes en bleu, les ovates en vert. On demande à ce que les chaussettes et chaussures soient blanches. Quelques jeunes membres de la confrérie, pensant ainsi, à juste titre d'ailleurs, renouer le contact avec la terre des ancêtres, défileront pieds nus. C'est à partir du vestiaire que la procession se déroulera jusqu'au cercle de pierres de la cérémonie. Généralement, en tête, un porte-drapeau brandit à bout de bras, à la mode bretonne, un *Gwenn-ha-Du* (c'est ainsi qu'on appelle le drapeau breton (blanc et noir) créé avant la dernière guerre par Morvan Marchal à partir des armes de la ville de Rennes) tandis que des sonneurs de biniou et de bombarde font entendre des airs celtiques. Les porteurs de gui sont des jeunes gens et des jeunes filles en costumes bretons qui tiennent par les quatre coins un drap de lin blanc garni de gui. A défaut de jeunes gens en costumes traditionnels, ce sont les plus jeunes des membres de la *Gorsedd* qui portent le gui. Malheureusement, comme les cérémonies de la *Gorsedd* ont lieu plutôt vers l'été, le gui n'est pas porteur à cette époque de l'année de ses boules blanches caractéristiques. Evidemment il conviendrait d'avoir cueilli rituellement, le sixième jour de la lune, comme nous l'a rapporté Pline l'Ancien, du gui poussant sur un chêne. En fait, le gui est cueilli juste avant la cérémonie sur l'arbre le plus proche sans rite ni faucille d'or... La bannière de la *Gorsedd* est portée derrière le gui. Viennent ensuite les candidats, soit à titre de membres d'honneur, soit à titre de membres actifs. Ils sont nu-têtes mais en saies. Suivent les délégués des autres *Gorseddau* de Galles ou de Cornouaille. Derrière les délégués viennent les porteurs du « glaive brisé », un Gallois ou un Cornouaillais et un Breton, chacun sa moitié. L'épée est pointée vers le sol. Les ovates, bardes et druides défilent ensuite, éventuellement suivis de la porteuse de corne d'abondance et de la harpiste. Les membres du *Poellgor* (le conseil) accompagnent le Barde-Héraut et le Grand-Druide. Enfin la procession est fermée par le Porte-Glaive qui tient l'épée gainée du Roi Arthur sur l'épaule droite, la poignée vers l'arrière.

Arrivés à proximité du cercle de pierres, les sonneurs se rangent de part et d'autre de l'entrée pour former une haie d'honneur. Tous les participants font de même, de sorte que le Grand-Druide s'avancera le premier dans le cercle suivi du Porte-Glaive puis du Barde-Héraut. Le Grand-Druide va directement se placer au pied de la pierre centrale dite *Maen Log*, et fait face à l'Est. Les autres membres entrent dans le cercle, dans le sens solaire, et prennent leurs places respectives :

— le Glaive d'Arthur derrière le *Maen Log*, à l'Ouest, faisant face à l'Est ;

— le Barde-Héraut, au pied du *Maen Log*, côté Nord ;

— les membres du *Poellgor* à l'Ouest, derrière le Glaive d'Arthur ;

— les harpistes, s'il y a lieu, de part et d'autre du *Maen Log* ;

— la porteuse de corne d'abondance, s'il y en a une, restera à l'entrée du cercle, vis-à-vis du Grand-Druide ;
— les druides sont placés à l'Ouest autour de la bannière ;
— les bardes au Sud ;
— les ovates au Nord ;
— les délégués des *Gorseddau* restent à l'entrée, ainsi que les candidats à l'initiation, hors du cercle et dans l'ordre : druides, bardes et ovates.

Le gui est déposé à l'entrée du cercle, dans son drap de lin.

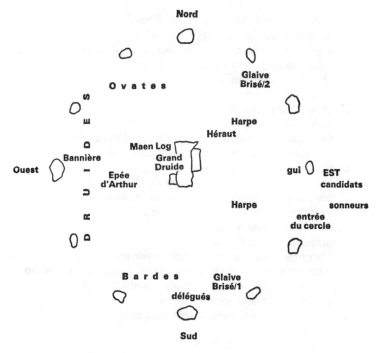

Disposition du cercle de pierres et des participants pour la Gorsedd des Druides de Bretagne :

L'accueil des délégués d'Outre-Manche

La cérémonie commence par l'accueil des délégués de Grande-Bretagne. Le Grand-Druide, au pied du *Maen Log* fait un signe d'accueil aux délégués qui s'approchent. Le dialogue qui suit a lieu en gallois et en cornique.

Le Grand-Druide de Bretagne s'adresse aux délégués en disant :
— *Un navire a traversé les grandes vagues*
de Grande jusqu'en Petite Bretagne, à l'aube.
Nous direz-vous, braves marins,
qui vous êtes et pourquoi vous êtes venus jusqu'ici ?
Le Chef de la délégation galloise répond :
— *Nous sommes les Bretons du Pays de Galles*
et nous avons traversé la mer pour vous rencontrer !
Le second délégué du Pays de Galles ajoute :
— *Salut à toi, aimable Rossignol* [1],
Salut à l'Armorique, fin de la Terre !
Le Grand-Druide de Bretagne répond :
— *Soyez les bienvenus, Frères, bienvenue à vous.*
Nous sommes, nous aussi, des Bretons !
Le Chef de la délégation galloise :
— *Nos pères étaient vos pères,*
et nos mères furent vos mères !
Le Grand-Druide de Bretagne continue :
— *Célébrons en chantant cette réunion d'aujourd'hui,*
célébrons nos aïeux par un chant de gloire !
Le délégué de Cornouaille intervient :
— *Nos aïeux devant lesquels trembla César,*
ceux-là qui redonnèrent courage au monde,
confrères, chantons un chant joyeux,
au drapeau noir et au vert !
Le Grand-Druide de Bretagne :
— *Chantons ceux qui moururent à travers les siècles,*
pour notre Dieu, notre patrie, notre langue et nos terres,
qui répandirent leur sang en des combats cruels,
et dont les noms sont immortels !
Tous, Bretons et délégués, disent ensemble :
— *Que la terre entière les voie*
répandre sur nous leurs bénédictions !
Le Grand-Druide de Bretagne invite le délégué du Pays de Galles :
— *Sois le bienvenu, mon Frère,*
et gravis avec moi les degrés du Maen Log.

---

1. Le IVe Grand-Druide de Bretagne portait le nom druidique d'Eostig Sarzhaw, ce qui signifie : « le Rossignol de Sarzeau ».

Ouverture de la Gorsedd

Une fois monté sur le *Maen Log*, le Grand-Druide, face au soleil, proclame :
— *Gorsedd des Druides, Bardes et Ovates de Bretagne :*
la Vérité à la face du Monde,
Dieu et toute bonté !

Le sonneur de cor gravit alors les deux premiers degrés du *Maen Log* et lance un appel prolongé. Au même moment un sonneur joue du biniou en se tournant vers les quatre points cardinaux. Il commence par l'Est, puis se tourne vers le Sud ; à ce moment les bardes font deux pas en direction du *Maen Log*. Il se tourne vers l'Ouest et les druides font également deux pas vers le *Maen Log*. Enfin il se tourne vers le Nord et les ovates s'avancent de deux pas vers le *Maen Log*. Après quoi le Grand-Druide annonce :
— *La Gorsedd de l'année 19.. est ouverte.*
Elle est placée sous le patronage de — N —.

Le Serment de la Paix

Quand le *Maen Log* est assez large, le Barde-Héraut et le Porte-Glaive montent aux côtés du Grand-Druide. Sinon, le Porte-Glaive, en se déplaçant toujours dans le sens solaire, vient se placer au pied du *Maen Log*, vis-à-vis du Barde-Héraut. Le Porte-Glaive tend l'épée, par le fourreau, au Barde-Héraut qui en saisit la poignée. Tandis que le Porte-Glaive tient toujours le fourreau, le Barde-Héraut dégaine l'épée d'environ un tiers et le Grand-Druide s'écrie alors :
— *La Vérité à la face du Monde !*
et il ajoute cette question :
— *Y a-t-il la Paix ?*

Tous les participants dans le cercle tendent le bras droit dans la direction de l'épée et répondent en chœur :
— *Il y a la Paix !*

Le Grand-Druide reprend :
— *Sous le Soleil, Œil de Lumière,*
y a-t-il la Paix ?

Tous répondent à nouveau en tendant le bras droit :
— *Il y a la Paix !*

Le Grand-Druide pour la troisième fois demande :
— *Dieu et toute bonté,*
    y a-t-il la Paix ?
Tous répondent de même, la main droite tendue vers le glaive :
— *Il y a la Paix !*
Le Barde-Héraut repousse alors l'épée d'Arthur dans son fourreau. Le Porte-Glaive redresse l'épée sur son épaule et retourne à sa place derrière le *Maen Log* en passant par le Sud, toujours dans le sens du soleil.

La Prière de la Gorsedd

La Prière de la *Gorsedd* est alors chantée, vers par vers, par le Grand-Druide, et l'assemblée reprend chaque vers en chœur :
— *Dieu, donne-nous Ton appui,*
— *et avec Ton appui la Force,*
— *et avec la Force, la Compréhension,*
— *et avec la Compréhension, le Savoir,*
— *et avec le Savoir, la Science de la Justice,*
— *et avec la Science de la Justice, son Amour.*
— *et avec son Amour, l'Amour de toute chose Vivante,*
— *et en toute chose Vivante, l'Amour de Dieu.*
— *de Dieu et de toute Bonté !*

Dalc'h sonj, Souviens-toi

On enchaîne aussitôt avec le chant *Dalc'h sonj o Breizh izel* dont les paroles bretonnes et françaises sont du Grand-Druide Taldir :
1 — *Souviens-toi, ô ma Bretagne,*
    Du temps où tu étais encore fière de toi.
    Quand tes fils pouvaient aller en paix
    La tête haute et l'esprit sans crainte ;
    Avant que tu n'aies été liée sans défense
    Au pied rude du vainqueur,
    Et, attachée à jamais à son char doré
    A tes pieds si tendres, une chaîne !
2 — *Souviens-toi, ô Bretagne, des anciens*
    Qui ont bercé ton enfance
    Dans chaque vallée et à la crête de chaque mont
    Tu entendras leurs voix dans le vent

> *Car les vents qui soufflent sur tes plaines*
> *Portent les âmes des Bretons*
> *Qui te d'sent dans leurs plaintes :*
> *Souviens-toi du temps passé !*
>
> 3 — *Souviens-toi, ô Bretagne, de Morvan,*
> *De Nominoé, le Maître incomparable,*
> *De tes rois, du Prince Alain*
> *Et de tes Saints qui ont conquis tes territoires,*
> *Des bons Ducs qui gardèrent la Paix,*
> *Et du nom des gens de guerre,*
> *Des navigateurs et corsaires de Saint-Malo*
> *Qui portèrent ton drapeau à travers le Monde !*
>
> 4 — *Souviens-toi, ô Bretagne, des Bardes*
> *Qui chantèrent ta langue si douce,*
> *Grâce à eux, ta langue est toujours vivante,*
> *Vivant est le breton qui nous fait honneur !*
> *Souvenons-nous et gardons toujours la mémoire*
> *De la gloire de nos Aïeux*
> *Et aussi longtemps que durera la Bretagne*
> *Ne délaissons jamais leurs traces !*

Allocutions

Après ces chants, le Grand-Druide fait une allocution pour saluer les responsables et élus de la localité où se déroulent les cérémonies afin de montrer par là le respect de la *Gorsedd* à l'égard des autorités constituées. Il remercie les personnes qui ont participé à la préparation de la cérémonie et fait l'éloge de la personnalité sous le patronage de laquelle la *Gorsedd* de l'année a été placée. Lorsqu'il est présent, l'Archidruide du Pays de Galles prend ici la parole à son tour. On peut demander éventuellement aussi à quelques Bardes de déclamer leurs plus récents poèmes.

L'appel des trépassés

Les défunts chez les Celtes étant toujours intimement liés aux vivants, la cérémonie se poursuit avec l'appel des membres trépassés de la Fraternité. Le Barde-Héraut prend la parole et dit :

> *— Au milieu de notre joie*
> *nous devons nous souvenir des Bardes*
> *qui sont partis depuis l'an dernier*
> *pour la Terre de la Jeunesse des Celtes.*
> *Gens pleins d'amour pour leur Pays,*
> *ils ont travaillé toute leur vie*
> *pour son embellissement et sa réputation.*
> *Ils ont peiné et souffert pour la Vérité et la Justice.*
> *Ils ont honoré la Bretagne de toute manière,*
> *Et ils ont été fidèles à leur serment vis-à-vis de notre Collège.*

Le Barde-Héraut donne alors la liste des membres décédés depuis la précédente assemblée. Il donne le nom civil suivi du nom bardique et du pays d'origine. Après chaque appel tous répondent à la manière bretonne :

— *Que Dieu lui pardonne !*

Quand l'appel des morts est terminé, l'assemblée dit en chœur :

— *Que Dieu pardonne aux âmes des Trépassés !*

Puis les harpistes exécutent un air de circonstance et quand c'est possible un groupe folklorique breton pénètre dans le cercle et fait le tour du *Maen Log* dans le sens solaire en dansant l'*Hanter Dro* qui est considérée comme une très ancienne danse funèbre encore dansée au siècle dernier dans certains cimetières.

L'initiation

C'est ici que se situe la cérémonie d'initiation proprement dite des nouveaux druides, bardes et ovates qui attendent nu-tête depuis le début à l'entrée extérieure du cercle de pierres. Le Barde-Héraut va chercher d'abord les futurs druides. Il les fait venir devant le *Maen Log*. Le Barde-Héraut présente chaque candidat au Grand-Druide en disant :

— *Vénérable Grand-Druide,*
je te présente — N —, Barde depuis ...
sous le nom de ...
qui a été jugé digne de devenir Druide.

Le Grand-Druide tend la main au candidat et l'invite à gravir les marches du *Maen Log*. Il monte ces marches mais reste d'un degré en dessous du Grand-Druide. Celui-ci dit alors quelques mots au sujet du candidat, en particulier sur ce qui lui vaut l'honneur d'être admis dans l'Ordre des Druides. Le Grand-Druide lui remet le voile blanc et le bandeau de velours noir frappé d'un *Tribann* d'or et, lui imposant les mains au-dessus de la tête, il dit :

— — N —, *tu es Druide dorénavant,*
Druide du Collège des Druides, Bardes et Ovates de Bretagne !
La Vérité est ton Seigneur
et la Sagesse ton Serviteur.
Marche maintenant, imperturbable et sans crainte,
la Bretagne en ton Esprit,
la Bretagne en ton Cœur,
la Bretagne en ta Parole.

Le nouvel initié doit redescendre les marches du *Maen Log* à reculons car il ne doit jamais tourner le dos au Grand-Druide. Le Barde-Héraut l'aide à regagner le rang des nouveaux druides stationnés devant le *Maen Log*, puis il présente au Grand-Druide le candidat suivant. Quand tous les candidats-druides ont été initiés, le doyen des druides quitte sa place à l'Ouest pour aller chercher les nouveaux druides. Ils sont alors accompagnés par le Doyen des Druides et le Barde-Héraut à leur nouvelle place parmi les druides à l'Ouest du cercle, derrière le *Maen Log* faisant face à l'Est. Pendant ces déplacements les harpistes jouent des intermèdes.

On procède ensuite à la cérémonie d'initiation des nouveaux bardes et des nouveaux ovates, membres actifs et membres d'honneur. C'est exactement le même rite que pour les druides avec la formule :

— — N —, *tu es Barde (Ovate) dorénavant...*

et le reste sans changement. Toutefois, les bardes et ovates d'honneur ne reçoivent pas l'imposition du voile.

Le serment

Quand tous les bardes et ovates ont été initiés, ils restent groupés devant le *Maen Log* tandis que le Porte-Glaive vient se placer entre eux et le *Maen Log*. Il tend l'Epée d'Arthur par le fourreau au Barde-Héraut qui en saisit la poignée et dégaine l'épée d'un tiers. Un druide, représentant les parrains des nouveaux initiés, vient se placer entre le *Maen Log* et l'Epée d'Arthur, face au soleil. Au nom des nouveaux initiés, le bras tendu au-dessus de la partie dégainée de l'épée, il prononce le serment suivant :

— *Devant le Dieu de Vérité,*
Devant le Soleil, Œil de Lumière,
Devant les Ames de nos Aïeux,
Tant que s'étendra la Terre de Celtie
Que nos Pères nous ont confiée
Ainsi que la Mer qui l'entoure,
Tant que soufflera le vent qui la dessèche
Et que tombera la pluie qui l'humidifie,
JE JURE
De respecter notre Collège,
Notre Grand-Druide et son Conseil ;
Que la Langue Bretonne sera toute ma vie,
La Langue de mon Cœur, la Langue de mon Esprit,
La Langue de ma Maison,
La Langue de mes Enfants ;
Que je serai fidèle à notre Pays, la Bretagne ;
JE JURE
D'aimer mes Compatriotes,
De les aider de toutes mes forces,
Et d'apporter à la Patrie
Beauté, Gloire et Celtisme.

Ce serment des nouveaux initiés, Bardes et Ovates, est ratifié individuellement par chaque nouveau barde et ovate qui passe alors devant l'Epée d'Arthur, s'arrête, étend le bras droit et dit :
— *Bretagne à jamais !*

Ils défilent ainsi devant l'Epée vers la gauche et sont accompagnés par le Doyen des Bardes jusqu'à l'aire réservée aux bardes, au Sud du cercle, et par le Doyen des Ovates jusqu'à l'aire réservée aux ovates, au Nord du cercle.

Cérémonie du Glaive Brisé

Quand chacun a regagné sa place, le druide breton et le druide gallois, porteurs chacun d'une partie du Glaive Brisé, se tournent alors l'un vers l'autre et s'avancent jusqu'à l'axe Ouest-Est où ils se saluent d'une inclinaison. Ils se tournent en direction du *Maen Log,* se dirigent jusqu'aux marches qu'ils gravis-

sent ensemble. Enfin, se tournant l'un vers l'autre et sous l'œil du Grand-Druide, ils unissent les deux parties du Glaive et se donnent la main. Le Grand-Druide saisit alors par la poignée le Glaive reconstitué et, l'élevant au-dessus de lui, la lame toujours tournée vers le sol, il présente le Glaive à l'assemblée en disant en gallois et en breton :
— *Cœur contre cœur,*
bien que de chaque côté de la Mer des Bretons !
Cette Epée Brisée
qui a été réunie devant nous
est le Symbole de la Race Celtique
répandue à travers le Monde
et connue sous différents noms
mais qui reste unie
par les liens de l'Esprit, du Cœur et du Sang.
Soyons toujours unis
et nous serons respectés.
Travaillons assidûment au Renouveau
de notre Langue et de notre Culture
pour préparer le jour du Retour d'Arthur !
Cœur contre cœur,
bien que de chaque côté de la Mer des Bretons !

Le Grand-Druide remet alors l'épée réunie au druide gallois. Les deux druides regagnent leur place.

La cérémonie du gui

Le gui avait été déposé dans un drap de lin au pied du menhir d'entrée à l'Est. Un druide, un barde et un ovate se dirigent alors en procession vers le gui, en prennent chacun une touffe et, le barde et l'ovate encadrant le druide, s'approchent du *Maen Log*. Le Barde-Héraut prend la parole et dit :
— *Vénérable Grand-Druide,*
je te présente le gui
pour continuer la Tradition des Confrères de jadis
qui le faisaient cueillir sur les Grands Chênes
de la Forêt Celtique.

Le Grand-Druide étendant les mains au-dessus du gui prononce cette bénédiction :
— *Symbole de l'âme de l'enfant,*

> *remède de toute guérison,*
> *sois la nourriture de notre Esprit !*

Le druide porteur de gui monte les marches du *Maen Log* pour que le Grand-Druide puisse prendre une branche de **gui**, puis les trois porteurs de gui vont en faire la distribution aux confrères de leur ordre.

La clôture

Le Grand-Druide annonce alors la date de la prochaine assemblée, réminiscence de la tradition qui veut que la date d'une *Gorsedd* soit annoncée un an et un jour à l'avance :
— *La Gorsedd de Bretagne pour l'année 19.. est terminée. La Gorsedd de 19.. aura lieu à (telle date et à tel endroit)...*
— *Avant de clôturer la Grande Cérémonie de cette année, nous allons chanter la Gloire de la Bretagne, notre Pays : Bro Gozh ma Zadou : Vieux Pays de mes Pères.*

Tous chantent alors les quatre couplets de l'hymne breton qui est une reprise de l'hymne national gallois adapté en breton par le Grand-Druide Taldir. La traduction française donnée ici est de H. de la Guichardière :

1 — *Bretons fiers et sans peur, aimons notre Patrie,*
  Cette Armor que partout on nomme au premier rang,
  Pour elle nos aïeux ont répandu leur sang
  Dans les combats livrés contre la barbarie.

Refrain :
  O Pays que j'aime, o Terre d'Armor,
  Tant qu'autour de toi la mer chante encor
  Sois libre sous le Soleil d'Or !

2 — *Pays de nos vieux Saints et des Bardes sans nombre,*
  Quelle contrée pourrais-je aimer autant que toi ?
  Chaque mont, chaque val emplit mon cœur d'émoi ;
  Nos chers Aïeux y dorment leur sommeil dans l'ombre.

3 — *Les hommes de chez nous sont robustes et braves,*
  Il n'est pas sous les cieux peuple si valeureux.
  De notre sol s'élèvent des chants merveilleux.
  Ta beauté me ravit, Bretagne aux sônes graves.

4 — *Si jadis quelquefois tu fléchis à la guerre,*
  Bretagne, ton Peuple est demeuré vainqueur.
  Un sang rouge et brûlant coule à flots dans ton Cœur,
  Tu as repris soudain ta place de naguère.

On quitte alors le cercle en tournant dans le sens du Soleil et la procession se reconstitue comme à l'aller. Sur le chemin du retour, les porteurs de gui le distribuent à la foule.

Observations

La cérémonie d'initiation des membres de la *Gorsedd* bretonne est relativement simple comparée aux rites d'initiation du Collège Druidique des Gaules. D'abord il n'y a pas de rite spécial pour l'acceptation des disciples, ensuite le rite est pratiquement le même pour tous, sauf pour les nouveaux druides qui sont dispensés du serment puisqu'ils l'ont déjà prononcé lorsqu'ils furent admis bardes ou ovates. Il n'y a pas d'interrogatoire à l'extérieur du cercle, ni d'offrande des éléments ; pas d'introduction dans le cercle avec interrogations sous le voile ; pas d'abjuration de toute religion orientale et pas de sceau du sang ; pas de bénédiction du signe de la Croix Druidique ni du signe du *Tribann* sur le front ou sur le plexus solaire ; pas de rite d'ouverture de la bouche pour conférer le pouvoir d'enseigner ; pas de secret transmis !

Dans le rite de la *Gorsedd* bretonne, l'initiation proprement dite n'est pas une cérémonie spécifique mais seulement un élément dans l'ensemble d'une cérémonie, si bien qu'il pourrait y avoir tenue d'une *Gorsedd* sans qu'il y ait d'initiation.

Les phases du schéma initiatique traditionnel sont plus que symbolisées à la *Gorsedd*. On peut considérer cependant qu'il y a rite de dépouillement et de nouvelle vêture avec le port de la saie ; épreuve — de marche — avec la procession ; épreuve d'attente à l'extérieur du cercle ; admission dans le cercle ; réception du voile ; geste d'imposition des mains par le Grand-Druide et attribution d'un nom nouveau ; épreuve encore peut-être de marche à reculons et dextrogyre.

Le serment prêté ici n'est pas un serment de secret pour voiler une connaissance qu'on viendrait de révéler, mais un serment d'allégeance au Grand-Druide et au *Poellgor* et de fidélité à la langue et à la Patrie Bretonnes.

Par ailleurs le rite de la *Gorsedd* bretonne ne comporte pas de danse des fleurs mais une danse des morts qui n'est d'ailleurs que fort rarement exécutée. Le rite de la corne d'abondance a été pratiquement abandonné, par contre le rite du gui a pris de plus en plus d'importance, sans doute à cause de son succès auprès des touristes !

Il n'y a apparemment pas de réminiscences bibliques dans le rite de la *Gorsedd* de Bretagne, sans doute pour la simple raison que les Bretons sont de tradition catholique alors que les Cornouaillais et les Gallois protestants sont de culture biblique prononcée. L'influence catholique apparaît d'ailleurs dans le rite de l'appel des morts avec le très chrétien *Doue d'e pardono* qui implique la nécessité du pardon, nécessité si fortement imposée aux Bretons par les missionnaires catholiques que toutes les fêtes religieuses de Bretagne portent le nom français de « Pardon ». Cette nécessité du pardon contraste étrangement avec le rappel de *Tir na nOg*. La Terre des Jeunes, cette Terre des Jeunes étant la version authentiquement celtique de l'Au-delà, sans qu'il y ait besoin de pardon, ce dernier étant une notion spécifiquement chrétienne. Les Pardons bretons sont à l'image de cette contradiction, avec d'une part l'aspect pèlerinage, accompli pour obtenir le pardon de ses péchés, et d'autre part les réjouissances, très païennes cette fois, qui accompagnent tout Pardon breton et qui représentent en fait la persistance de la fête païenne traditionnelle à laquelle le clergé catholique a essayé de substituer une cérémonie chrétienne. Ceci signifie que le paganisme est encore partout latent et que la christianisation est encore bien superficielle après des siècles de religion importée et imposée.

Enfin, l'exaltation du sentiment national est l'impression dominante du rite de la *Gorsedd* bretonne. L'hymne au Vieux Pays de mes Pères et l'accent mis sur la fidélité, par serment, à la Terre et à la langue des ancêtres font apparaître la *Gorsedd* bretonne comme une association moins à caractère initiatique celtique qu'à caractère nationaliste visant à la reconstitution éventuelle d'un Etat breton, idéologie sous-tendue par le mythe du retour du Roi Arthur.

C'était déjà l'impression donnée par la *Gorsedd* galloise et il ne saurait en être différemment avec la *Gorsedd* cornouaillaise.

CHAPITRE CINQUIÈME

RITE DE LA *GORSEDD* DE CORNOUAILLE

La Gorseth Kernow

Le rite de la *Gorsedd* des Bardes de Cornouaille ou *Gorseth Byrth Kernow*, est intégralement célébré en cornique. Cette *Gorsedd*-sœur fondée en 1928 ne comprend que des bardes. Le chef des bardes est ici le Grand-Barde qui est l'homologue du Grand-Druide de Bretagne. Les assemblées des Bardes de Cornouaille sont annuelles. Les cérémonies ont lieu le premier samedi du mois de septembre, en plein air, dans un cercle de pierres. Comme pour les autres *gorseddau*, le lieu choisi change généralement chaque année.

La procession

Les bardes vêtus de saies bleues et portant un voile bleu avec un bandeau noir et or partent en procession jusqu'au cercle de pierres. L'Epée d'Arthur est portée devant le Grand-Barde, par la poignée mais elle reste gainée. Les représentants des différentes sociétés traditionnelles de Cornouaille accompagnent le défilé. Les autorités locales accueillent la *Gorseth* à l'entrée du cercle.

L'appel du cor

Quand chacun a pris place, le Barde-Héraut appelle le sonneur de cor :

— *A la Cornouaille, Sonneur, sonne ton cor,*
qu'il en avertisse les quatre coins,
au Nom de Dieu !

Le sonneur se tourne à l'Est et dit :
— *Cornouaille de l'Est, écoute l'appel de la Gorseth !*

Les bardes répondent :
— *Ecoute !*

Et le sonneur lance son appel de cor. De même pour le Sud, l'Ouest et le Nord. Puis le Grand-Barde prend la parole pour dire :
— *Gorseth des Bardes de Cornouaille :*
la Vérité à la face du Monde !
Avec l'aide de Dieu et sa Paix !
Cornouaille, Paix et Amour !

Ce sont d'ailleurs les devises de la *Gorseth*.
Suit la prière de la *Gorseth* :
— *Donne-nous, ô Dieu, Ton appui,*
et avec Ton appui, la puissance,
et avec la puissance, la sagesse,
et avec la sagesse, le savoir,
et avec le savoir, savoir ce qui est juste,
et sachant ce qui est juste, son amour,
et de cet amour, l'amour de toute existence,
et en toute existence, aimer Dieu :
Dieu et toute bonté !

On procède ensuite à l'appel de la Paix. En effet, avant l'ouverture de la *Gorseth*, le Grand-Barde demande :
— *Pour la première fois, je vous le demande :*
Y a-t-il la Paix ?

Tous répondent :
— *Il y a la Paix !*

Le Grand-Barde reprend :
— *Pour la seconde fois, je vous le demande :*
Y a-t-il la Paix ?

Tous répondent à nouveau :
— *Il y a la Paix !*

Le Grand-Barde insiste :
— *Pour la troisième fois, je vous le demande ;*
Y a-t-il la Paix ?

Les Bardes confirment :
— *Il y a la Paix !*

Alors le Grand-Barde proclame l'ouverture officielle :
— *Alors, puisqu'il y a la Paix, nous allons procéder.*
 Devant le Soleil, l'Œil du Jour,
  la Gorsedd est ouverte !

La danse des fleurs

Ici se place la danse des fleurs exécutée par des jeunes filles de Cornouaille. Cette danse est suivie de l'offrande des fruits de la terre par une Dame représentant la Cornouaille. C'est le Port-Glaive qui accueille la Dame de Cornouaille en disant :
— *Avec votre permission, Gracieuse Lady, nous allons avancer.*
La Dame de Cornouaille répond :
— *Allez devant et je vous suivrai.*
Arrivée devant le Grand-barde elle dit :
— *Fruits de la Terre, plantes portant des graines,*
 Dieu les a accordés à l'humanité.
 Par Sa Grâce ils nous nourrissent.
 Alors ayons le cœur plein de reconnaissance.
 En tant que représentant Sa libre Bienveillance,
 Acceptez de moi cette offrande
 Comme provenant du Cœur de la Cornouaille.
Le Grand-Barde répond :
— *Par la promesse de Dieu à jamais proférée,*
 tant que le Monde subsistera
 Ses faveurs ne sauraient tarir :
 J'accepte donc votre offrande
 Conscient de Sa parole envers nous
 En tant que Bardes de Cornouaille.

L'évocation du Roi Arthur

La cérémonie se poursuit avec le chant : « Il (le Roi Arthur) reviendra un jour » :
— *Sur les branches nues du chêne en hiver*
 Où peut-on voir une feuille ?
 Pourtant avec l'été apparaîtront des milliers de feuilles ver-
  [*tes !*
— *Au jusant sur le sable où est-ce qu'un petit canot pourrait*
  [*flotter ?*

> *Pourtant c'est là que le vaisseau du Roi*
> *Flottera librement au haut du flot !*
> — *Dans tout le ciel de minuit quel soleil peut-on voir ?*
> *Pourtant avec l'aurore il se lève et inonde le ciel de*
> [*lumière !*
> — *Où trouverons-nous le Roi Arthur ? On le cherche bien*
> [*en vain.*
> *Pourtant il n'est pas mort, mais bien vivant et il reviendra*
> [*un jour !*

Mémoire des bardes trépassés

Le Député-Grand-Barde prend la parole et dit :
— *A présent que nous sommes une fois de plus assemblés, il convient d'avoir une pensée pour ceux de nos confrères qui ont quitté ce monde au cours de l'année écoulée, en adressant à Dieu des actions de grâce pour Sa Puissance, Sa Sagesse et Son Amour par lesquels Il leur a accordé Son secours dans l'accomplissement de leur devoir pour la Cornouaille, et Le suppliant d'accorder aux familles en deuil Sa Protection compatissante, ainsi qu'à nous qui devons désormais faire de notre mieux pour les remplacer. Leurs noms sont : ... — NN — ...*

Suit l'hymne : *Lun a lowender yma Tyr* :
— *Il est une Terre de pure Joie*
  Où règnent les Saints immortels ;
  Le jour sans fin élimine la nuit,
  Et les plaisirs bannissent toute peine.
— *Là, c'est la demeure du Printemps éternel*
  Et des fleurs qui ne se dessèchent jamais ;
  La Mort, tel un petit détroit, isole
  Cette Terre paradisiaque de la nôtre.
— *Ah ! Si nous pouvions grimper là où Moïse est allé*
  Pour voir tout autour le paysage à l'infini.
  Ni le courant du Jourdain ni le flot froid de la Mort
  Ne sauraient nous effrayer au point de nous éloigner du
  [*rivage.*

Initiation des nouveaux bardes

C'est alors qu'a lieu l'initiation des nouveaux bardes. Ceux-ci sont présentés au Grand-Barde par le Barde-Héraut. Le Grand-Barde, tenant les mains jointes de l'initié dans les siennes, le reçoit en l'appelant par son nom bardique en disant :
— *C'est avec joie que nous te recevons, — N —, parmi les Bardes de la Gorseth de Cornouaille.*

Présentation des délégués

Aussitôt après cette cérémonie d'initiation — réduite au strict minimum — a lieu la présentation des délégués des Pays Celtiques et des divers invités. Des discours sont échangés, en cornique bien entendu.

Cornouaille, notre Mère Patrie

A la fin des discours on chante en chœur l'hymne : *Kernow agan Mamvro* :
— *O Cornouaille fière,*
 Si forte, si belle,
 Pour nous ton âme vaut
 Tous les Royaumes de cette Terre;
 La mer de chaque côté,
 Ton territoire qui s'étend
 En beauté sur des miles
 Arrive en tête de toute l'île,
 O fière Cornouaille!
— *O belle Cornouaille,*
 Chère Mère Patrie,
 Prête une oreille attentive au chant
 Entonné par tes loyaux sujets;
 De ton sommeil
 Si long et si profond
 Réveille-toi, et, si Dieu le veut,
 Les générations te trouveront inchangée,
 O belle Cornouaille!

L'Epée du Roi Arthur

Le Député-Grand-Barde proclame alors :
— *Arthur surveille toujours nos rivages,*
Sous l'apparence d'un crave[1] *qui vole là ;*
Son Royaume, il le garde lui-même.
Roi autrefois, il sera Roi à nouveau un jour.
Tous les bardes s'écrient alors :
— *Le Roi Arthur n'est pas mort !*
Le Grand-Barde intervient en montrant le Glaive d'Arthur :
— *Voici une épée qui représente Excalibur, l'Epée du Roi*
Arthur, qui est venue du Lac et qui retournera au Lac.
Voulez-vous jurer sur cette épée d'être toujours fidèles à la
Cornouaille, notre Mère Patrie ?
Les bardes se rassemblent autour de l'Epée, y posent la main pour jurer. Ceux qui ne peuvent toucher l'Epée — ou plutôt son fourreau — mettent la main sur l'épaule de l'un de ceux qui la touchent, et ils s'écrient tous ensemble :
— *Nous le jurons !*

Vieux Pays de nos Pères

Ce serment solennel est suivi de l'hymne cornouaillais, le *Bro Goth Agan Tasow* (Vieux Pays de nos Pères) qui est sur le même air que le *Hen Wlad Fy Nhadau* gallois ou le *Bro Goz Ma Zadou* breton. Les paroles des trois hymnes sont également approximativement les mêmes :
— *Vieux Pays de nos Pères, tes enfants t'aiment,*
Terre chérie de l'Occident, quel Pays est ton égal ?
A travers tout le Monde nous sommes éparpillés,
Mais tout notre Amour t'appartient.
Refrain :
Cornoua'ille ! Cornouaille ! Nous aimons la Cornouaille !
Tandis que la mer t'entoure comme d'un rempart,
Nous sommes unis et nous sommes tous pour la Cornouaille !
— *Royaume du Roi Arthur, des Saints et du Graal,*
Il n'y a pas d'autre Pays qui soit autant aimé par nous.

---

1. Sorte de corbeau à bec et pattes rouges.

En toi chaque cairn, chaque vallée, chaque colline et cha-
[*que demeure*
Nous parle en cornique.
A la fin tous les bardes ensemble s'écrient :
— *Cornouaille toujours !*

Cri de Paix et clôture

Le cri de paix de la fin est le même qu'à l'ouverture de la *Gorseth*, et le Grand-Barde conclut en disant :
— *La Gorseth se termine dans la Paix.*
En Paix maintenant nous allons nous retirer
et puisse-t-il y avoir la Paix parmi nous
jusqu'à ce que nous nous assemblions à nouveau !
La procession des bardes quitte le cercle accompagnée des membres des sociétés traditionnelles de Cornouaille et autres invités.

Remarques

Une fois de plus on note ici cette hésitation entre la vieille religion et la foi chrétienne. Les réminiscences païennes apparaissent avec l'appel aux points cardinaux, la référence au culte solaire : « Devant le Soleil, Œil du Jour », la danse florale et les offrandes des produits de la Terre, et surtout avec l'hymne *Lun a Lowender Yma Tyr*. En effet les deux premiers couplets de cet hymne font clairement allusion au *Tir na nOg*, la Terre des Jeunes, le Paradis de l'ancienne religion celtique, lieu de Paix, de délices et de volupté, de festins, de belles jeunes filles entreprenantes et de jolis garçons, le tout sans limites, sans temps, sans transgression, sans péché... Le barde auteur de l'hymne, qui s'est laissé aller sur deux couplets, se ressaisit au troisième en nous replongeant dans l'Ancien Testament avec ses rappels de Moïse et du Jourdain. Ce barde est sans doute encore quelque pasteur protestant qui cherche manifestement par son troisième couplet à se faire pardonner les deux autres. Toujours est-il que c'est dit, et c'est même chanté !

Par contre le mythe du retour du Roi Arthur est assez bien cultivé. Ce mythe a évidemment des implications nationalistes avec l'idée d'une restauration de la Cornouaille en tant que Nation celtique souveraine. Pour ceux des bardes qui ne seraient pas nationalistes, ce mythe peut néanmoins être accepté, édulcoré, comme simple symbole de la renaissance de l'esprit celtique.

Affirmer que le Roi Arthur continue de surveiller sa chère Cornouaille sous la forme d'un corbeau à bec et pattes rouges (un crave), c'est plus qu'une métaphore poétique, c'est affirmer l'immortalité de l'âme d'une part et d'autre part la croyance aux états multiples de l'être. Ici le Roi Arthur a été métamorphosé en corbeau, cas exceptionnel pour un être exceptionnel. Cette forme animale adoptée, ou imposée au Roi Arthur, est peut-être un châtiment, mais c'est néanmoins ce qui lui permet de surveiller son Pays de prédilection jusqu'au jour où il reviendra, sous forme humaine bien entendu, et en Roi. Espérons que la chasse au crave est interdite en Cornouaille !... A titre de comparaison on rapprochera le crave arthurien du corbeau immortel du *Râmâyana,* du corbeau de l'Arche de Noé et des deux corbeaux d'Odin.

Pour ce qui est de l'initiation proprement dite, c'est-à-dire le geste rituel par lequel un néophyte va devenir barde, il est vraiment réduit ici à sa plus simple expression. Il n'y a pas d'imposition des mains comme à la *Gorsedd* bretonne, cependant le néophyte se présente, mains jointes, devant le Grand-Barde qui lui prend les mains dans les siennes en prononçant une simple formule d'accueil mentionnant le nom bardique de l'initié. Le serment qui suivra, beaucoup plus loin, n'est pas lié directement à l'initiation. C'est un serment de fidélité à la Mère Patrie, valable pour tous les bardes et renouvelé chaque année.

Bien entendu l'un des objectifs majeurs de la *Gorseth Kernow* est de sauver la langue celtique de Cornouaille, le cornique, langue pratiquement déjà disparue de l'usage courant mais remise en honneur par diverses associations cornouaillaises. C'est une langue intermédiaire entre le gallois et le breton. La *Gorseth Kernow* peut se vanter de rassembler actuellement en son sein plus de quatre cents locuteurs militants de cornique, ce qui est un chiffre très honorable pour une société représentant un Pays moins étendu et moins peuplé (403 500 habitants) que la Bretagne. Or la *Gorsedd* bretonne est encore loin d'avoir rassemblé autant de sociétaires en dépit du fait qu'on dénombre encore environ un million de bretonnants.

CHAPITRE SIXIÈME

RITES DE L'*UNIVERSAL DRUIDIC ORDER* ET DU *GOLDEN SECTION ORDER*

Un rite peu connu

Nous présentons maintenant le rite très peu connu de l'Ordre Druidique Universel (*Universal Druidic Order*) de Henri Marcel Léon. Cet Ordre porte aussi le nom de *Sublime and Druidic Order of the Holy Wisdom*. Le druide Coll Hazel Wand s'étant inspiré de ce rite pour composer celui du *Golden Section Order*, nous avons regroupé ici les deux Ordres.

La cérémonie est normalement célébrée en plein air autour d'un dolmen considéré comme le centre d'un cercle, même si ce cercle n'est pas matérialisé par un cromlech. En cas de nécessité, elle peut avoir lieu dans un enclos, ou dans un temple aménagé à cet effet.

A l'Est se dresse un chêne dont les premières branches en forme de croix portent gravés, à gauche le nom Hésus et à droite Bélénos. Sur le tronc est gravé le nom Taranis et, au-dessus, un triangle équilatéral est pointé vers le ciel. Au pied du chêne un autel est dressé. Sur l'autel sont déposés l'Huile consacrée, le « Livre du Savoir Druidique », un Œuf druidique, un Arc druidique, un Bâton druidique, une Etole aux sept couleurs et une Couronne druidique. Près de l'autel, un trône. Si la cérémonie a lieu dans un temple, celui-ci est décoré de gui. Au début du rite, le druide officiant est à l'autel, faisant face à l'Est ; le sujet à initier se tient debout à l'Ouest, au-delà du dolmen, mais tourné vers l'autel. Le rite est célébré en langue locale.

Admission

Le druide officiant, faisant face à l'Est, ouvre la cérémonie en proclamant :
— *A la face du Soleil et sous l'Œil de Lumière !*
Tous les assistants répondent :
— *Qu'il en soit ainsi !*
Le druide célébrant se tourne en pivotant sur sa droite pour faire face au dolmen et dit :
— *S'il y a quelqu'un ici présent qui a été jugé digne de pénétrer dans notre illustre cercle, qu'il s'avance maintenant !*
Le candidat se dirige alors vers le dolmen où il s'arrête.
Le druide célébrant lui demande alors :
— *Promettez-vous de vous conformer à toutes les ordonnances, coutumes et traditions de notre Ordre qui à présent vous ont été révélées ?*
Le candidat répond :
— *Je le promets !*
Le druide célébrant fait signe au candidat d'approcher et va lui-même à sa rencontre. Le candidat qui se trouve de l'autre côté du dolmen doit passer dessous. Le druide officiant l'aide à se relever, le prenant par la main en disant :
— *Je t'admets au Cercle Druidique et au nombre des membres de notre Ordre.*

Initiation de barde

Le druide officiant fait agenouiller le candidat devant le trône où il a pris place lui-même. Un assistant présente au druide célébrant le « Livre du Savoir Druidique » que celui-ci remet au candidat en disant :
— *Dans la mesure où tu as étudié les arts, le savoir et les textes sacrés, et dans la mesure où tu as été éclairé dans les coutumes de notre Ordre sacré, je t'admets au degré de Barde.*
Et le célébrant initiateur impose sa main gauche sur la tête du candidat.

Initiation d'ovate

Le druide célébrant reçoit de ses acolytes l'Œuf Druidique (un micraster) et l'Huile consacrée qui étaient placés sur l'autel. Il fait alors une onction de consécration sur l'Œuf Druidique en le frottant d'Huile consacrée, puis il passe le cordon soutenant l'Œuf au cou du candidat en disant :
— *Dans la mesure où tu as étudié les sciences sacrées et l'art de guérir, je t'admets au degré d'Ovate.*
Et l'initiateur impose sa main droite sur la tête du candidat. A défaut d'Œuf Druidique, on remet une branche de gui symbolique.

Initiation de druide.

Les acolytes du célébrant lui remettent l'Arc Druidique et l'Huile consacrée. L'officiant oint l'Arc d'huile et le remet à l'initié toujours à genoux devant lui, en disant :
— *Dans la mesure où tu as étudié les lois et coutumes et la foi universelle de l'Ordre Druidique, je t'admets au degré de Druide.*
Et le druide initiateur impose les deux mains sur la tête du postulant. Les acolytes présentent alors à l'officiant le Bâton druidique et l'Huile consacrée. Le célébrant consacre le Bâton en l'oignant d'huile et il le remet au nouveau druide en disant :
— *Sois un fidèle enseignant du Savoir Druidique, et accomplis les Mystères Solennels avec le soin le plus sacré.*
Le nouveau druide répond :
— *Qu'il en soit ainsi !*

Initiation d'archidruide

Le druide officiant passe au cou de l'impétrant, agenouillé devant lui, l'étole aux sept couleurs. Ensuite, il lui pose la Couronne Druidique sur la tête en disant :
— *Dans la mesure où tu as été appelé à diriger l'Ordre Druidique et Sublime de la Sainte Sagesse, je te couronne...*
L'officiant se lève, fait lever l'élu en le prenant par la main, puis, le faisant asseoir sur le trône, il continue :

— ... *et je t'intronise en qualité d'Archidruide de l'Ordre et je t'investis de toutes les fonctions et de tous les pouvoirs qui peuvent t'être nécessaires pour accomplir tes devoirs.*

Le nouvel Archidruide répond :
— *Qu'il en soit ainsi !*

Clôture du rite

Le druide célébrant faisant face à l'Est clôt le rite en disant :
— *Que tous les Pouvoirs que nous avons invoqués soient maintenant en Paix, au Nom du Seigneur de Lumière !*
Et tous les assistants répondent :
— *Qu'il en soit ainsi !*

Commentaire

En fait, le rite que nous venons de donner est un rite abrégé, réduit à l'essentiel, qui fut célébré ainsi dans des circonstances exceptionnelles pour l'initiation du Docteur William Bernard Crow, le 30 décembre 1939, donc au début de la guerre, à Woodford Green dans l'Essex, Grande-Bretagne. Le druide officiant était en fait une druidesse. Maryam Léon, l'épouse d'Henri Marcel Léon, haut-dignitaire de la *Societas Rosicruciana in Anglia* (SRIA), haut-dignitaire de l'*Ancient and Archaeological Order of Druids,* Imperator de l'*Ancient and Arcane Order of the Rosy Cross* (AAORC) et Archidruide de l'*Universal Druidic Order* (UDO), mort en 1933.

Le Professeur Henri M. Léon était né à Paris le 10 avril 1855. Son père était d'origine manxoise (l'Ile de Man, l'Ile des sorcières...). H.M. Léon était le secrétaire général de la Société internationale de Philologie fondée en 1873 par Jules Verne. Il semblerait que sa veuve Maryam Léon ait hérité de la plénitude du sacerdoce druidique de son mari pour pouvoir conférer à son tour la dignité d'archidruide.

C'est la première fois que nous rencontrons un rite de passage sous un dolmen. Ce rite est très vraisemblablement une réminiscence d'un rite de mort et de résurrection pour lequel on devait utiliser une allée couverte. Il ne manque pas de dolmens ni de tombeaux de saints en Bretagne où ce rite se pratique encore.

Chaque degré est conféré par imposition de main et remise d'un objet consacré ; pour le grade de barde, remise du Livre du Savoir Druidique et imposition de la main gauche sur la tête ; pour le grade d'ovate, remise de l'Œuf Druidique et imposition de la main droite sur la tête ; pour le grade de druide, remise de l'Arc Druidique et imposition des deux mains sur la tête avec, en outre, la remise du Bâton Druidique ; pour le titre d'archidruide, remise de l'étole aux sept couleurs et de la couronne, suivie de l'intronisation.

C'est aussi la première fois qu'il est question d'Huile consacrée dans un rituel druidique. Cette huile cependant ne sert qu'à la consécration des objets rituels qui sont remis à l'initié à l'exclusion de toute onction sur la personne de l'initié.

L'Œuf Druidique dont il s'agit ici est le même que celui du druide Myfyr Morgannwg de la fameuse *Eisteddfod* de Llangollen de 1858. C'est le micraster ou oursin fossile dont on a retrouvé tant d'exemples dans des sépultures celtiques, symbole de « l'œuf du monde ». Quant à l'Arc Druidique, c'est le même que le croissant porté par le Docteur Price, « l'Archidruide » de Llantrisant, à la fois symbole du croissant de Lune et de la serpe d'or des druides.

Le bâton druidique, même s'il fait un peu penser au bâton pastoral d'un évêque chrétien, est traditionnel et mentionné dans les textes irlandais. L'étole druidique aux sept couleurs est le pendant de l'étole des ministres du culte chrétien et de celle de l'archidruide du Pays de Galles. Il en va de même de la couronne que l'on peut assimiler à la couronne des évêques orientaux et à celle de l'archidruide gallois. Les textes irlandais parlent de « branches » de bronze, d'argent ou d'or sur la tête des druides selon leur rang.

Ici pas de référence biblique, par contre un chêne avec les noms de divinités celtiques : Taranis, le dieu-tonnerre, Hésus, représentant l'énergie et Bélénos, le brillant. Ce sont là des entités plus gauloises qu'insulaires dont la mention implique une volonté paganisante. Pourtant ils ne sont pas directement invoqués dans le texte du rite, sauf cependant le « Seigneur de Lumière » qui est Bélénos.

Le Golden Section Order

Le rite d'initiation du *Golden Section Order* ou Ordre de la Section Dorée dont la filiation dérive pour une part de la lignée du Dr Crow, s'inspire directement du rituel de l'*Universal Druidic Order* d'Henri Marcel Léon. Ici le même rite est valable pour les trois degrés de barde, d'ovate ou de druide. Il est célébré en langue locale, en pleine nature, mais de préférence près d'un dolmen ou près d'un antique chêne sacré.

Le Druide célébrant, se tenant entre le dolmen et le chêne sacré, ouvre la cérémonie en proclamant à haute voix cette déclaration d'intention :

— *Moi, — N —* (et il décline ses titres et qualités druidiques), *je déclare avoir l'intention de conférer par les rites qui vont suivre le degré de (barde, ou ovate, ou druide) à* ... (il nomme expressément le candidat à l'initiation) *ce jour ... du mois de ... de l'année ... C'est ici la Chaire Bardique de ...* (il cite la juridiction bardique). *Le dolmen est le dolmen de ...* (il cite le nom du dolmen ou du lieu). *Il est ... heures. L'Arbre Sacré de ... est à proximité.*

Et, faisant face à l'Est, il proclame :
— *A la face du Soleil et dans l'Œil de Lumière !*
Les assistants répondent :
— *Qu'il en soit ainsi !*
Le Druide officiant se retourne en pivotant sur sa droite, c'est-à-dire dans le sens du soleil, pour faire face au dolmen et dit :
— *S'il est ici quelqu'un qui a été jugé digne d'entrer dans notre illustre Cercle, qu'il s'avance maintenant !*
Le candidat à l'initiation s'avance et dit :
— *Je demande à entrer dans le Cercle de l'Antique Connaissance.*
Le Druide officiant demande alors :
— *Promets-tu de te conformer à toutes les ordonnances, coutumes et traditions de notre Chaire, en accord avec les Traditions de la Voix Conventionnelle des Bardes de l'Ile de Bretagne ?*
Le candidat répond :
— *J'en fais la promesse, à portée de vue et à portée de voix de l'Ancien de ce Bosquet Sacré.*
Le Druide célébrant déclare alors :
— *Je t'admets dans ce Cercle Druidique en qualité de mem-*

bre de notre Bosquet de ... (on mentionne ici le nom celtique du Bosquet).

Le candidat s'avance dans le cercle jusqu'à l'officiant qui poursuit en disant :

— *Dans la mesure où tu as étudié les arts, le savoir et les textes sacrés, et dans la mesure où tu as fait preuve de Lumière, je t'admets maintenant au degré de ...* (barde, ovate ou druide).

Comme dans le rite de l'*Universal Druidic Order*, le Druide initiateur met dans la main droite du candidat l'objet symbolique correspondant à son degré (Livre, Œuf, Bâton), puis il lui fait une imposition des mains sur la tête en disant :

— *Puisse le ...* (Livre du Savoir Druidique, l'Œuf Druidique, ou le Bâton Druidique) *Sacré te donner une vue claire pour la compréhension des Mystères et une sage gouverne tout au long de ta vie !*

Le nouvel initié répond :

— *Qu'il en soit ainsi !*

Le Druide célébrant poursuit :

— *Puisse Lug-Samildanach tourner vers toi un regard souriant !*
Puisse Bran te protéger !
Puisse Brigit de la Forge, Brigit de la Médecine, Brigit de la Voyance, être ta fidèle et secourable Compagne !
Puisse l'Awen projeter ses Rayons de Lumière sur toi, à Alban Hervin (au solstice d'été), tout comme au moment du lent changement de l'année, tout au long de ta vie !

L'initié répond :

— *Qu'il en soit ainsi !*

Le Druide officiant ajoute :

— *Que tous nos membres et amis te reconnaissent désormais en qualité de ...* (Barde, Ovate, Druide) *de la Voix Conventionnelle du Bosquet de ... de notre Chaire Bardique. Tu seras désormais connu parmi nous et à nos Gorseddau sous le nom gaélique de ...*

Le nouvel initié approuve :

— *Qu'il en soit ainsi !*

Et le Druide initiateur conclut en disant :

— *Puissent les Pouvoirs invoqués retourner à leur légitime place :*
Lug à son char,
Bran au Bryn Gwyn,

Brigit aux sources jaillissantes de la Lune !
Puissent tous les Pouvoirs retourner à leur légitime place !
Qu'il en soit ainsi pour chacun et pour tous, selon le Nom,
selon l'heure,
et selon le présent acte !
L'officiant, l'initié et tous les assistants terminent par :
— *Qu'il en soit ainsi !*
Qu'il en soit ainsi, désormais et à perpétuité !

Considérations

Le caractère néo-païen de ce rite a été renforcé par rapport au rite de l'*Universal Druidic Order* qui a servi de modèle. Les entités celtiques invoquées sont, cette fois-ci, insulaires.

On notera la déclaration d'intention en début de cérémonie ôtant toute ambiguïté, ainsi que l'énoncé des diverses coordonnées de temps et de lieu. Ce rite est aussi remarquable par sa mesure humaine rappelée à diverses reprises : « dans la mesure où... ». La promesse même ne saurait engager au-delà de la limite humaine de la portée de vue et de la portée de voix. Un nom nouveau druidique est attribué au postulant. L'initié doit donner personnellement son accord à chaque phase de l'initiation. En fin de rite les entités convoquées sont congédiées selon le principe magique du renvoi des entités, ce qui prouve au moins une bonne connaissance de l'occultisme par les initiateurs de ces rites.

Les deux groupes druidiques que nous venons d'analyser sont dans la filiation de John Toland mais non dans l'obédience, bien entendu, de la *Gorsedd* galloise. Ils n'en sont que plus libres de choisir allégrement le retour aux sources du paganisme celtique. On comprendra donc aisément pourquoi la sévère *Gorsedd* galloise contrôlée par des ministres de culte chrétien n'est pas près d'accepter la promiscuité de druides qui non seulement ne parlent pas le gallois mais prétendent en outre invoquer des divinités païennes, celtiques certes, mais païennes !

CHAPITRE SEPTIÈME

RITE DE L'ORDRE MONASTIQUE D'AVALLON

Sans revenir sur la genèse de l'Ordre d'Avallon, nous en présenterons le rite initiatique, certes créé de toutes pièces, mais intéressant par sa richesse et par l'intention délibérée de son initiateur de réactiver les filiations druidiques véhiculées par l'Eglise Celtique restaurée.

Préparation

Après absorption, le matin, d'un verre d'eau sacralisée, le consécrateur et le postulant sont astreints au jeûne total jusqu'à la cérémonie. Ils doivent également se laver entièrement l'un devant l'autre puis entrer en méditation jusqu'au moment du rite. On bande les yeux du sujet à initier qui, ignorant tout du rite, doit rester nu dans un abri sommaire isolé à proximité du lieu prévu de la cérémonie dans une attente pour lui indéterminée.

La première initiation d'un « ancien » de l'Ordre d'Avallon, Henri Hillion, eut lieu le 27 juin 1970 au verger de Ker Avalenn dans un triangle marqué par trois pommiers, l'une des bases du triangle étant face au soleil de l'après-midi, vers le sud-ouest. Les acolytes de l'initiateur allumèrent trois feux en triangle à l'intérieur et à l'inverse du triangle marqué par les trois pommiers. Le célébrant en tunique blanche et étole, mais tête et pieds nus, exorcisa et bénit le sel puis l'eau et traça une barrière magique en triangle, pour délimiter le sanctuaire, incluant les trois pommiers, en répandant tout autour, et dans le sens du soleil, d'abord du sel bénit puis de l'eau bénite, enfin en passant avec une cloche d'airain qu'il fit tinter tout au long de la limite. Un passage fut cependant aménagé pour permettre les quelques allées et venues indispensables. Les acolytes en coule et pieds nus furent invités par le célébrant à pénétrer dans le triangle sacré à titre de témoins. Les autres témoins assistèrent à la cérémonie de l'extérieur du triangle.

Déclaration d'intention

L'initiateur fit alors solennellement et à forte voix, de sorte que le postulant qui attendait à proximité sous un abri pût entendre, la déclaration d'intention suivante :
— *Etant bien stipulé que je n'agis qu'en tant que détenteur de la plénitude du sacerdoce et non en tant que hiérarque d'une église chrétienne, je formule l'intention de transmettre à Henri Hillion tous les pouvoirs afférents à la charge d'Ancien dans l'Ordre Monastique d'Avallon. Je formule l'intention d'en faire un Ancien muni de tous les pouvoirs dont il aura besoin, étant bien spécifié que le titre d'Ancien n'est pas confondu avec aucun titre existant dans l'église chrétienne et ne donne aucune juridiction pour l'exercice de ces pouvoirs dans l'une quelconque de ces églises chrétiennes ni pour lui-même ni pour ses successeurs.*

« *Il est également stipulé que mon intention est de donner à Henri Hillion toutes les lignées initiatiques dont je suis détenteur et particulièrement celles des lignées qui ont pu passer dans les églises depuis les druides mes prédécesseurs, par exemple au moment de la consécration des druides aux charges d'évêques.*

« *Il est également stipulé qu'Henri Hillion élevé et consacré par mon canal comme Ancien aura tous pouvoirs y compris celui de transmettre ces lignées aux personnes qu'il consacrera lui-même comme Anciens.*

« *Il est bien stipulé qu'Henri Hillion ni aucun de ses successeurs ne se prévaudra de sa consécration pour agir et célébrer en tant que tel dans le cadre d'aucune église chrétienne.* »

Exorcisme

Cette déclaration d'intention étant faite, le rite proprement dit commence alors par l'invocation :
— *Au Nom du Père de Tout Amour,*
Au Nom du Fils de Tout Amour,
Au Nom de l'Awen de Tout Amour !
puis s'adressant aux témoins présents dans le triangle, le consécrateur demande :
— *Reconnaissez-vous l'élection d'Henri Hillion comme abbé et « ancien » de l'Ordre Monastique d'Avallon ?*
Les témoins répondent « *oui* » ; en cas de réponse négative la cérémonie aurait été tout simplement interrompue ici. La réponse étant affirmative, le célébrant poursuit :
— *Que le Frère Henri Hillion se présente donc devant moi avec tout ce qui lui appartient en propre !*
Le célébrant ouvre le triangle consacré pour permettre aux témoins de sortir pour aller chercher l'élu qui attendait nu et les yeux bandés dans le petit abri à proximité. Les Frères guident le postulant jusqu'au centre du triangle, donc au milieu des trois feux où il est mis à genoux, face au célébrant. Celui-ci lui répand du sel béni sur la tête et sur les épaules en disant :
— *Henri, je t'exorcise par le sel !*
Il fait en même temps le tour du candidat dans le sens du soleil puis il l'asperge d'eau bénite en tournant également autour de lui en disant :
— *Je te bénis par l'eau.*
Puis le célébrant entraîne le postulant autour des trois feux toujours dans le sens du soleil en disant :
— *Puisque tu es aveugle, je te sanctifie par le feu afin que tu voies.*
Dans le même temps le célébrant libère le bandeau qui cachait la vue du postulant et il le reconduit au centre des trois feux où il reste à genoux.

Abbatiat

Le célébrant poursuit :
— *Ta tonsure m'indique que tu es moine, as-tu seulement un vêtement ?*

Le postulant répond :
— *Non !*
L'officiant reprend :
— *Puisque tu es pauvre et nu, je vais donc te donner un vêtement.*

Le célébrant quitte le triangle, cloche en main pour aller chercher une coule restée à l'extérieur. Il entre à nouveau dans le triangle qu'il referme en agitant la cloche sur son passage. L'officiant vêt le postulant de la coule en disant :
— *Reçois des vêtements blancs !*

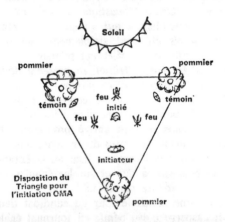

Le candidat se relève et se vêt. Le célébrant poursuit :
— *Les Frères ici présents m'ont fait savoir qu'ils t'avaient élu « abbé » et « ancien » de l'Ordre Monastique d'Avallon. Acceptes-tu d'être Abbé de l'Ordre d'Avallon ?*

L'élu répond :
— *Oui, j'accepte.*

Le célébrant lui remet alors un bâton pastoral — qui est en fait une branche de houx — en disant :
— *Reçois le bâton d'Abbé de l'Ordre d'Avallon et sois le pasteur des brebis dans la prairie vers laquelle l'Awen les conduit. Tu en répondras devant ton Juge !*

Puis il lui passe au cou un cordon au bout duquel pend une médaille représentant une fleur de pommier :
— *Reçois l'insigne de la fleur du pommier pour te rappeler ce jour où tu t'es engagé.*

Ancien d'Avallon

Le célébrant continue en disant :
— *Et maintenant, acceptes-tu d'être élevé au titre d'Ancien ?*
Le nouvel Abbé répond :
— *J'accepte.*
Le célébrant insiste :
— *As-tu bien réfléchi ? Sais-tu à quoi tu t'engages ?*
Le candidat à l'initiation répond ici librement.
L'initiateur poursuit :
— *Considères-tu que, à travers moi, tu reçois la plénitude de ce que tu recherches ?*
Le candidat répond : *oui* et se remet à genoux. L'initiateur célébrant lève alors les bras, paumes vers le Soleil et dit :
— *Dans ce cas, en vertu de tous les pouvoirs d'Ordre qui m'ont été confiés, en vertu des Ordres Traditionnels dont j'ai été fait moi-même dépositaire par imposition des mains, en vertu de la plénitude du sacerdoce qui a été déjà versée en moi-même par les multiples lignées de successions initiatiques, druidiques, christiques et mystiques, et en particulier de toutes celles que je tiens directement du Siège d'Avallon, j'invoque, je prie et je supplie l'Awen de m'assister en ce moment présent et de guider mes gestes et mes paroles.*
L'initiateur abaisse les bras et impose les mains par contact ferme sur la tête de l'initié en disant :
— *Henri, reçois par l'imposition de mes mains la plénitude du sacerdoce pour toi-même, pour les vivants et pour les trépassés. Henri, reçois la Paix, la Force et la Plénitude de la Grâce de l'Awen !*
L'initiateur prend alors l'une après l'autre trois ampoules d'huiles consacrées. Il verse une coulée de la première ampoule sur la tête de l'initié en disant :
— *Que cette onction des Saintes Huiles se répande en abondance sur ta tête !*
Il verse de la seconde ampoule trois coulées en forme de *Tribann* sur le front de l'initié en disant :
— *Qu'elle coule sur ton visage !*
Il verse de la troisième ampoule trois nouvelles coulées sur le haut de la tête de l'initié en disant :
— *Qu'elle descende jusqu'aux extrémités de ton corps...*

Il oint également les mains de l'initic en poursuivant :
— ... *de sorte que la Force de l'Awen te pénètre intérieurement et t'enveloppe extérieurement !*
Le célébrant l'essuie avec un linge prévu et continue :
— *Henri, tu es fait Ancien, pour ta propre réalisation, pour ta propre réintégration, ainsi que pour celles de ceux que tu prendras en charge.*
« *Que l'Awen souffle sur toi !* »
et il lui souffle sur le front en descendant vers la poitrine,
— *Que tes Guides spirituels te protègent !*
et il lui souffle une deuxième fois du front à la poitrine vers la gauche,
— *Que la Source de Tout Amour t'abreuve !*
et il lui souffle une troisième fois du front à la poitrine vers la droite, de façon à former un *Tribann*. Puis le célébrant accorde à l'initié une bénédiction par la Croix Druidique en disant :
— *Au Nom du Père de Tout Amour !*
Au Nom du Fils de Tout Amour !
Au Nom de l'Awen de Tout Amour !
et il conclut en disant :
— *Va dans la Joie, et que ta Joie soit parfaite, pour toi et pour tes successeurs. N'oublie pas les grandes Lois Mystiques et fais aux autres ce que tu voudrais qu'ils te fassent ! Amen, Amen, Amen !*
La cérémonie est terminée, on donne l'accolade au nouvel initié. Le célébrant prend soin de répandre le sel restant dans les feux qu'il éteint ensuite avec l'eau bénite, puis il défait le triangle en le parcourant avec la cloche mais en sens inverse.

Commentaire

Le rite initiatique de l'Ordre d'Avallon, bien que passablement riche et élaboré, ne pouvait se déclarer franchement néopaïen eu égard à la qualité de l'initiateur déjà évêque chrétien de l'Eglise Celtique restaurée. C'est donc un rite de compromis qui, en dépit de la déclaration d'intention limitative très précise de l'initiateur, n'allait pas manquer de donner lieu à équivoque.

On remarquera le choix du lieu de l'initiation, un verger de pommiers, et le sanctuaire triangulaire marqué de trois pommiers, avec trois feux, trois huiles. La cérémonie s'était déroulée « face au Soleil ». La date était proche du solstice d'été. Le sel et l'eau sont utilisés ici comme au *Druid Order* ou au Collège Druidique des Gaules. Les vibrations sont produites non par une corne d'appel mais par une cloche de bronze. Le rite de mort est symbolisé par le dénuement, l'aveuglement et l'attente dans un endroit isolé et clos représentant le tombeau. Il y a épreuves, renaissance symbolique, vêture mais pas de collation de nom nouveau, imposition des mains, onction d'huile, souffle, remise de symboles : bâton et fleur de pommier laquelle correspond à l'Œuf Druidique à cause de sa forme en étoile à cinq branches.

La référence la plus intéressante de ce rite pour notre étude est celle de la transmission, mentionnée dans la déclaration d'intention, des lignées de succession initiatique druidique par le canal des évêques celtes chrétiens. Nous savons en effet que le premier évêque irlandais Fiacc, consacré par saint Patrick, était un *file,* disciple du chef des *filid* Dubthach, donc un druide. Il a donc pu y avoir une continuité dans la transmission initiatique druidique par le canal des druides devenus évêques. Or, l'Eglise Celtique restaurée a prouvé qu'elle détenait, entre autres filiations, celle des évêques irlandais depuis saint Patrick, précisément cette lignée passant par les druides convertis dont le *file* Fiacc, druide devenu le premier évêque irlandais.

CHAPITRE HUITIÈME

RITE DE L'*ANCIENT ORDER OF DRUIDS* (A.O.D.)

Des temples couverts

Il ne faudrait pas dans cette étude des rites druidiques oublier cette seconde branche si importante du druidisme contemporain dérivant de Henry Hurle fondateur de l'Ancien Ordre des Druides (A.O.D.) en 1781.

Bien qu'il soit presque certain qu'il y eut des liens druidiques entre l'A.O.D. et le *Druid Order*, les druides de *Poland Street* se distinguèrent par des rites très différents de ceux des autres groupements druidiques. Alors que la norme des lignées Toland-Morganwg est de célébrer dans le temple de la Nature, à ciel ouvert, « à la face du Soleil, Œil de Lumière », la lignée Henry Hurle se caractérise par la tendance inverse de rites fermés dans des temples couverts, avec obligation de secret qui, par voie de conséquence, nous empêchera de dévoiler ces rites. Nous devrons donc nous contenter ici de quelques extraits. A titre indicatif cependant et pour démystifier le « secret », disons qu'un chercheur décidé, sans être un *Sherlock Holmes,* finira bien par trouver tous les rituels chez quelque bouquiniste spécialisé...

L'accès au temple est contrôlé par des gardiens, extérieurs et intérieurs, qui exigent le mot de passe et les signes de reconnaissance. L'attitude du Gardien Senior, l'épée nue au poing, est significative ! Lorsque tous les membres sont déjà entrés dans le temple, au rite d'ouverture d'un Chapitre de Royal Archidruide, il y a encore un nouveau contrôle.

Dans les cérémonies de l'*Ancient Order of Druids*, la Bible est portée solennellement en procession sur un coussin et déposée sur l'autel du temple

A l'Ancien Ordre Uni des Druides de Norvège, sur l'autel du temple, dit « Bosquet », brûle une flamme à laquelle sont allumés au cours des rites les flambeaux des officiers. La loge est décorée de représentations de mégalithes en souvenir de Stonehenge. A l'Ouest, derrière l'Archidruide, se dresse l'image d'un chêne porteur de gui et à l'Est un soleil levant est figuré apparaissant à travers un dolmen.

Après avoir revêtu leurs insignes et s'être regroupés par degré, les Frères du F.G.D.O. norvégien, sur l'invitation du Maître de Cérémonies, entrent dans le Bosquet Sacré en chuchotant au passage le mot de passe secret au Gardien Intérieur. Chacun doit s'incliner devant le Noble Archidruide, président de la Loge et gagner sa place où il se tient debout en attendant le début de la cérémonie. Les Frères prennent place de chaque côté du Bosquet, se faisant face, les titulaires des premier, second, quatrième et septième degrés le long du côté nord, les plus gradés allant vers l'Ouest. Les titulaires des troisième, cinquième et sixième degrés se placent le long du côté Sud. Le Noble Archidruide siège sur une estrade, à l'Ouest, donc tourné vers l'Est, tandis que le Vice-Archidruide se tient à l'Est. Le Noble-Archidruide est assisté de deux bardes et le Vice-Archidruide de deux ovates. Le Maître de Cérémonies a son siège au pied de l'estrade du Noble Archidruide. Le Scribe a une table au Sud-Ouest et le trésorier une table au Nord-Ouest. Il y a aussi un organiste. Les officiers tiennent en main un bâton. Celui du Noble Archidruide est surmonté d'un croissant de lune tandis que le Vice-Archidruide porte un soleil et le barde-assistant un « œuf de serpent » symbole de sagesse. Au milieu du Bosquet se tient l'autel sur lequel brûle une flamme.

A la cérémonie d'initiation au troisième degré, c'est-à-dire pour l'initiation des druides, les candidats sont vêtus d'une tunique blanche. On leur remet un cierge rouge allumé, symbole de leur aptitude à aller porter la lumière druidique à travers le monde.

Le moment crucial du rite est atteint lorsque l'Ancien Archidruide célébrant récite les « Sept Enseignements de Merlin » tandis qu'un cierge est allumé à l'énoncé de chacun des enseignements.

Initiation d'un Archidruide

Dans un Chapitre de Royal Arch de l'Ancien Ordre des Druides, la cérémonie d'initiation d'un archidruide s'appelle « l'Exaltation », tout comme dans la franc-maçonnerie. Le candidat à l'Exaltation est déjà druide par définition. Néanmoins il doit attendre à la porte du temple et se soumettre à diverses épreuves de contrôle et prêter serment à plusieurs reprises. C'est le *Most Excellent Royal Arch-Druid* (M.E.R.A.D.), c'est-à-dire le Très Excellent Royal Archidruide, qui donne ainsi la mythologie du degré de Royal Arch :

— *Frères, les druides anciens et primitifs étaient les descendants directs de Japhet, l'un des fils de Noé, et les premiers habitants de cette île* [la Grande-Bretagne]. *Ils étaient connus sous trois appellations, la première étant « les Prêtres » qui avaient la responsabilité de la religion et qui étaient les Princes et Gouverneurs du Pays ; la seconde était « les Bardes » qui composaient et chantaient des chants à la gloire de leurs valeureux guerriers ; la troisième « les Eubates » qui joignaient la philosophie morale à l'étude de la théologie.*

Leur religion consistait en la croyance en un Etre Suprême, à l'immortalité de l'âme et à la récompense ou au châtiment dans une vie future.

Leur philosophie était des plus simples, dérivée de leur observation de la Nature. Mais ce en quoi ils excellaient et ce sur quoi reposaient leur religion et leur philosophie était la science de la Géométrie, déployée dans la structure de ces temples merveilleux qui ont fait l'admiration des générations.

Suit une dissertation sur la Géométrie, et le M.E.R.A.D. continue :

— *Tel était le druidisme dans sa pureté et il continua ainsi pendant de nombreux siècles. Au cours des âges, les Phéniciens ayant débarqué en Grande-Bretagne établirent des relations commerciales avec les habitants qui s'imprégnèrent de leurs conceptions idolâtres au sujet de la transmigration des âmes et de la nécessité du sacrifice humain, de telle sorte qu'ils s'éloignèrent de la pureté de leur ancienne religion.*

En conséquence de cette déchéance de la religion et de la science, leurs Chefs et leurs Anciens se regroupèrent en un corps distinct et séparé, s'appelant eux-mêmes « Archidruides » ; et ils n'admirent personne à partager leurs mystères sacrés, à l'exception de ceux qui renonçaient à leur idolâtrie, retournaient à la religion de leurs ancêtres et vivaient dans l'Amour, la Paix et la Charité avec les Frères.

Vous ayant sélectionné dans le grand corps des Druides comme étant une personne susceptible d'être élevée au degré de Royal Archidruide, nous vous investissons de notre insigne.

On revêt alors le candidat d'une sorte d'étole qui est l'insigne du degré. C'est à ce moment que sont communiqués les signes de reconnaissance et mots de passe et on apprend au nouvel « archidruide » à saluer dans le Temple. Le Très Excellent Royal Archidruide (M.E.R.A.D.) qui préside la cérémonie d'Exaltation prononce alors un long discours au cours duquel il délivre tout un enseignement au nouvel initié sur divers points de morale, de conduite dans le monde, et sur les vertus spécifiques qu'un archidruide doit développer pour avoir le légitime droit à la béatitude dans l'Au-delà.

L'initiation proprement dite étant terminée, le nouvel initié est invité à sortir de façon à être, aussitôt après, officiellement reçu en qualité de « Royal Archidruide ». Cette nouvelle cérémonie permet de tester le nouveau Royal Archidruide qui doit satisfaire aux signes, mots de passe et questions diverses sur les symboles. A l'issue de cet examen, le nouveau Royal Archidruide prête serment, la main droite sur les pages de la Bible ouverte. A certains moments, le rite est ponctué de « batteries », un peu à la manière des « batteries » maçonniques.

Druidisme ou Franc-Maçonnerie

On voit que le style des druides de la lignée de Henry Hurle est nettement différent de celui des héritiers de John Toland ou de Iolo Morganwg. Pas de rites en plein air, même si dans certains Temples UAOD on s'efforce de décorer les murs de reproductions de Stonehenge et de chênes peints. La « Prière des Druides » de la *Gorsedd* est ici inconnue et la mythologie arthurienne inexistante. Bien entendu ni nationalisme celte, ni langues celtiques ! Par contre la Bible figure sur l'autel du temple et les

Celtes sont donnés comme les descendants directs de Japhet, le troisième fils de Noé, donc de tradition hébraïque orientale. Ainsi certaines conceptions de la Renaissance concernant les Celtes se sont-elles transmises jusqu'à nos jours.

Cependant, l'explication mythique du Royal Arch donnée par l'Ancien Ordre des Druides est différente de celle du Royal Arch de la Franc-Maçonnerie. Il ne s'agit pas ici de l'arc de la voûte du Temple de Salomon où était caché le Nom de l'Ineffable, mais d'un groupe distinct de druides qui se séparèrent des autres druides dont la religion aurait dévié, sous l'influence de marchands phéniciens, vers la pratique de sacrifices humains. Les druides fidèles à la tradition ancestrale héritée du troisième fils de Noé se seraient alors regroupés sous le nom d' « archidruides ». « Royal Arch » n'est qu'une abréviation pour « Royal Archidruide ».

Historiquement, nous savons que le premier Chapitre de Royal Arch de l'Ancien Ordre des Druides n'a été créé qu'en 1811 par le Frère George Green pour permettre un recrutement élitiste. C'était en pleine querelle maçonnique des *Antients* et des *Moderns,* et le Royal Arch maçonnique était précisément au cœur de la contestation qui fut réglée par l'Acte d'Union de 1813 par incorporation du Royal Arch dans la Maîtrise maçonnique.

Cependant, d'après Mrs Ithel Colquhoun qui rapporte une tradition du *Druid Order,* le Royal Arch aurait été créé en 1653 par Elias Ashmole, membre éminent du Bosquet druidique *Mount Haemus* d'Oxford, en fusionnant les trois ordres de Druide, Barde et Ovate en un seul : le Royal Arch(idruide), nouveau titre qu'il aurait lui-même transmis aux premiers maçons spéculatifs de Grande-Bretagne.

Quoi qu'il en soit, le style général des groupes druidiques issus de Henry Hurle, c'est-à-dire essentiellement l'A.O.D., l'U.A.O.D. et l'I.G.L.D., est manifestement plus maçonnique que druidique.

Aucune des autres sociétés druidiques que nous avons vues, dérivant de John Toland ou de Iolo Morganwg, n'a jamais osé, malgré parfois des réminiscences chrétiennes certaines, placer la Bible au centre du sanctuaire ! Si les groupes druidiques reconstitués à partir de 1717, en même temps que se développait la Franc-Maçonnerie, s'étaient précisément démarqués par rapport à celle-ci en essayant dans la mesure du possible de se rapprocher de la tradition celtique pré-chrétienne, dans le cas des groupes issus de Henry Hurle on a bien l'impression d'avoir voulu presque purement et simplement copier la Franc-Maçonnerie.

C'est aussi ce qui explique que les sociétés de la lignée de Henry Hurle ne sont pas reconnues comme « druidiques » par les autres associations druidiques.

CHAPITRE NEUVIÈME

OBSERVATIONS COMPARATIVES

Nous nous livrerons dans ce chapitre à un certain nombre de comparaisons des rites que nous venons de présenter, d'abord des rites entre eux, puis des rites vis-à-vis du schéma traditionnel et enfin au regard de ce que nous savons de l'histoire du druidisme.

Comparaison des rites entre eux

Il n'était pas dans notre intention, et il n'était pas non plus possible ici, d'analyser tous les rites d'initiation des sociétés néo-druidiques, c'est pourquoi nous n'avons retenu que quelques exemples significatifs parmi les rites les plus accessibles. Pour établir un parallèle entre les rites présentés, nous tenterons d'en récapituler les différents aspects dans une sorte de tableau synoptique. Pour cela nous avons analysé les seuls moments du rite initiatique à l'exclusion des rites d'ouverture ou de clôture et des rites de célébration à proprement parler. Par conséquent, nous ne ferons pas apparaître ici le *Druid Order* dont nous n'avons pas présenté les rites initiatiques, mais nous n'hésiterons pas à y faire figurer l'*Ancient Order of Druids* — que l'obligation de secret nous a contraint à ne présenter que partiellement —

de sorte que la lignée de Henry Hurle soit quand même représentée dans ce tableau.

La plupart des groupes célèbrent leurs rites « face au Soleil, Œil de Lumière », même si, dans la pratique, ce n'est pas toujours le cas par exemple au Collège Druidique des Gaules ou à l'*Universal Druidic Order* qui célèbrent en intérieur si besoin est. En revanche, l'Ancien Ordre des Druides, ainsi d'ailleurs que les autres groupes dérivés de lui, ne célèbrent jamais en extérieur mais toujours dans un temple « couvert ».

La présence de pierres n'est pas jugée indispensable par le Collège Druidique des Gaules, contrairement à ce qu'en pensent les *Gorseddau*, et elle n'est mentionnée ni par l'Ordre d'Avallon, ni par l'Ancien Ordre des Druides. Pour l'*Universal Druidic Order* et le *Golden Section Order* point n'est besoin de cercle de pierres mais seulement d'un dolmen, lequel correspond au *maen log* des *gorseddau*.

Les arbres n'interviennent pas dans la plupart des groupes pour l'initiation proprement dite alors qu'ils peuvent être inclus dans les rites de célébration avec le chêne et le gui par exemple, ou même avec de nombreuses essences comme chez les druides gaulois. Mais dans le cas de l'*Universal Druidic Order* et du *Golden Section Order*, la présence d'un arbre, traditionnellement considéré comme sacré, est requise, soit que la cérémonie ait lieu effectivement au pied de l'arbre, soit qu'elle ait lieu tout au moins à proximité, pour le cas où on ne pourrait faire autrement. Dans le rite de l'Ordre d'Avallon, il y avait trois pommiers pour la première initiation, mais la célébration dans une pommeraie n'étant pas toujours facile à réaliser, on cessa rapidement de célébrer dans un verger et la cérémonie d'initiation peut même avoir lieu en intérieur en cas d'intempéries.

Le rite du bandeau ou du voile sur les yeux n'a été conservé qu'au Collège Druidique des Gaules, à l'Ordre d'Avallon et à l'Ancien Ordre des Druides. On estime dans les autres cas que l'initié doit savoir où il met les pieds, au sens propre comme au sens figuré !

Les cinq éléments de la tradition celtique qui sont représentés au complet, avec la rose, dans le rite du *Druid Order*, se retrouvent au moins à quatre dans le rite de réception du Collège Druidique des Gaules.

TABLEAU SYNOPTIQUE DES ÉLÉMENTS OU INITIATÈMES DE SEPT RITES INITIATIQUES NÉO-DRUIDIQUES

ELEMENTS DU RITE OU INITIATÈMES	C.D.G.	GORSEDDAU BRET.	GORSEDDAU CORN.	U.D.O.	G.S.O.	O.M.A.	A.O.D.
face au soleil	✓	✓	✓	✓	✓	✓	
pierres	✓						
arbres	✓					✓	✓
yeux bandés	✓					✓	✓
pain	✓					✓	✓
sel	✓					✓	✓
eau	✓					✓	✓
feu	✓					✓	✓
faucille	✓						
interrogatoire	✓						
passage sous un dolmen				✓			
abjuration	✓	✓	✓	✓		✓	
vêture	✓	✓	✓	✓	✓	✓	
imposition des mains							
remise d'objets symbol.	✓	✓	✓	✓		✓	
onction							
souffle							
nom nouveau	✓	✓	✓	✓	✓	✓	✓
serment	✓	✓	✓	✓	✓	✓	✓
épée		✓	✓				
sceau du sang	✓						
déliement du secret	✓						
mention de l'Awen					✓		
divinités celtes	✓				✓		
caractère sacerdotal						✓	
Bible							✓
TOTAUX des initiatèmes	18	7	7	10	10	13	8

C.D.G. : Collège Druidique des Gaulles.
BRET. : Gorsedd de Bretagne.
CORN. : Gorseth de Cornouailles.
U.D.O. : Universal Druidic Order.
G.S.O. : Golden Section Order.
O.M.A. : Ordre Monastique d'Avallon.
A.O.D. : Ancient Order of Druids.

Dans certains rites du C.D.G., la rose peut être remplacée, l'hiver, par du miel qui est du même ordre symbolique puisque puisé dans les fleurs. La rose correspond à la fleur du pommier qui est de la famille des rosacées. Le feu est réellement un feu de bois, comme c'est le cas au rite de l'Ordre d'Avallon, ou encore un encensoir ou simplement des flambeaux ou des cierges. Ces éléments ne sont pas toujours utilisés avec la même signification, mais le sens dominant ici est la purification.

Seul le Collège Druidique des Gaules utilise une faucille qui n'est d'ailleurs pas d'or... mais de cuivre, et qui n'intervient pas dans le rite, étant seulement posée sur la table. A l'Ancien Ordre des Druides, la faucille est conservée mais au bout d'un bâton druidique.

L'interrogatoire n'intervient que dans quatre groupes sur les sept pour la bonne raison qu'en fait il est supposé avoir eu lieu avant la cérémonie d'initiation proprement dite, surtout s'il y a, par exemple, contrôle préalable des connaissances, voire concours comme c'est le cas à la *Gorsedd* galloise. Mais au Collège Druidique des Gaules, l'interrogatoire se termine par un vote de l'assemblée.

Le rite de passage sous le dolmen est original et intéressant, c'est une particularité unique de l'*Universal Druidic Order*. Il en va de même de l'abjuration de toute religion orientale qui n'apparaît qu'au seul Collège Druidique des Gaules mais qui a son équivalent à la *Kredenn Geltiek* ainsi qu'à la *Wicca*, ou tout au moins dans certaines branches de celle-ci. Pour dédramatiser, il ne faut pas oublier que le rite d'abjuration existe aussi dans le rite du baptême chrétien.

Le rite de vêture est présent pratiquement dans tous les cas, quoique la vêture soit plus ou moins symbolique, sauf dans le cas de l'Ordre d'Avallon où l'initié est effectivement *in naturalibus* une grande partie de la cérémonie. Dans les autres groupes, la vêture va de l'imposition de la saie, par exemple au Collège Druidique des Gaules, à la simple imposition du voile aux *Gorseddau,* ou de l'étole à l'Ancien Ordre des Druides. La vêture peut même avoir lieu entièrement avant la cérémonie.

L'imposition des mains semble bien être le rite le plus commun comme mode de transmission de l'initiation, à l'exception de l'Ancien Ordre des Druides où l'imposition de l'étole peut, à la rigueur, tenir lieu d'imposition des mains sur les épaules. En effet, l'imposition des mains a généralement lieu sur la tête, imposition par contact direct plus ou moins appuyé, ou même sans toucher la tête, sans contact du tout, les mains étant seulement au-dessus de la tête. On remarque à l'*Universal Druidic Order* l'imposition de la main gauche pour le grade de barde, de la droite pour le grade d'ovate et des deux mains pour le grade de druide. Au Collège Druidique des Gaules il n'y a pas d'imposition des mains pour les bardes ou ovates, mais seulement pour les druides, imposition des mains précédée de signe de Croix Druidique et de marquage de l'initié du signe du *Tribann* sur le front et sur le plexus, du pouce du Grand-Druide. A la *Gorseth Kernow* le postulant se présente au Grand-Barde les mains jointes et le Grand-Barde lui serre les mains dans les siennes : il n'y a pas d'imposition de mains sur la tête.

La remise d'objets symboliques n'existe qu'à l'*Universal Druidic Order* et au *Golden Section Order* avec la remise du Livre du Savoir Druidique, de l'Œuf Druidique et du Bâton Druidique. Ces deux derniers objets reçoivent une onction d'huile, onction qui n'est faite sur la personne même de l'initié que dans le cas de l'Ordre d'Avallon.

Le rite du souffle n'apparaît encore que dans l'initiation de l'Ordre d'Avallon. Il y a cependant quelque chose de voisin au Collège Druidique des Gaules avec le rite d'ouverture de la bouche au nouveau druide.

L'attribution d'un nom nouveau semble bien être une coutume généralisée, sauf à l'Ordre d'Avallon où cela reste libre et à l'Ancien Ordre des Druides où cela ne se fait généralement pas.

Tous les groupes exigent le serment, et souvent à plusieurs reprises, sauf à l'Ordre d'Avallon où l'on désirait bien être initié certes, mais surtout pas être lié par serment ! Dans les *Gorseddau* le serment est prêté sur l'épée symbolique du Roi Arthur. A l'Ancien Ordre des Druides il est prêté sur la Bible.

Le sceau du sang est une originalité du Collège Druidique des Gaules pour les nouveaux bardes et ovates, de même que le déliement du secret pour les nouveaux druides du même Collège.

L'*Awen* en tant qu'expression du Souffle Divin n'est mentionné qu'au *Golden Section Order* et à l'Ordre d'Avallon. Mais les divinités celtiques sont mentionnées dans trois groupes sur les sept considérés avec, au C.D.G., Bélen ; à l'*Universal Druidic Order* Hésus, Taranis et Bélénos qui ne sont pas invoqués directement mais dont les noms sont inscrits sur le tronc et les branches maîtresses de l'Arbre Sacré. C'est le *Golden Section Order* qui est le plus prolixe avec neuf mentions orales de « divinités » celtiques dont Lug, Bran et Brigit qui est citée sous trois de ses aspects.

Le caractère sacerdotal de l'initiation n'est pas toujours vraiment affirmé. Il est souvent latent ou implicite, mais il est aussi quelquefois ostensiblement nié, voire alternativement nié et affirmé, ce qui montre bien les hésitations des groupes devant les éventuelles réactions de leur environnement socio-culturel. Ainsi au Collège Druidique des Gaules, depuis la mort du Grand-Druide Bod Koad (1979), une certaine tendance pro-chrétienne semble vouloir reprendre le contrôle du Collège en l'orientant dans un sens tel que le néo-paganisme précédemment affirmé soit remplacé par un néo-druidisme re-christianisé.

L'Ancien Ordre des Druides est le seul groupe druidique à utiliser ostensiblement la Bible, posée sur un coussin sur l'Autel au cœur du Temple, ce qui renforce ses similitudes avec la franc-maçonnerie.

Si nous totalisons les différents éléments des sept rites d'initiation — qu'on appelle savamment des *initiatèmes* — nous constatons que nous avons retenu vingt-six initiatèmes, cependant aucun des groupes cités ne totalise ces éléments dans son propre rite d'initiation. Le groupe le plus riche est le Collège Druidique des Gaules qui se détache nettement des autres avec dix-huit initiatèmes. Vient ensuite l'Ordre d'Avallon avec treize initiatèmes, c'est-à-dire exactement la moitié du nombre total des initiatèmes retenus. Les groupes restants sont en dessous de la moyenne. On a dans l'ordre l'*Universal Druidic Order* et le *Golden Section Order* avec dix initiatèmes. Les *Gorseddau*, champions de la fameuse orthodoxie druidique, n'obtiennent que sept points, pas davantage que l'Ancien Ordre des Druides si l'on omet la Bible. Nous avons éliminé le *Druid Order* dont nous n'avons pas donné le rite d'initiation ici mais, pour ce que nous pouvons dire, il aurait obtenu au moins quatorze points dans ce tableau comparatif.

Comparaison des rites initiatiques néo-druidiques avec le schéma traditionnel

Peut-on, dans les vingt-six éléments retenus — les initiatèmes néo-druidiques — retrouver le schéma initiatique traditionnel ? Nous avons rappelé brièvement en début de cette partie les trois étapes du schéma initiatique à savoir : la régression, la renaissance et la révélation, sans oublier les épreuves qui accompagnent généralement ces trois phases. Cette structure type est à contenu variable en fonction des contextes socio-culturels. Qu'en est-il chez les néo-druides ?

Phase de régression

La phase de régression ou de destructuration est caractérisée par ce qu'il est convenu d'appeler « la mort initiatique ». Par exemple dans certains rites chrétiens, l'initié, candidat au monachisme, entièrement prosterné, est recouvert du voile noir du catafalque pendant qu'on chante la liturgie des morts.

Cette étape est la mieux marquée au rite de l'Ordre d'Avallon où le futur initié doit se dévêtir et se laver — comme on lave un mort — avant d'être enfermé, tout nu, les yeux bandés, pour une durée indéterminée, dans un réduit qui tient lieu du « cabinet de réflexion » des postulants maçons. Il y a donc ici : abandon, ténèbres, attente indéterminée, symboles de retour au néant, la fin d'une vie ou tout au moins d'un mode de vie, en même temps qu'une sérieuse épreuve à caractère pour le moins angoissant, sans parler de la honte éventuelle d'être nu, et du froid ou de la chaleur à supporter, selon les conditions du réduit-tombeau et du climat... C'est aussi le symbole du retour aux entrailles de la terre, terre de cimetière mais aussi terre-matrice, terre-mère où la graine est digérée, mais pour mieux renaître. Le rite de passage sous un dolmen, à l'*Universal Druidic Order* est celui qui se rapprocherait le plus de cette symbolique, surtout si l'on utilisait effectivement une longue allée couverte dans laquelle le néophyte devrait cheminer à tâtons comme dans un labyrinthe, d'autant plus que certaines allées couvertes figurent une sorte d'utérus chtonien. Le labyrinthe est aussi utilisé par le *Golden Section Order* comme élément rituel.

On considérera que le rite d'abjuration du Collège druidique des Gaulles fait aussi partie de la phase de régression, d'abandon des idées ou croyances antérieure, donc du dépouillement de soi.

La symbolique est beaucoup plus édulcorée dans les groupes où la phase de régression se limite au vestiaire où l'on se dévêt très superficiellement pour revêtir, à l'avance, la saie rituelle, au milieu de l'aimable tohu-bohu qui caractérise généralement les séances de vestiaire. L'épreuve ne consistera que dans le défilé pour se rendre au Cercle Sacré et en l'attente à l'extérieur du Cercle, avec ou non examen de passage sous forme de questionnaire. Le Gardien du Seuil, l'épée au clair, ne figure qu'à l'Ancien Ordre des Druides. Le Gardien du Collège Druidique des Gaules est au contraire très accueillant, selon les règles de l'hospitalité druidique.

Phase de renaissance

La seconde phase du schéma initiatique traditionnel est la phase de renaissance ou de restructuration qui est aussi « reconnaissance » par le groupe d'accueil, c'est-à-dire à la fois acceptation par le groupe et homologation d'un certain état acquis. C'est le cas au C.D.G. où le candidat examiné sous le voile est accepté par vote muet. Dans le rite de l'Ordre d'Avallon, l'entrée du candidat dans le triangle est soumise au contrôle de l'élection et suivie de rites purificatoires par le soleil, le sel, l'eau et le feu.

Le voyage initiatique est symbolisé dans les différents rites par les déplacements divers.

A la naissance initiatique correspond généralement l'attribution d'un nom nouveau, et c'est effectivement l'usage dans la plupart des groupes druidiques.

La reconnaissance officielle de l'état nouveau de l'initié est matérialisée par une formule rituelle prononcée par l'initiateur et accompagnée d'imposition de mains, par exemple au C.D.G. :

— *J'élève devant tous les Celtes Sa Sérénité —N— à la dignité de Druide.*

ou, à la *Gorsedd* bretonne :

— —*N—, tu es Druide dorénavant.*

ou encore à la *Gorseth* de Cornouaille :

— *C'est avec joie que nous te recevons, —N—, parmi les Bardes.*

ou, à l'*Universal Druidic Order* et au *Golden Section Order* :

— *Je t'admets au degré de...* (Barde, Ovate, Druide).

ou, à l'Ordre d'Avallon :

— —*N—, tu es fait Ancien...*

ou, à l'Ancien Ordre des Druides :

— *... nous vous investissons...*

La naissance initiatique au premier niveau, c'est-à-dire pour l'acceptation d'un néophyte, est, dans certains cas, matérialisée par un rite de baptême, comme à l'Ordre d'Avallon et à la Fraternité des Druides d'Occident.

La vêture, ou prise d'habit, comme en religion, constitue un élément du rite qui est effectif à l'Ordre d'Avallon et dans l'acceptation d'un disciple au C.D.G. avec vêture de la coule ou de la saie druidique. Par contre aux *Gorseddau*, la saie est *revêtue à* l'avance et au cours du rite il n'y a que l'imposition du voile et du bandeau marqué du *Tribann*, comme à l'Ancien Ordre des Druides on impose l'étole.

On pourrait dire que la seconde phase du schéma initiatique, la phase de renaissance-reconnaissance-acceptation est caractérisée par une triple imposition : imposition des mains, imposition du nom, imposition du vêtement.

Phase de révélation

Quant à la troisième phase, dite de révélation, elle est assez complexe car elle comprend la retransmission et la réception de connaissance à valeur spirituelle permettant l'intégration ou la réintégration de l'initié dans un monde qu'il devrait pouvoir désormais maîtriser. En effet il est supposé avoir trouvé l'équilibre juste et avoir appris les techniques pour exercer cette maîtrise et pour transcender la vie du commun des mortels. Il pourra ainsi dès ici-bas jouir de la liberté de celui qui sait, jouir de la vision béatifique de celui qui est de plein droit, grâce aux techniques d'extase, en communication avec les dieux, et jouir de l'assurance de la félicité dans l'Au-delà...

Un tel accroissement de possibilités et une telle extension de conscience ne peuvent être laissés à la portée de quiconque, c'est pourquoi le scénario initiatique prévoit une occultation des connaissances dévoilées, immédiatement re-voilées, par le biais de cosmogonie mythique, de mythologie sacrée, de symbolisme ésotérique, de serments de secret ou de serment d'utilisation limitée des connaissances.

L'aspect triomphant de l'initiation idéale réussie s'extériorise par des manifestations paranormales attestant des capacités et du changement de mode d'être de l'initié. C'est ce que l'on appelle « les pouvoirs », allant du don de voyance ou de guérison aux phénomènes de dédoublement ou de lévitation...

Chez les néo-druides, l'enseignement initiatique peut avoir lieu avant la cérémonie, ou après, mais rarement pendant, sauf peut-être à l'Ancien Ordre des Druides où l'acte initiatique est précédé d'un long discours communiquant toute une tradition et un enseignement. A l'Ordre d'Avallon l'initiateur transmet surtout des lignées initiatiques traditionnelles multiples beaucoup plus qu'un enseignement. Au *Golden Section Order* et à l'*Universal Druidic Order*, le druide consécrateur remet au nouveau barde le livre symbolique du Savoir Druidique correspondant à la transmission d'une connaissance traditionnelle, et des symboles, Œuf, Arc, Bâton druidiques aux degrés d'ovate et de druide. A l'Ancien Ordre des Druides on communique des signes secrets de reconnaissance, des mots de passe et des symboles. Aux *Gorseddau* on considère l'ensemble de la cérémonie qui précède et qui suit l'initiation proprement dite comme un enseignement en soi qui ne devrait pas dispenser l'initié d'en approfondir la signification par lui-même ou avec l'aide de son druide instructeur. Au C.D.G. où l'initiation de druide est considérée comme l'aboutissement d'une formation suivie, la transmission des connaissances a donc eu lieu auparavant et c'est le pouvoir d'enseigner à son tour qui est accordé au nouveau druide auquel on ouvre symboliquement la bouche.

La transmission des pouvoirs est accompagnée de précautions quant à leur emploi, précautions traduites par des serments imposés. Mais les serments des groupes autres que le C.D.G. et l'A.O.D. sont essentiellement des serments de fidélité à l'Ordre ou à la Patrie qui ne sont pas en fait directement liés à des connaissances initiatiques reçues. Le pacte de sang du C.D.G. au degré de barde ou d'ovate est à la fois un engagement, un pacte d'alliance avec le « dieu » Bélen et un rite de fraternité de sang avec les autres initiés du groupe qui viennent d'accepter un nouveau frère.

Mis à part le port de la robe ou saie, la même pour les hommes que pour les femmes — interprété comme un rappel de l'androgynat primitif, symbole de plénitude et de totalité — nous n'avons pas rencontré ici d'éléments rituels à caractère sexuel, contrairement aux rites de la *Wicca* par exemple où l'homme est initié par la femme, et la femme par l'homme.

Le tableau suivant nous permettra de regrouper, par rapport au schéma traditionnel, les éléments caractéristiques de l'initiation néo-druidique dans les groupes étudiés :

Phase de régression destructuration	isolement, être enfermé, éloignement, attente à l'extérieur, jeûne, se dévêtir, avoir les yeux bandés ou le visage voilé, méditer, passer sous le dolmen, rite de mort, *regressio ad uterum*,
Phase de renaissance restructuration	élection ou acceptation par le groupe, déplacements, entrer dans le cercle, dans le triangle, purification par la terre, l'air, l'eau, le feu, se soleil « Œil de Lumière », monter sur la pierre du serment, imposition des mains imposition d'un nom nouveau, imposition d'un vêtement (saie, voile, bandeau, coule, étole),
Phase de révélation	recevoir une tradition (mythologie...), recevoir une filiation, une connaissance, le Livre du Savoir Druidique, des symboles (Œuf, fleur de pommier, Arc, Bâton, Croix druidique, *Tribann*) recevoir des signes et mots de passe, prêter serment à l'Ordre, à la Patrie, serment de secret, serment pour l'utilisation contrôlée des pouvoirs, pacte de sang.
Epreuves	examen probatoire (langue, culture, savoir traditionnel, composition artistique), jeûne, déshabillage, aveuglement, méditation, attente, déplacements, verser de son sang.

Les rites d'initiation néo-druidique et l'histoire du druidisme

Les rites néo-druidiques ont fait l'objet de diverses critiques, tant du point de vue de leur manque d'authenticité historique que de leurs lacunes au regard du schéma initiatique traditionnel, voire de leur fidélité relative à l'initiateur le mieux connu du néo-druidisme, Iolo Morganwg.

En ce qui concerne par exemple le site choisi pour l'initiation, l'influence des John Aubrey et William Stukeley du *Druid Order* s'est fait énormément sentir avec Stonehenge considéré comme modèle de cercle druidique. Or, les monuments mégalithiques sont antérieurs à l'arrivée des Celtes en Europe Occidentale et, mis à part Stonehenge, la plupart des cromlechs devaient très vraisemblablement être encore entièrement recouverts de terre lorsque les

Celtes arrivèrent. Les pierres dont fit usage Iolo Morganwg n'étaient pas, loin s'en faut, des menhirs, mais tout simplement des petits cailloux qu'il sortit de ses poches. En conséquence, dans l'esprit de Iolo Morganwg, les petits cailloux symboliques matérialisaient l'emplacement d'un cercle, ce qu'on aurait tout aussi bien pu faire avec une ficelle posée à terre ou par simple grattage ou même marquage superficiel du sol.

Il est pourtant, dans deux textes irlandais chrétiens à la gloire de Saint Patrick, fait référence à un temple païen constitué de douze pierres autour d'une idole centrale ornée d'or et d'argent, l'idole de Crom Cruaich en Irlande. Ces textes ont influencé les druides modernes tout autant que le site de Stonehenge. Si l'on en croit Pline l'Ancien, les cérémonies druidiques avaient lieu dans des forêts :

« *Les druides, car c'est ainsi qu'ils appellent leurs mages, n'ont rien de plus sacré que le gui et l'arbre qui le porte, supposant toujours que cet arbre est un chêne. A cause de cet arbre seul, ils choisissent des forêts de chênes et n'accompliront aucun rite sans la présence d'une branche de cet arbre.* »

Ainsi les néo-druides qui, dans leur vocabulaire propre, parlent de « bosquets » ou de « clairières » pour désigner leur lieux de réunion, ou même pour désigner leurs sections, et qui utilisent effectivement des branches de chêne ou du gui dans leurs rites, ou célèbrent près de chênes, sont sur ce point en accord avec la tradition et l'histoire.

La notion de plein air s'impose pour les rites et ceux qui célèbrent dans des temples couverts s'éloignent de la tradition.

Il n'en reste pas moins vrai que la pratique de l'initiation en public est antitraditionnelle et si les *Gorseddau* voulaient se rapprocher de la tradition, elles devraient distinguer les cérémonies publiques de célébration des cérémonies d'initiation privées.

En dépit de son symbolisme fort intéressant, l'usage d'un dolmen sous lequel on passe n'apparaît pas dans les textes anciens.

D'après les *Iolo Manuscripts,* la pierre du milieu doit seulement être plus grande que les autres. Quand on sait que Iolo Morganwg avait lui-même ses pierres dans ses poches, on pense que la pierre centrale ne devait pas être très grosse. Erreur d'interprétation de la part de Iolo Morganwg ou tradition parvenue déformée jusqu'à lui ? Toujours est-il que la pierre a joué un rôle important dans les rites initiatiques des anciens Celtes. Qu'on songe seulement à la fameuse « Pierre de Scone », la *Lia Fâl*, « Pierre de Fal » ou Pierre du Destin apportée en Irlande d'après les textes irlandais, par les *Tuâtha Dé Dânann*, les Tribus de la Déesse Dana. Cette pierre magique attestait de la légitimité de chaque nouveau roi suprême d'Irlande en criant lorsqu'il montait dessus au cours de la cérémonie de prise de pouvoir. La pierre symbolisait la Terre-Mère d'Irlande reconnaissant ainsi son Seigneur et Maître, le Roi Suprême. Toutefois nous sommes ici en présence d'une initiation de roi, donc ressortant de la classe guerrière et non de la classe sacerdotale.

La Pierre de Fal fut emportée en Ecosse par les Irlandais au cours de leur migration. Elle séjourna un moment à l'île d'Iona où Saint Colomba l'utilisa pour le sacre du roi, puis au monastère de Scone où les rois d'Ecosse étaient sacrés. Le roi d'Angleterre Edouard Ier s'en empara en 1291. Transférée à Londres et enchâssée dans le trône royal, elle sert depuis au couronnement des rois d'Angleterre. Elle fut dérobée par un commando de nationalistes écossais la nuit de noël 1950. Elle mesure 61 x 46 x 25 cm et pèse environ 150 kg.

Si les *Gorseddau* n'en continuent pas moins d'utiliser la pierre du *maen log* pour l'initiation des druides, on devrait normalement faire monter l'initié sur la pierre et non le laisser au bas de la pierre ou sur une marche à mi-hauteur. Mais surtout que l'initié soit « face au Soleil, Œil de Lumière » et ne lui tourne pas le dos comme c'est le cas ! Le nouvel initié devrait monter sur la pierre, face au soleil, recevoir éventuellement l'imposition des mains de l'initiateur mais surtout témoigner de son initiation en étant saisi, possédé, ou tout au moins inspiré de l'*Awen*, pour crier sur la pierre, à défaut de pierre criant sous lui, « la Vérité à la face du Monde ! » selon la devise galloise, et proclamer « sa vérité » en improvisant sous inspiration, ou éventuellement en déclamant un texte de circonstance. Les « Triades » dites philosophiques conviendraient très bien en l'occurrence.

Les néo-druides des *gorseddau* ont aussi oublié que le site de la cérémonie devait être couvert d'herbe. Les *Iolo Manuscripts* parlent en effet de « terrain herbu », d'« enclos de verdure » sur lequel on est pieds-nus, tête nue, « en signe de respect », en fait pour être en meilleur contact avec le sol, la Terre-Mère, et le Ciel. En conséquence les voiles portés par les néo-druides sont en contradiction avec les recommandations de Iolo Morganwg, mais pas les bandeaux simples, sans voile, qui laissent nu le sommet de la tête.

On ne trouve guère de bâtons de druides dans les *gorseddau*. Or d'après Iolo Morganwg, tous les druides doivent avoir un bâton, en bois de chêne pour les druides de rang, en bouleau pour les bardes et en if pour les ovates. Un « disciple par protection » n'aurait droit qu'à un demi-bâton mais le disciple « accepté » reçoit un bâton d'une toise (1,82 m). Les bâtons des disciples sont enrubannés des trois couleurs druidiques entremêlées : le blanc, le bleu et le vert, alors que le bâton du druide est blanc, celui du barde bleu et celui de l'ovate vert. On pense évidemment aux bâtons des Compagnons. Par exemple les Compagnons menuisiers du « Devoir de Liberté » portaient des rubans blancs, bleus et verts, donc les couleurs druidiques de Iolo Morganwg, à la boutonnière gauche et les Compagnons tailleurs de pierre, des rubans bleus et verts à la boutonnière droite, ainsi qu'à leurs bâtons.

Dans les *gorseddau* où il n'y a pas de cérémonie spéciale de réception d'un disciple, il serait judicieux d'en faire une au cours de laquelle le *mabinog* (*disciple*), en tenue civile, serait reçu dans le cercle, présenté par son *athraw*, c'est-à-dire son instructeur. On procéderait à la remise au néophyte de son premier insigne : un brassard enrubanné de trois couleurs porté en haut du bras droit. En effet, le nouveau disciple ne devrait pas encore revêtir la saie. Le port du brassard était prévu par Iolo Morganwg qui en fit lui-même usage. Le bâton serait remis à chaque aspirant par son *athraw*. Ce n'est qu'à l'initiation de barde ou d'ovate qu'on ferait la prise d'habit druidique avec vêture de la saie.

Quant aux couleurs de la robe, toge ou saie, elles ont bien été indiquées par Iolo Morganwg. Historiquement nous ne connaissons que les références à la couleur blanche pour les druides. Nous avons une indication de couleur noire pour les femmes-druides, ou femmes de druides citées par Tacite sans qu'on sache si ce noir était une couleur rituelle. Les textes irlandais, beaucoup plus prolixes sur les couleurs insistent sur le blanc. Ainsi la robe d'un druide du grade d'*ollam*, le *file* de plus haut rang, est décrite avec le haut de couleur d'or, le milieu de couleur de plumes d'oiseaux très brillantes et le bas couleur d'une averse de bronze blanc... Peut-être que la tenue de satin doré de l'archidruide du Pays de Galles a essayé de s'inspirer de cette description ? Il n'y a que dans les groupements druidiques dérivant de Henry Hurle que l'on trouve le rouge comme couleur du druide à la place du blanc. Ceci est manifestement une erreur, le rouge étant une couleur réservée à la classe guerrière comme le blanc est réservé à la classe sacerdotale, et le bleu à la classe des producteurs et artisans (d'où le bleu de travail !).

Il est très curieux que Iolo Morganwg ait indiqué les couleurs bleue et verte car en gallois comme en breton (et comme pour les Aztèques), il n'y a pas de terme spécifique pour désigner cette distinction. C'est le même mot *glas* qui désigne à la fois le vert et le bleu. Pour faire la distinction il faut avoir recours à une périphrase. Si cette énigme n'était pas élucidée, elle pourrait bien s'inscrire en faux contre l'authenticité des transcriptions de Iolo Morganwg.

Nous savons peu de choses sur la forme des robes (saies) des druides. Il est cependant question du *bardo cucullus* ou « capuche de barde » chez l'auteur latin Martial. Ce terme aurait donné le mot « coule » d'où il semblerait que les « Anciens » de l'Ordre d'Avallon seraient ici les plus proches de l'authenticité vestimentaire, ainsi que les druides encapuchonnés de l'Ancien Ordre des Druides. Quant à la matière, les druides bretons recommandent le lin, mais à la Confraternité Philosophique des Druides le lin est réservé aux hommes et la laine aux femmes. Les druides gallois n'ont pas de ces soucis qui n'hésitent pas à utiliser le nylon et autres tissus synthétiques modernes. En fait Iolo Morganwg n'a parlé ni de laine ni de lin.

Des objets rituels symboliques cités par Iolo Morganwg, à savoir la chaire, la hache et le globe d'or, il ne subsiste que la chaire chez les Gallois, à titre de récompense au concours de l'*Eisteddfod*, avec intronisation effective et éventuelle remise d'une chaire miniature en argent. C'est là, semble-t-il, une déviation de sens car il s'agit bien d'une chaire en tant que privilège de juridiction et de fonction, comme lorsqu'on parle d'une « chaire de littérature » pour un professeur d'université, ou de « magistrats du siège » pour les juges inamovibles. Le *Golden Section Order* remet actuellement cette notion en valeur pour ses sections, ce qui revient à dire que la notion de « chaire » en druidisme est équivalente à celle de « siège épiscopal ».

La hache a complètement disparu de tous les groupes néodruidiques, et pourtant c'est un insigne traditionnel des druides, prêtres forestiers. La hache est un symbole de maîtrise dans l'Art Royal et de perfectionnement dans les sciences et les arts, réminiscence de l'artisan-type de la Tribu de Dana, à savoir le charpentier. Le mot breton désignant le charpentier est *kalvez* dont le correspondant gallois est *celfydd* qui signifie « art » (on trouve en français le mot « calfat » pour désigner une spécialité en charpenterie de marine dont l'outil essentiel est le maillet.) Un druide autorisé par la *gorsedd* à porter la hache devait donc être un Maître-Charpentier, maître ès science et art qui avait droit à la parole par privilège de priorité pour parler de sa spécialité devant l'assemblée.

Est-ce pour cela que le druide-gutuatre dont parle César (*de Bello Gallico.* — VIII, 38.) fut battu de verges et exécuté à la hache, le faisant ainsi périr par son propre outil symbolique ?

Le globe d'or était le symbole de la plénitude de l'autorité, ou encore le symbole de la maîtrise parfaite pour ce qui est de l'enseignement de sa spécialité. L'archidruide du Pays de Galles ne porte pas le globe d'or mais une boule de cristal de forme ovoïde. Cependant on utilise encore le globe d'or (ou seulement doré) dans les rites de l'Ancien Ordre des Druides et de certains de ses groupes dérivés. Le globe d'or doit être rapproché de l'Œuf Druidique, le micraster, ou oursin fossile, et de la pomme en tant que symboles cosmiques.

Le pectoral de l'archidruide du Pays de Galles ne serait qu'un anachronisme puisque c'est la copie d'un pectoral irlandais de l'âge du bronze qui ne devait plus être porté du temps des druides (et pourquoi pas après tout ?) mais qui rappelait tant le pectoral du Souverain Sacrificateur du Temple de Jérusalem pour des pasteurs protestants gallois férus de Bible. On doit sans doute faire la même remarque pour le pectoral de cuivre du Grand-Barde de Cornouaille. Le Grand-Druide de Bretagne, quant à lui, ne porte pas de pectoral mais au Collège des Gaules on porte un rabat blanc brodé de la Croix druidique.

Parmi les objets symboliques que l'on trouve dans presque tous les groupes néo-druidiques, il faut citer l'épée. Pour les *gorseddau* il s'agit de l'épée du Roi Arthur. A première vue c'est encore un bel anachronisme par rapport aux druides de l'antiquité. D'après le Cycle Arthurien l'épée du Roi fut jetée dans un lac d'où une main la brandit par trois fois hors de l'eau avant de disparaître à jamais. Si donc elle est disparue, comment peut-on la montrer ? Or l'épée d'Arthur s'appelle *Caledfwlch* en gallois, *Kaledvoulc'h* en breton, signifiant « qui entame dur » ou « qui entame ce qui est dur ». Ce mot dérive vraisemblablement de *Caladbolg* qui était le nom de l'épée de Fergus MacRoeg dans les textes irlandais du Cycle d'Ulster. Cela a donné *Excalibur* dans les « Romans Bretons ».

Si l'on remonte encore plus loin dans le temps mythologique, on trouve les quatre objets sacrés des Tûatha dé Dânann, à savoir la lance de Lug, l'épée de Nuada, le chaudron de Dagda et la pierre de Fâl. Nous avons déjà parlé de la pierre. La lance est devenue le bâton druidique. Le chaudron de Dagda, à la nourriture inépuisable, a évolué en chaudron de Koridwenn/Brigit et en Saint-Graal. L'épée de Nuada s'est transformée en épée d'Arthur. Ces quatre éléments ont peut-être donné naissance aux quatre arcanes mineurs du Tarot : *Bâton* pour la Lance de Lug ; *Epée* pour l'Epée de Nuada ; *Coupe* pour le Chaudron de Dagda et *Denier* pour la Pierre de Fâl.

La signification exotérique de l'Epée d'Arthur est d'un nationalisme évident : on entretient l'Epée du Roi pour qu'il revienne la prendre et chasser l'occupant étranger. C'est aussi le mythe de la réunion de la grande famille celtique dispersée et c'est pourquoi à l'Epée d'Arthur s'est ajouté « le Glaive brisé ». On en déduira le symbolisme du retour à l'unité primordiale.

A un autre niveau, l'Epée d'Arthur n'est pas seulement le symbole de la survie cachée du Roi Arthur, mais surtout le symbole de la survie de la Tradition Celtique laquelle peut être voilée, cachée ou même complètement disparaître aux yeux du profane, comme l'Epée dans le lac, mais elle n'en demeure pas moins impérissable et à tout moment revivifiable. C'est pourquoi on ne dévoile pas impunément cette Epée qui est un Glaive de Lumière, porteur des connaissances cachées. Cela explique le rite de Iolo Morganwg où les bardes se précipitent sur l'épée découverte pour, bien vite, la recouvrir de son fourreau qui, lui, est en bois ; c'est derrière le bois, dans la Forêt Sacrée des Druides qu'est cachée la Lumière de la Connaissance.

C'est là notre interprétation personnelle du rite retransmis par Iolo Morganwg qui lui donna, pour sa part, une signification simplement pacifiste.

La lyre, devenue harpe, ne semble plus guère en honneur qu'à la *Gorsedd* galloise, en dépit du renouveau de la harpe celtique due au propre fils du Grand-Druide breton Taldir-Jaffrennou et aux bardes bretons modernes tels Alan Stivell et autres nouveaux *Myrddin* (prononcer « Marzine », forme galloise de *Merlin*.).

Si l'on s'interroge enfin sur la fonction du druide moderne par rapport au druide de l'antiquité, on est d'abord étonné de la variété des compétences du druide antique à l'instar de Lug-Samildanach le « Polytechnicien », étonné de la diversité de ses fonctions et de la multiplicité de ses pouvoirs. Par voie de conséquence, on sera d'autant plus frappé de la pauvreté relative des néo-druides. Mais cet état de choses était bien inévitable après vingt siècles de fermeture des écoles druidiques !

Certes la *Gorsedd* galloise continue d'enseigner avec succès l'art du *cynghanedd* (harmonie imitative par allitération) et la subtilité de la métrique des *englyn, cywydd* et *awdl* (compositions poétiques imposées au concours de l'*Eisteddfod*), mais il n'y a plus cet enseignement druidique systématique qui, d'après César, durait vingt ans. Actuellement ceux qui viennent au druidisme se sont déjà formés eux-mêmes avant d'y entrer, ou devront se former pratiquement seuls après y avoir été reçus. Le seul groupe qui ait organisé un service de cours par correspondance est critiqué par les autres groupes qui ne diffusent guère de leur côté que des petits bulletins polycopiés, à tirage très réduit, de publication irrégulière et d'inégale valeur. Les ouvrages des leaders, généralement considérés comme d'aimables passe-temps d'érudits, font rarement autorité, même dans leurs propres groupes.

L'exégèse des textes gallois et irlandais mériterait d'être approfondie dans le sens de la connaissance initiatique. Ces textes sont difficiles d'accès et nécessitent la maîtrise du moyen-gallois et du moyen-irlandais. Félicitons le courageux groupe Ogam-Celticum qui s'est attelé à la tâche depuis les années 1950 et a déjà publié une énorme documentation.

Il est évident que le chercheur sincère qui désire s'initier à la tradition celtique de façon sérieuse et engagée doit non seulement faire un effort considérable pour se procurer les textes essentiels, mais encore fournir un effort non moins considérable de conversion de mentalité tant il est devenu difficile actuellement d'imaginer un monde qui ne soit marqué ni par l'impérialisme des légions romaines ni par vingt siècles d'acculturation judéo-chrétienne.

TROISIEME PARTIE

TEXTES, RITES ET DESCRIPTIFS

CHAPITRE PREMIER

TEXTES

Notre troisième partie sera essentiellement une présentation de quelques textes de base et de rites accessibles du néo-druidisme, suivis de descriptifs inédits des principales sociétés druidiques modernes.

*
* *

Parmi les textes des initiateurs du druidisme contemporain, nous citerons d'abord un extrait des *Iolo Manuscripts* sur la base duquel on pourra toujours constituer de nouveaux groupes druidiques — ou plutôt bardiques ici — pour que la tradition ne se perde pas.

Bardisme : privilège et statut

« Là où il n'y a plus de Barde président ni de Chef de chant et, partant, risque de disparition du Bardisme, que ceux qui connaissent les usages et privilèges des Bardes de l'Ile de Bretagne des lèvres et de la voix du peuple, ou du Livre et du *Coelbren*, ou par l'intermédiaire d'un vieux chant, qu'ils fassent annonce publique d'un an et un jour à travers le Pays, au nom des Bardes de l'Ile de Bretagne qui sont supposés encore en vie. Et à l'expiration d'un an et un jour, il leur sera licite de tenir une *gorsedd*, conformément à ce qui est institué, selon la mémoire et la voix du peuple et le mémorial du Livre et du *Coelbren*. Et à l'issue d'un an et un jour ils deviendront Bardes par privilège et coutume, par réclamation et reconnaissance, et à moins d'avoir été contestés avant la fin d'un an et un jour par un Barde institué de *gorsedd* en vertu du privilège des Bardes primitifs de l'Ile de Bretagne, alors ils seront privilégiés et institués aussi bien que leur *gorsedd* puisqu'ils seront devenus alors Bardes par privilège et coutume en vertu des mêmes annonces, accord et reconnaissance légale qui au début de tout conférèrent privilège et statut aux Bardes de l'Ile de Bretagne, c'est-à-dire le privilège de nécessité. »

Ce passage a été traduit sur le texte anglais extrait des *Iolo Manuscripts : a selection of ancient Welsh manuscripts in prose and verse from the collection made by the late Edward Williams, Iolo Morganwg, for the purpose of forming a continuation to Myvyrian archaiology... with English translation and notes by his son the late Taliesin Williams* (*Ab Iolo*). Liverpool, 1888, (1re édition 1848), p. 23.

*
**

Triades bardiques

Voici maintenant quelques triades extraites du *Barddas* gallois dont nous devons la traduction à G. Berthou-Kerverziou et Arzel Even. Quatre-vingt-quinze de ces triades ont été publiées par la revue *Kad* (n° 8, et 13 de 1955). Il va sans dire que ces triades colportées oralement à travers les siècles et transcrites à une période récente ont subi diverses influences qui ont pu les déformer. C'est pourquoi il convient de les considérer avec prudence.

Il y en a des milliers, traitant de multiples sujets, tant de points de droit coutumier que de poésie ou de construction des maisons. Les plus intéressantes pour nous sont les triades dites philosophiques. En dépit d'altérations chrétiennes évidentes, on verra que ces textes postulent bel et bien la croyance aux incarnations successives.

Triade 1 :
Sont trois Unités primordiales, et il ne saurait y avoir qu'une de chacune :
— un Dieu,
— une Vérité,

— un point de Liberté, soit un lieu où toute opposition sera compensée.

TRIADE 12 :
Il y a trois Cercles de Vie essentielle :
— le Cercle de *Keugant*[1] où il n'y a que Dieu, ni vivant ni mort, et nul sinon Dieu ne peut le parcourir ;
— le Cercle d'*Abred* où tout état (de vie) reçoit essence de la Mort, et l'Homme l'a parcouru ;
— le Cercle de *Gwynfyd*[2] où tout état (de vie) reçoit essence de la Vie, et l'Homme le parcourra au Ciel.

TRIADE 18 :
Trois calamités primitives d'*Abred* :
— Nécessité,
— Oubli
— et Mort.

TRIADE 19 :
Il y a trois nécessités principales avant la Connaissance complète :
— parcourir *Abred*,
— parcourir le *Gwynfyd*
— et se souvenir de tout jusqu'en *Annwn*.

TRIADE 22 :
Trois contemporains primitifs :
— l'Homme,
— le Libre-arbitre,
— la Lumière.

TRIADE 23 :
Trois obligations nécessaires de l'Homme :
— souffrir,
— changer,
— choisir ;
et de pouvoir choisir on ne sait (rien) des deux autres avant l'échéance.

TRIADE 32 :
Trois (choses que) restitue le Cercle de *Gwynfyd* :

---
1. Le cercle (*cant*) vide (*ceu*).
2. Le monde (*byd*) blanc (*gwyn*), *Gwenved* en breton moderne.

— l'*Awen*[1] *primitive,*
— l'Amour primitif,
— la Mémoire de tout ce qu'il y a eu auparavant ; car sans elles pas de félicité.

Triade 34 :
Trois dons de Dieu à tout Vivant :
— la plénitude de son espèce,
— la distinction individuelle,
— la prééminence caractéristique de son *Awen* primitive sur toute autre : et de là l'irréductibilité individuelle de chacun quant aux autres.

Triade 36 :
Trois garanties de la Science :
— cesser de parcourir chaque état de vie,
— se rappeler le parcours de tout état et ses incidents,
— pouvoir parcourir tout état à volonté
et cela on l'a dans le Cercle de *Gwynfyd*.

***

Les Séries du Barzaz Breiz

Le Barde Hersart de la Villemarqué cite dans son *Barzaz Breiz* (1839) un chant répétitif très curieux intitulé « Le Druide et l'enfant », ou « Les Séries » que les nourrices utilisaient en Basse-Bretagne pour endormir les enfants. Nous en donnons ici les douze couplets, omission faite des répétitions :

1 — Pas de série pour le nombre un :
la Nécessité unique,
le Trépas, père de la Douleur ;
rien avant, rien de plus.

2 — Deux bœufs attelés à une coque ;
ils tirent, ils vont expirer ;
voyez la merveille !

3 — Il y a trois parties dans le monde :
trois commencements et trois fins,
pour l'homme comme pour le chêne.

---

[1]. La traduction la moins inexacte serait peut-être : élément transcendant de la personnalité.

Trois royaumes de Merlin,
pleins de fruits d'or,
de fleurs brillantes,
de petits enfants qui rient.

4 — Quatre pierres à aiguiser,
pierres à aiguiser de Merlin
qui aiguisent les épées de braves.

5 — Cinq zones terrestres,
cinq âges dans la durée du temps ;
cinq rochers sur notre sœur.

6 — Six petits enfants de cire,
vivifiés par l'énergie de la lune ;
si tu l'ignores, je le sais.

Six plantes médicinales dans le petit chaudron ;
le petit nain mêle le breuvage,
son petit doigt dans sa bouche.

7 — Sept soleils et sept lunes,
sept planètes, y compris la Poule,
sept éléments avec la farine de l'air.

8 — Huit vents qui soufflent ;
huit feux avec le Grand Feu,
allumés au mois de mai sur la montagne de la guerre.

Huit génisses blanches comme l'écume,
qui paissent l'herbe de l'île profonde ;
les huit génisses blanches de la Dame.

9 — Neuf petites mains blanches sur la table de l'aire,
près de la tour de Lézarmeur,
et neuf mères qui gémissent beaucoup.

Neuf *korrigan* qui dansent
avec des fleurs dans les cheveux
et des robes de laine blanche,
autour de la fontaine,
à la clarté de la pleine lune.

La laie et ses neuf marcassins,
à la porte de leur bauge,
grognant et fouissant,
fouissant et grognant ;
petit ! Petit ! Petit !
accourez au pommier !
Le Vieux Sanglier va vous faire la leçon.

10 — Dix vaisseaux ennemis
qu'on a vus venant de Nantes :
malheur à vous !
Malheur à vous !
Hommes de Vannes !

11 — Onze Prêtres armés, venant de Vannes,
avec leurs épées brisées ;
et leurs robes ensanglantées ;
et des béquilles de coudrier ;
de trois cent plus qu'eux onze !

12 — Douze mois et douze signes ;
l'avant-dernier, le Sagittaire,
décoche sa flèche armée d'un dard.

Les douze signes sont en guerre,
la belle Vache, la Vache Noire
qui porte une étoile blanche au front,
sort de la Forêt des dépouilles ;
dans sa poitrine est le dard de la flèche ;
son sang coule à flots ;
elle beugle tête levée ;

la trompe sonne ;
feu et tonnerre ;
pluie et vent ;
tonnerre et feu ;
rien ;
plus rien ;
ni aucune série !

Les Sept enseignements de Merlin-le-Sage

Les druides de l'U.A.O.D. d'Allemagne et de Scandinavie considèrent la proclamation des « Sept enseignements de Merlin » comme le moment le plus solennel de leurs rites. Cependant ce texte ajouté au rite anglais par les druides de Berlin vers 1870 n'est pas utilisé par les druides de l'U.A.O.D. de Grande-Bretagne :

1 — Efforce-toi d'accroître ton savoir,
car savoir c'est pouvoir.

2 — Quand tu auras le pouvoir,
utilise-le avec sagesse
et souviens-toi qu'il peut cesser un jour.

3 — Supporte les adversités de la vie avec courage
et songe que les peines d'ici-bas
ne dureront pas toujours.

4 — Pratique la vertu,
car cela t'apportera la paix.

5 — Aie le vice en horreur :
il ne t'apportera que malchance et chagrin.

6 — Sois un bon citoyen envers ta patrie.

7 — Pratique les vertus de solidarité,
de telle sorte que tu sois respecté de tous.

Le Manifeste de Kad

Voici maintenant le fac-similé du Manifeste de *Kad* de 1936, première expression publique du néo-paganisme druidique en Bretagne, suivi du texte intégral du Manifeste. Ce texte a une valeur historique certaine, même si les résultats n'ont pas été très concluants. Bien qu'une assez large diffusion en ait été faite, on remarquera qu'aucune adresse n'était indiquée ce qui limitait singulièrement les possibilités de recrutement éventuel.

EVIT AR GWIR ENEB AR BED !

EMBANNET GANT : "BREURIEZ SPERED ADNEVEZI"

SKOUER. 1   1936

Les Celtes qui meurent ou appel en faveur de la croyance régénératrice

Ce que nous sommes :

« *Breuriez Spered Adnevezi* » veut enseigner en Bretagne, pays celte, une doctrine conforme à la *Révélation* de Dieu, en considération des préceptes de Jésus-Christ, parachèvement de la Révélation à l'humanité.

Ne tenant qu'à ces préceptes, nous rejetons toutes interprétations catholiques — de même la notion d'église — comme étant contraires à la *Réalité* divine.

Notre Foi est dans l'attente messianique de la régénération des sociétés humaines par un retour absolu à Dieu. Notre *Culte* : c'est la forme du druidisme de nos libres ancêtres, renouvelé, immatérialisé, essentiellement celte.

KAD
EVIT AR GWIR ENEB AR BED !
Embannet gant : « *Breuriez Spered Adnevezi* »
Skouer. 1   1936

LES CELTES QUI MEURENT
OU APPEL EN FAVEUR DE
LA CROYANCE RÉGÉNÉRATRICE

Ce que nous sommes :
« *Breuriez Spered Adnevezi* » veut enseigner en Bretagne, pays celte, une doctrine conforme à la *Révélation* de Dieu, en considération des préceptes de Jésus-Christ, parachèvement de la Révélation à l'humanité.
Ne tenant qu'à ces préceptes, nous rejetons toutes interprétations catholiques — de même la notion d'église — comme étant contraires à la *Réalité* divine.
Notre Foi est dans l'attente messianique de la régénération des sociétés humaines par un retour absolu à Dieu. Notre *Culte* : c'est la forme du druidisme de nos libres ancêtres, renouvelé, immatérialisé, essentiellement celte.
Nos compatriotes en sont arrivés — à cause de cet asservissement à l'Eglise chrétienne — à ignorer leur patrimoine spirituel, à rester indifférents devant l'extinction de l'une des plus vieilles races d'Europe, pour se diviser sur des questions sociales ou politiques.
L'âme bretonne ne doit pas vivre dans la division, ni dans l'obédience d'une puissance extérieure. Au contraire, elle doit être ramenée, métaphysiquement et spirituellement, à une profonde et puissante unité.
A l'heure présente c'est toute une synthèse d'un *Mysticisme* — indispensable aux grandes tâches — et d'un *civisme breton* que nous devons élaborer...
La situation de la race bretonne est désespérée, nous ignorons, presque tous, la gravité des faits, et nous nous laissons glisser lentement vers le néant !

IL FAUT RÉAGIR !...

En considérant la situation présente, nous avons décidé la fondation de « *Breuriez Spered Adnevezi* » afin de contribuer à la réalisation d'un ordre nouveau, bien celte, ayant cette volonté de débarrasser notre Bretagne de ces miasmes mortels, pour apporter à nos frères un message de *Vie* et de *Progrès*.

SOYONS L'ÉLITE INDISPENSABLE.

Notre petit groupe est pénétré de ces principes : il ne peut exister deux forces humaines en opposition, dans un pays comme le nôtre ;

nous voulons parler de la puissance de l'Etat et de l'Eglise. Deux mille ans d'histoire politique occidentale nous prouvent le fait. Or, c'est pour le bien de notre Patrie bretonne que nous lutterons avec vigueur contre l'Eglise chrétienne, qui vise à détacher les hommes de la *cité terrestre* pour un renoncement qui n'est que du *défaitisme*, tendant à méconnaître le rôle essentiel qu'a le citoyen : travailler ici-bas pour le *salut collectif.*

Considérons simplement le culte de la *cité céleste,* tel que l'enseigne le cléricalisme romain : dégoût, aversion pour toutes sociétés non-chrétiennes, dont certaines nous ont donné ou donnent la preuve, de grands exemples de vertus et d'intelligence. C'est aussi la répudiation des devoirs, souvent nécessaires à la collectivité des devoirs qui incombent à tout citoyen, pour une contemplation prétendue salutaire !

Crime de la part du Christianisme que de vouer au mépris : le corps ! la cité ! la nature, partie intégrante de la Divinité.

Nous voulons que la *cité bretonne* soit le *sanctuaire de Dieu,* que la pensée du Breton soit sur sa terre ; notre Bretagne, si prenante, si idéalement belle, n'est-elle pas la preuve manifeste de l'existence d'un Dieu Créateur, Maître de l'Univers ? C'est avec raison, qu'en considérant l'homme un *être religieux* et un *être social,* nous voulons conjuguer ces deux puissants instincts.

Pour nous Bretons conscients, c'est notre tâche que celle du *solidaire salut* sur notre terre. Notre rêve : la conjonction de l'instinct religieux et de l'âme bretonne, affranchie de toute contrainte, synthèse qui s'affirmera certainement, dans d'aussi fécondes conditions que jadis.

L'évolution du temps présent nous portera vers des sommets inconnus ; le christianisme, totalitaire par essence, s'avère incapable de participer au renouvellement du Monde. L'avenir d'un peuple est dans la pleine conscience de sa personnalité, doublée à la base d'un concept métaphysique indispensable...

Nous sommes de ces Celtes d'un autre temps. Nous annonçons — à l'encontre de la thèse chrétienne — que la terre n'est pas une vallée de larmes ; que la vie n'est pas uniquement une préparation à la mort...

Nous proclamerons le *naturalisme* celte ressuscité, vivifiant une Bretagne réveillée, laquelle ne pourra que balayer l'ascétisme chrétien, de même la puissance cléricale de Rome.

BRETONS :

Sachez qu'adhérer en pleine confiance à notre œuvre, c'est affirmer votre volonté de combattre l'ennemie née de l'ordre social qu'est l'Eglise.

Adhérer, c'est vouloir recréer ce merveilleux d'imagination, inventé par nos lointains ancêtres, utile au progrès humain qui facilitera l'édification du *Grand Sanctuaire Celto-Breton* futur, fruit de notre action régénératrice pour des fins solidairement humaines et essentiellement divines.

Breuriez « *Spered Adnevezi* ».

*
**

Profession de foi de la Kredenn Geltiek

La Croyance Celtique a été l'aboutissement du Manifeste de 1936. Voici la profession de foi de ce groupe néo-païen telle que publiée dans le n° 14 de *Kad* de 1959-1960 :

CROYANCE CELTIQUE   *KREDENN GELTIEK*
LA GRANDE ENNEADE   *TEIR GWECH TRI*

JE CROIS :

1 — que le Grand Dieu, « Celui qu'on ne nomme pas », est ;
2 — qu'Il est à la fois Triple et Un, c'est-à-dire qu'Il est multiforme dans ses Attributs ;
3 — qu'il se manifeste en des émanations et hypostases accessibles à nos prières ;
4 — que le Macrocosme et le Microcosme sont faits à l'image l'un de l'autre, comprenant chacun trois plans : corporel, matériel ou grossier ; animique ou subtil ; spirituel ou informel ;
5 — que l'esprit de l'homme (qu'on appelle communément « âme ») est immortel et est un reflet de « Celui qu'on ne nomme pas » ;
6 — que l'Etincele Divine ou *Manred* anime en *Abred* les créatures les moins différenciées ; que la conscience collective de ces dernières s'affirme et s'individualise à travers les multiples formes vivantes pour parvenir dans l'Homme à la pleine connaissance du bien et du mal avec liberté du choix ; que selon ce choix l'Homme traversera de nouvelles incarnations, qui après les épreuves qui le feront progresser lui vaudront la béatitude finale dans le cercle de *Gwynfyd* ;
7 — que toute créature parviendra finalement au *Gwynfyd* après de plus ou moins nombreuses incarnations ;

8 — que l'Homme acquiert la perfection par la pratique des trois Devoirs primordiaux : piété éclairée, courage indéfectible, bienveillance universelle ;

9 — que les rites de la *Kredenn Geltiek* ont une efficience réelle ; que la prière et la méditation aident véritablement l'Homme à conquérir la perfection ; que l'initiation est nécessaire pour regagner la condition primordiale.

La plus grande liberté d'interprétation dans le détail est laissée aux fidèles de la *KREDENN GELTIEK*, mais qui n'admet point le minimum doctrinal exprimé par les neuf paragraphes ci-dessus ne saurait se prévaloir d'appartenir à cette croyance, ni par conséquent être regardé comme un véritable Frère par les serviteurs du Dieu fils de Dana.

CHAPITRE DEUXIÈME

RITES

Voici maintenant une sélection de rites peu connus de différents groupes druidiques modernes. Ces rites ne sont cependant pas secrets puisqu'ils ont fait au moins l'objet de publication — à tirage limité — dans les bulletins polycopiés de ces groupes ; ensuite les cérémonies concernées ne sont pas non plus secrètes puisque des non-initiés peuvent y assister.

**

Samain (F.U.D.)

Le texte du rite de Samain, non encore publié, nous a été très aimablement communiqué par la Fraternité Universelle des Druides.

Samain, ou *Samonios* d'après le Calendrier de Coligny, est l'ancienne fête celtique du nouvel an devenu la fête, christianisée, de la Toussaint. Le rite se célèbre normalement dans la nuit du 31 octobre. Il peut être célébré en intérieur eu égard au climat. Un ancien de la Fraternité, officiant, se tient à l'Est, le Pendragon au Nord-Est, un Druide au Sud-Est, le Héraut au Sud-Ouest, un Mabinog au Nord-Ouest. L'Ancien récite la prière que tous reprennent vers par vers :

— *Esprits Bienfaisants et Ames des Celtes*
— *Veuillez accepter l'aide de nos bras et de nos forces,*
— *Pour qu'elle soit Harmonieuse avec Vos Intelligences.*
— *Veuillez nous aider, nous guider, nous conseiller,*
— *Pour que de notre effort conjugué,*
— *Renaisse une Patrie plus belle,*
— *Dans laquelle vivront éternellement les Ames des Celtes,*
— *Sous la Lumière de l'Incréé.*

Le Mabinog demande :

— *Enseigne-nous, Sage Ancien, ce que signifie la période de l'année à laquelle nous sommes arrivés.*

L'Ancien répond :

— *Cette heure n'est plus une période de l'année, car il n'y a plus d'année. La vieille année celtique s'achève et la nouvelle commence. A Samain, le temps n'existe plus !*

Le Mabinog :

— *Si le temps n'existe plus à Samain, que devient le mur invisible que le temps seul peut élever entre le Royaume des Morts et celui des Vivants ?*

L'Ancien :

— *Comme le Temps, son constructeur, il est aboli pendant que trois fois le Soleil, l'Œil du Monde, jette son regard brillant de l'Est à l'Ouest, pendant que trois fois les Ténèbres recouvrent la Terre de Celtie. Alors, et alors seulement, le Temps renaîtra, le mur invisible s'érigera à nouveau et seulement commencera la Nouvelle Année.*

Le Mabinog :

— *Est-il alors possible, à Samain, de passer sans risques ou peu d'un monde à un autre : les Vivants au Monde des Morts, les Morts à celui des Vivants ?*

L'Ancien :

— *C'est pendant la célébration de Samain que Cuchulainn*[1] *pénétra dans le Royaume des Morts et c'est pendant ce Rite Solennel, chaque fois qu'une année meurt et que commencent les Ténèbres, que les Légions attentives des Trépassés viennent se ranger sur la Terre.*

Le Mabinog :

— *Tes paroles, Sage Ancien, me remplissent de terreur. Comme*

---

1. Cuchulainn (prononcer *Couhouline*), fils de Lug, héros mythologique irlandais de l'Ulster.

tous les Vivants, je ressens de l'aversion pour les Morts, et tout ce qui les touche ou les appelle m'effraie.

L'Ancien :

— N'essaie pas alors, Marcassin, de pénétrer dans le Royaume de l'Ankou, Père de l'Anken et de l'Ankoun [1], car cette épreuve sera plus forte que tes pouvoirs. Demeure en toi-même et dans ta propre maison.

Le Mabinog :

— Ma peur n'en est pas diminuée puisque les Trépassés reçoivent la liberté de se mélanger à nous !

L'Ancien :

— Sache, Marcassin, que les ombres sont aimables et favorables à ceux qui leur témoignent respect, vénération et amour.

Le Mabinog :

— Mais comment puis-je leur prouver que je les aime, que je les vénère et que je les respecte ?

L'Ancien :

— En leur faisant des offrandes rituelles.

Le Mabinog :

— Quels sont ces présents et les rites qui leur conviennent ?

L'Ancien :

— Ecoute et regarde, Marcassin, et sois sage. Garde soigneusement en ton cœur cette cérémonie de laquelle nous t'autorisons à apprendre.

Le Héraut dépose l'If devant le Druide qui le consacre et le remet à l'Ancien qui le replace au Nord en disant :

— Le rituel de Samain étant sous le signe de l'If, l'arbre des Morts, dont le vert éternel symbolise l'éternité de la Vie spirituelle, nous déposons ici une branche d'If.

Le Héraut, alors, présente l'épée au Pendragon qui est au Nord-Est, puis le Marteau au Sud-Est, le Pain et le Sel au Nord, le Vin à l'Ouest et le Miel au Sud. Une étoile à cinq branches est ainsi formée. La consécration de chaque élément se fait par exorcisme et invocation en traçant des étoiles à cinq branches sur les éléments. C'est celui qui reçoit l'élément qui dit :

— Que la Lumière Divine descende sur cet ... (élément/instrument) que je consacre ainsi au rite de Samain !

---

1. La formule en breton est : *Ankou tad an anken hag an ankoun*, ce qui signifie : le trépas père de la douleur et de l'oubli.

L'Ancien :
— *Si l'If est l'Arbre des Morts, il est aussi celui des Ovates. En cette solennité de Samain, il est l'offrande particulière des Ovates aux Sages Trépassés.*
Près de l'If, nous déposons l'Epée. C'est l'arme symbolique des guerriers. Nous l'offrons donc aux Héros disparus.
Le Marteau est l'outil symbolique de ceux qui produisent et qui créent. Nous l'offrons aux ouvriers et artisans disparus.
Quelle qu'ait été la Classe à laquelle ils appartenaient, tous ont mangé le Miel, le Pain et le Sel et bu le Vin. Nous les leur offrons afin qu'ils puissent se recréer en Esprit comme au temps de leurs festins terrestres.

Si l'on célèbre en intérieur, on ouvre alors une fenêtre et on place de l'ail sur le rebord. On éteint les lumières. Tous se tournent vers la fenêtre. On tape sur le Chaudron puis on allume une bougie.

L'Ancien reprend la parole :
— *Vous pouvez approcher, Ombres Chères, et alors même que vous circulerez parmi nous, nous appellerons les Noms des Trépassés qui nous sont les plus proches et auxquels nous demandons aide et coopération pour l'année qui commence.*

Ici on lit, lentement, le rôle des Morts, puis l'Ancien poursuit en disant :
— *Ombres Chères, Vous qui nous avez précédés, Vous nos Amis, nos Maîtres, venez à l'aide de ceux qui s'efforcent courageusement sur le Sentier que Vos Vies nous ont indiqué. Guidez-les dans leur quête vers la Lumière. Soutenez-les dans leurs faiblesses. Combattez avec eux contre les ennemis des Celtes et de la Pensée Druidique. Demandez pour eux le Soutien des Hautes Puissances et obtenez pour eux, si cela est possible, la Toute Puissante Bénédiction du Grand Inconnaissable !*
Nous Vous accueillons comme des Frères et Sœurs pendant Votre court passage à travers le Monde des Vivants et nous espérons que, à Votre Retour aux Demeures des Morts, Vous connaîtrez les Joies indicibles du Gwenved [1].

Les Druides et le Pendragon prennent Pain, Sel, Vin et Miel, en jettent et en répandent un peu dans le Feu. Puis l'Ancien intervient en disant :
— *Pezh a zo red bezan a vo* [2] *!*

---

1. *Gwenved* : le Monde Blanc, c'est-à-dire le Paradis Lumineux des Celtes.
2. En breton, se traduit littéralement par : Ce qui doit être sera.

Que l'intention de Bien devienne Réalité!
Suit un moment de silence ou de méditation sur les pensées exprimées ... puis on allume les lumières et l'Ancien poursuit en disant :
— *Réjouissons-nous, Frères et Sœurs, Bardes, Ovates, Druides et Marcassins, avec nos Amis et tous ceux des Terres Celtiques : une année s'achève, une année commence. Qu'elle puisse nous apporter tout ce qui nous est nécessaire :*
soutien pour nos corps,
nourriture pour nos âmes,
et qu'elle donne le Rayonnement à nos Esprits.
Qu'elle fasse que la Pensée Druidique illumine le Monde et montre à tous le vrai Sentier conduisant à la Lumière sous le Chêne, l'If et le Bouleau.
Une année commence...
Réjouissons-nous!
On distribue à tous une branchette d'If et on termine par la Grande Prière des Druides, chaque vers récité par l'Ancien étant repris en chœur par toute l'assemblée :
— *Donne-nous, ô Dieu, Ton Appui,*
— *et avec Ton Appui, la Force,*
— *et avec la Force, la Compréhension,*
— *et avec la Compréhension, la Science,*
— *et avec la Science, la Science de ce qui est Juste,*
— *et avec la Science de ce qui est Juste, le Pouvoir de l'Aimer,*
— *et en l'aimant, l'Amour de toute chose Vivante,*
— *et en toute chose Vivante, l'Amour de Dieu,*
— *de Dieu et de tout Bien!*

*

Rite du Solstice d'Hiver : Modra Necht *ou Fête du Gui*

Le rite du Solstice d'Hiver ou Fête du Gui de la Fraternité Universelle des Druides a été publié dans le Bulletin n° 8 de décembre 1979 de la Fraternité.
La procession ayant eu lieu jusque sous le Chêne porteur de gui et tous les participants étant à leurs places, le Héraut vient

saluer le Grand-Druide (ou l'Officiant) de l'épée. Le Grand-Druide l'invite alors à sonner du Cor aux quatre Points Cardinaux. Le Héraut sonne tourné vers le Nord et l'Officiant demande :
— *Au Nord, en Gaule, y a-t-il la Paix ?*
L'assistance répond :
— *Oui, au Nord, en Gaule, il y a la Paix !*
On fait de même successivement pour l'Est, le Sud et l'Ouest.
Le Héraut se présente devant l'Officiant, le salue de l'épée et dit :
— *La Paix règne en Gaule !*
Le Druide-officiant répond :
— *Puisque la Paix règne en Gaule,*
L'Officiant pose la main droite sur l'épée et poursuit :
— *Je proclame ouverte la Cérémonie du Solstice d'Hiver !*
L'Officiant fait tracer par le Héraut un Cercle sur le sol de la pointe de l'épée, exactement sous le gui que l'on va cueillir ; ensuite il consacre le lieu en entrant dans le Cercle et en traçant au-dessus le Signe Sacré de la Croix Druidique en disant :
— *Par les Noms Sacrés*
d'Esus,
de Bélen,
de Teutatès
et de Bran,
Emanations Supérieures de l'Incréé, en vertu des correspondances existant entre Vos Intelligences et la Croix Druidique
que Vous nous avez révélée,
je Vous prie, Seigneur, de nous bénir, de nous guider,
et de nous conseiller.
Nous nous inclinons respectueusement devant Vous.
Une Druidesse récite alors la Prière à Bélen et l'assistance répète vers par vers :
— *Devant Toi je m'incline, o Bélen, Protecteur du Monde !*
— *Protège-nous aujourd'hui.*
— *Protège le Savant et ses livres.*
— *Protège l'Artisan et ses outils,*
— *l'Agriculteur et ses champs.*
— *Protège nos Foyers et ceux qui y vivent,*
— *notre bétail de la maladie comme de tous périls et maléfices.*
— *Protège l'Artiste et ses moyens d'expression.*
— *Inspire nos Œuvres.*

— *Accorde-nous l'Amour et la Bonté,*
— *pour que ce soir,*
— *en nous quittant dans Ta Gloire,*
— *Tu nous laisses sains et joyeux,*
— *comme Tu nous as trouvés à l'Aurore !*

Après un moment de recueillement, l'Officiant rappelle le sens de la Fête de ce Solstice d'Hiver en disant :

— *Le Soleil, ayant terminé sa course descendante et étant arrivé en ce jour à son point le plus bas, va recommencer à remonter dans le Ciel. L'Ere Celte a commencé il y a 2 373 ans avant l'Ere Chrétienne ; cela correspond à l'Ere du Bélier plus celle des Poissons : 2 159 + 2 159 = 4 318 pour 1945, entrée dans l'Ere du Verseau qui durera 2 124 ans. Ceci est révélé par l'étude de notre Croix Druidique qui représente la durée de l'Année Cosmique par la longueur du Cercle de Keugant : 81, soit : 100 × 81 × 3,1416 = 25 446,96.*

Ensuite le dialogue suivant s'établit entre le Héraut et le Druide-Officiant. Le Héraut demande :

— *Le gui est révéré en ce jour, pourquoi cette plante ?*

Le Druide répond :

— *Parce que le Gui nous montre la maturité de son fruit alors que l'arbre, comme toute la Nature, est en sommeil, et témoigne de la Renaissance de la Nature.*

Le Héraut reprend :

— *Pourquoi le Gui du Chêne est-il particulièrement vénéré ?*

Le Druide :

— *Parce que le Gui participe à l'essence de l'arbre sur lequel il vit et que le Chêne est celui qui exprime les Forces les plus puissantes de notre Terre Celtique.*

L'Officiant explique que le gui est apporté par les oiseaux du ciel sur l'arbre dont il exprime la survie après la mort apparente qui suit la chute des feuilles et des fruits. Il représente la survie de l'âme après la mort, son travail pour préparer la Vie Future (au sein du *Gwenved*) et tend vers la lumière jusqu'au renouveau printanier qui exprime cette renaissance dans une même souche (la race, la famille, le sol de son développement). En révérant ce gui cueilli en ce jour faste, c'est l'Ame immortelle qui est révérée.

L'Officiant récite ensuite la Prière aux Grands Etres :

— *Esprits Bienfaisants et Ames des Celtes...*

comme ci-dessus. Après quoi le Druide-Officiant demande que

quatre femmes initiées préparent un drap blanc pour recevoir le Gui qui va être coupé. C'est une druidesse qui choisit les quatre initiées [1] et qui les dirigent pour qu'elles tendent bien le drap sous chaque touffe de gui qui tombera. Le gui coupé ne doit être touché que par les druidesses. Le Druide-Officiant coupe la première touffe de gui en s'écriant :

— *O ghel an heu* [2] *!*

Le Druide-Officiant peut alors confier la Faucille rituelle à un autre Druide qui coupera à son tour d'autres touffes. Chaque chute de Gui est saluée du même cri :

— *O ghel an heu !*

Après quoi l'Officiant récite la Prière des Druides comme au rite du Solstice ci-dessus :

— *Donne-nous, ô Dieu, Ton appui...*

Les Druidesses distribuent des branchettes de Gui en formulant des vœux et des bénédictions puis le cortège se reforme pour quitter les lieux.

Le Collège Druidique des Gaules, qui célèbre la même cérémonie, précise que le gui cueilli est emporté par les druidesses et que c'étaient seulement les femmes initiées qui composaient en secret les potions et onguents à base de gui.

*

Le Serment des Korriganed

A la Confraternité Philosophique des Druides, il n'y a pas de « druidesses » mais des *Korriganed* qui sont les « femmes consacrées ». Le texte du serment qu'elles prononcent a été publié dans le bulletin *Neved* de l'association (n° 7 de septembre 1976) :

— *Par la puissance de la Lune*
qui règle la croissance des plantes,
les marées de l'Océan
et le flux de mon sang,
— *Par le Feu Sacré du Tantad rituel,*
— *Par l'Air des sous-bois de Brocéliande,*

---

1. Au Collège Druidique des Gaules, on précise : « en principe quatre vierges ».
2. Signifiant : « le blé lève », ce qui, déformé, aurait donné : « Au gui l'an neuf ! ».

— *Par l'Eau du Neuvième Flot,*
— *Par la Terre Sacrée du Neved,*
— *Par Nwyvre le subtil,*
Je jure d'œuvrer ma vie durant,
avec obéissance et fidélité
à l'épanouissement de l'Ordre des Korriganed.
Je ne m'y engage pas légèrement,
sans savoir ou par jeu,
mais sur mon Honneur, ma Vie
et mon entrée au Gwenved
Cela je ne dis pas...

Le texte de ce serment mérite quelques explications :

Tantad est un mot breton qui signifie littéralement « feu père ». On l'emploie pour désigner les feux de joie traditionnels.

On parle du « neuvième flot » par référence aux récits mythologiques irlandais. Il s'agit d'un endroit tel qu'aucune vibration, ni bonne ni mauvaise, ne peut y être ni émise, ni reçue.

Le *neved* indique en breton l'emplacement du sanctuaire, généralement en plein air.

Nwyvre est le cinquième élément de la tradition celtique après la terre, l'eau, l'air et le feu. C'est ce que Descartes appelait « la matière subtile du ciel » en distinguant, lui aussi, cinq éléments et non pas quatre[1]. C'est aussi la « farine de l'air » des « Séries » du *Barzaz Breiz* d'Hersart de la Villemarqué.

Gwenved en breton désigne le monde bienheureux, le monde lumineux, l'état béatifique, le Paradis.

*
* *

Rite pour Imbolc *à la Confraternité Philosophique des Druides*

Imbolc est une fête druidique célébrée dans la nuit du 1ᵉʳ au 2 février.

« ....L'un des points culminants des rituels féminins, *Imbolc* que l'Eglise a récupéré sous forme de Chandeleur, est la fête de Brigitte (Brigantia, Brittia, Berc'hed), déesse de la lumière et de la connaissance. »

---

[1]. Descartes. Œuvres traduites en français par F.G. Levrault. Tome III, *Des Principes des choses matérielles*. Edition de 1824.

La Confraternité a publié le texte de ce rite dans son bulletin *Neved* n° 17 de 1979.

Le rite d'*Imbolc* est spécifique des *Korriganed* sauf pour ce qui est des gestes de consécration des accessoires et du *Neved* s'il y a un druide consécrateur présent. En effet, druides et *mabinogi* (disciples en formation) peuvent y assister.

Comme accessoires on a besoin de bougies blanches, de braises allumées dans un brasero, des pommes, de la pâte à crêpes.

La *Korrigan Kelennerez* (maîtresse des novices...) se place le dos au Nord. La *Korrigan*-novice ou la plus récemment consacrée de la Pommeraie (c'est ainsi qu'on désigne un groupe local de *Korriganed*) se met, face à la *Kelennerez*, au Sud. Les autres *Korriganed* complètent la circonférence autour d'une table au centre de laquelle est placée un candélabre à trois branches (ou trois bougeoirs garnis). Devant chaque *Korrigan* une bougie et une pomme.

Au début de la cérémonie, la nuit est complète.

C'est la *Korrigan*-novice qui interroge sa Maîtresse :

— *Dis-moi, Sage Kelennerez, apprends-moi, je te prie pourquoi nous sommes plongées dans l'obscurité. Grand est mon effroi, car dans l'ombre de la nuit se meut un peuple entier de Duzed, les uns gentils, les autres méchants, d'autres enfin simplement espiègles et farceurs. Mais comment savoir desquels se méfier ?*

La *Kelennerez* répond :

— *Petite Sœur, sache bien qu'une Korrigan n'a rien à redouter des Duzed de la nuit. Sa robe blanche et l'aura qui l'environne leur imposent le respect. Les animaux sauvages eux-mêmes savent que la Femme Blanche comme la biche des bois n'est pas un danger pour eux, bien au contraire, car elle peut par sa connaissance et ses pouvoirs soigner leurs plaies s'ils en ont, extraire les cruelles épines de leurs pattes ou de leur flanc et les protéger de la poursuite des chasseurs attardés.*

La *Korrigan* :

— *Tu m'as rassurée, Sage Kelennerez. Près de toi je ne crains plus rien. Cependant pourquoi cette obscurité ?*

La *Kelennerez* :

— *Souviens-toi, Petite Sœur, que les ténèbres opaques emplissaient l'Infini avant que l'Inconnaissable ne projette hors de Keugant les Trois Cris de la Lumière Blanche, véhicules de la pensée créatrice qui firent éclater l'Œuf du Monde en qui l'Univers* demeurait, attendant l'heure d'embraser ses soleils et de faire scintiller ses étoiles.

Souviens-toi, Petite Sœur, que l'obscurité t'environna durant les neuf mois que tu demeuras dans le ventre de ta mère, et combien atroce fut la brûlure que ressentirent tes yeux lorsque, projetée dans la vie terrestre, tu fus agressée par cette clarté que tu réclames à présent.

Souviens-toi enfin que depuis la nuit de Samain qui ouvrit le cours des mois noirs (en breton les mois de novembre et décembre), le soleil a été bien souvent, trop souvent à notre gré, obscurci par les nuages, les brumes et les brouillards de la saison obscure.

La *Korrigan* :

— Mais depuis le temps de Samain, la Lumière physique n'a-t-elle pas repris sa course croissante, préparant la Nature à la résurrection du Printemps ?

La *Kelennerez* :

— Il est vrai, Petite Sœur, que depuis la nuit heureuse de l'Egi an ed [1] qui marque le Solstice d'hiver, tandis que les semences commencent à germer dans le sein de la tiède glèbe, que la sève reprend avec lenteur son ascension dans le tronc des arbres, le Jour grignotant la Nuit a préparé la solennité d'Imbolc que nous célébrons ce soir.

De cette nuit heureuse jusqu'à celle triomphale du Tantad du Solstice d'Eté, le char de Belenn conduit par Brigantia, reine de Riannon, va illuminer de plus en plus durablement le ciel diurne.

La *Korrigan* :

— Comment symboliserons-nous cette résurrection de la Lumière ?

La *Kelennerez* :

— En l'honneur de ce renouveau de la Clarté, nous allumerons les trois cires que voilà qui représentent les trois composantes de tout être vivant : le Corps, l'Ame et l'Esprit immortel.

La *Korrigan* allume alors les trois bougies centrales à partir des braises dormantes du brasero et la *Kelennerez* poursuit :

— A ces humbles luminaires, nous embraserons chacune la cire qui symbolise notre propre Esprit et nous donnerons à ceux qui nous la réclament la Flamme de Vie dont nous sommes les Gardiennes.

---

[1] Mot à mot en breton : « germe le blé ». C'est le correspondant du *O ghel an heu* de la Fête du Gui du rite gaulois.

La *Korrigan* et la *Kelennerez* donnent alors la lumière de proche en proche aux assistants, en se déplaçant dans le sens rituel nocturne, c'est-à-dire dans le sens inverse du Soleil. La *Kelennerez* reprend la parole et dit :

— *Voici à nouveau la Clarté répandue, Petite Sœur, et tes craintes sont dissipées.*

A partir de cette nuit, le Soleil va briller d'un éclat sans cesse croissant, réchauffant l'atmosphère, faisant éclore les fleurs et mûrir les moissons.

En cette solennité il est une pâtisserie traditionnelle que nous pouvons et devons préparer pour que se réjouissent nos amis et que nous nous réjouissions nous-mêmes, ce sont les crêpes de froment, rondes comme le Soleil, dorées comme lui et comme lui, chaudes et vivantes. Depuis des millénaires, les femmes Celtes ont fait sauter la crêpe en février et nous maintiendrons cette tradition, car pour être Korriganed nous n'en sommes pas moins femmes !

Imbolc ! Imbolc ! Krampouezed melenn ha tomm a vo roet deoc'h,

Tud a Youl Vad, en enor da zistro an Heol, Tad ar Vuhez !

Imbolc ! Imbolc ! Des crêpes dorées et chaudes vous seront données,

Gens de Bonne Volonté, en l'honneur du retour du Soleil, Père de la Vie !

Le Druide consécrateur qui avait sanctifié les accessoires en début de rite, désacralise le feu et les bougies et l'on passe à la confection, et à la dégustation des crêpes...

Rite de l'Equinoxe de Printemps au Collège Druidique des Gaules

Notre ami le défunt Grand-Druide du Collège Druidique des Gaules, Bod Koad, nous avait très aimablement communiqué le texte du rite que voici pour l'équinoxe de printemps :

Le Héraut rappelle l'objet de l'assemblée :

— *Nous sommes assemblés ici pour célébrer la Renaissance de la Nature, de notre Terre-Mère, en cet Equinoxe de Printemps.*

Le Pendragon prend la parole et dit :

— *Je proclame ouverte la cérémonie de l'Equinoxe de Printemps !*

Le Pendragon remet son épée au Héraut qui tire l'épée du fourreau et la tend successivement vers les quatre points cardinaux en posant la question rituelle :
— *Au Nord y a-t-il la Paix ?*
Tous répondent :
— *Oui, au Nord il y a la Paix.*
Le Héraut fait de même pour l'Est, le Sud et l'Ouest, puis le Grand-Druide intervient en disant :
— *Puisqu'il y a la Paix, nous proclamons la Vérité à la Face du Monde, mettant notre confiance dans l'Incréé et nos Grands Etres, afin que se fasse en nous l'Harmonie intérieure.*
Le Héraut introduit alors les invités — qui étaient à proximité mais à l'extérieur du Cercle — et les amène au Pendragon en disant :
— *Voici ceux qui désirent entrer dans notre Cercle de Fraternité.*
Le Pendragon répond :
— *Qu'ils se nomment et qu'ils disent pourquoi ils sont venus !*
Les invités répondent à tour de rôle. Le Grand-Druide les accueille en leur disant à chacun des paroles appropriées. Quand ils ont pris place dans le Cercle, au Nord, le Héraut annonce la Dame et ses Demoiselles d'Honneur :
— *Dame Korridwen attend à la Porte et désire présenter la Plante symbolique de l'Equinoxe de Printemps.*
Le Pendragon :
— *Priez-la d'approcher et qu'elle soit la Bienvenue !*
Le Héraut introduit la Dame et ses Demoiselles d'Honneur près du Grand-Druide. Dame Korridwen dit :
— *Je présente au Grand-Druide et aux Chefs cette touffe de Trèfle, symbole du Printemps.*
Le Grand-Druide répond :
— *Nous remercions Dame Korridwen pour ce présent qui signifie le Vivant Pouvoir des Trois Rais de Lumière.*
La Première Demoiselle d'Honneur présente alors un brandon allumé (ou un bâton d'encens) au Maître du Feu qui, saisissant le brandon, tourne à l'intérieur du cercle dans le sens du Soleil en disant :
— *Que le Feu du Printemps encercle toute la Terre !*
puis il rend le brandon à la Demoiselle d'Honneur.
La Deuxième Demoiselle d'Honneur présente alors au Grand-

Druide une corbeille contenant du vin, du blé et des boutons de fleurs. Dame Korridwen explique :

— *En ce moment d'Equinoxe, j'apporte les graines et le vin de la Terre ; ce sont des présents pour vous, les Anciens et les Chefs, qui avez conservé et qui distribuez les semences de la Connaissance et le Vin des Sages.*

Le Grand-Druide répond :

— *De la Terre ses Promesses,*
  de Dame Korridwen ces présents,
  nous acceptons avec gratitude
  et, de ce qui est offert
  nous bâtissons à nouveau
  le Temple de la Celtie renaissante.

Le Grand-Druide prend la corne contenant le vin et boit puis il présente la corne à la Dame, ensuite au Pendragon. La corne est remplie à nouveau et présentée par les trois Dames à tous dans le Cercle. On remet aussi à chacun quelques grains de blé. La distribution terminée, le Grand-Druide poursuit en disant :

— *Par ces Graines et par ce Vin,*
  que la Bénédiction
  soit sur notre Ancienne
  et Nouvelle Terre de Celtie !

Le Pendragon ajoute :

— *Que nous soyons dignes de tout ce qui nous est donné !*

Tous répètent en chœur :

— *Que nous soyons dignes de tout ce qui nous est donné !*

Après la distribution, le Héraut accompagne les Dames à leurs places dans le Cercle, face au Grand-Druide. Celui-ci reprend la parole en disant :

— *Que la Lumière d'OIV*[1] *éclaire le Monde !*

Tous répondent :

— *Qu'il en soit ainsi !*

Le Pendragon reprend :

— *Répétons les Paroles qui ont toujours été le lien entre tous les Druides :*

et il récite la Prière des Druides qui est reprise en chœur vers par vers par l'assistance :

— *Donne-nous, ô Dieu, Ton appui,*

---

[1]. Expression néo-druidique du nom ineffable de Dieu, correspondant aux Trois Rais de Lumière.

— *et avec Ton appui, la force,*
— *et avec la force, la compréhension,*
— *et avec la compréhension, la science,*
— *et avec la science, la science de ce qui est juste,*
— *et avec la science de ce qui est juste, le pouvoir de l'aimer,*
— *et en l'aimant, l'amour de toute chose vivante,*
— *et en toute chose vivante, l'amour de Dieu,*
— *de Dieu et de toute bonté !*

Le Pendragon continue :
— *Nous cherchons la Connaissance sûre,*
   la Sagesse éternelle,
   l'Amour qui pénètre tout,
   la Paix surnaturelle
   et l'Ouverture d'Esprit qui voit tout.
   Ainsi nous louons l'Esprit Créateur.

L'Assemblée répond :
— *Que cette Compréhension soit en nous tous !*

Le Grand-Druide intervient :
— *Faisons mention ici de tous nos Frères et Sœurs*
   qui sont passés à une Vie plus large
   et qui nous ont précédés dans la Lumière.

Le Grand-Druide fait mention des membres trépassés du Collège et continue en disant :
— *Nous rendons grâce pour leur exemple et leur travail.*
   Qu'ils soient à la Porte pour nous accueillir
   quand notre Jour viendra !

Le Pendragon ajoute :
— *Que tous nous nous réjouissions de la Vie Renaissante !*

Ici le Grand-Druide fait une courte allocution à l'issue de laquelle Dame Korridwen et ses Demoiselles d'Honneur apportent la Corbeille de Fleurs. Le Grand-Druide remet un bouton de fleur à chaque invité d'honneur. De retour à sa place, il dit :
— *Comme la Nature, le Roi Arthur n'est pas mort !*
   Il revient quand sa Venue est nécessaire.
   Que son Epée de Lumière nous éclaire !

Pendant ce temps le Héraut a élevé l'Epée, pointe tournée vers le bas et le Pendragon dit :
— *Contemplez cette Epée :*
   l'Epée de l'Esprit,
   de Lumière
   et de Vérité !

Le Grand-Druide ajoute :
— *Pendant que cette Epée est dégainée,*
promettons tous que notre Celtie, notre Foyer et notre Mère,
sera éclairée par les Epées de nos Esprits,
et, qu'au Véritable Esprit de la Celtie
nous serons toujours Fidèles.

Le Grand-Druide met la main sur l'Epée que le Héraut tend devant lui et tous disent ensemble :
— *Nous le jurons !*

Le Grand-Druide traçant le signe de la Croix Druidique dans la direction des quatre Points Cardinaux proclame :
— *Que la Paix soit au Nord !*
Que la Paix soit au Sud !
Que la Paix soit à l'Est !
Que la Paix soit à l'Ouest !

et le Pendragon ajoute :
— *Que la Paix soit par toute la Terre !*

On forme alors la chaîne en se tenant par la main et tous répètent après le Pendragon :
— *Nous jurons par la Paix et par l'Amour,*
— *de nous tenir cœur à cœur,*
— *et la main dans la main.*
— *Devant l'Esprit de Lumière nous confirmons ceci,*
— *notre Vœu Sacré !*

Le Grand-Druide prononce la clôture de la cérémonie en disant :
— *Cette Fête se termine dans la Paix,*
comme elle a commencé dans la Paix.
Retirons-nous en Paix
et que la Paix soit à l'extérieur et à l'intérieur
jusqu'à la prochaine Assemblée !

Tous répondent en tendant la main droite :
— *Qu'il en soit ainsi !*

La procession se reconstitue pour quitter le Cercle, le Héraut en tête portant l'Epée gainée pointe en bas. Le Pendragon précède immédiatement le Grand-Druide qui ferme la marche.

***

Rite druidique des Gaules pour le Solstice d'été ou Fête du Feu

Le rite du solstice d'été est pratiquement le même pour différents Collèges gaulois, nous donnerons toutefois trois versions du « Chant du Feu ».

La procession ayant eu lieu jusqu'à l'endroit choisi, en plein air, et tous les participants étant à leurs places, le Héraut vient saluer le Grand-Druide, ou le Druide-officiant, de l'épée.

Le Grand-Druide invite le Héraut à sonner du cor aux quatre Points Cardinaux. Celui-ci sonne successivement au Nord, à l'Est, au Sud et à l'Ouest. Après chaque appel de cor l'Officiant demande :

— *Au Nord en Gaule, y a-t-il la Paix ?*

Tous les participants répondent ensemble :

— *Oui, au Nord en Gaule, il y a la Paix !*

On fait de même pour chaque Point Cardinal et le Héraut va rendre compte au Pendragon qu'il salue de l'épée :

— *La Paix règne en Gaule !*

Le Pendragon pose la main droite sur l'épée et déclare :

— *Puisque la Paix règne en Gaule,*
  je proclame ouverte la cérémonie du Solstice d'Eté !

Si le bûcher n'a pas été préparé à l'avance, c'est maintenant qu'on le construit avec les sept essences d'arbre à savoir : le sapin, le bouleau, le hêtre, l'orme, le pommier, le châtaignier et le chêne. La liste de ces essences varie d'un groupe à l'autre. Les participants sont généralement invités à apporter chacun sa bûche. Le bûcher étant prêt, l'Officiant fait tracer par le Héraut un Cercle par terre tout autour de la pointe de l'épée. L'Officiant s'adresse alors au Maître du Feu pour allumer le bûcher :

— *Maître du Feu, veuillez embraser le Bûcher des Sept Essences de Bois Sacrés !*

Le Maître du Feu peut inviter une Dame à allumer le Feu : il lui tend alors un brandon enflammé. Dès que le feu est pris, le Maître du Feu vient saluer l'Officiant et regagne sa place. On chante alors le « Chant du Feu », ou on le récite. Les couplets ont été répartis à l'avance entre les dignitaires du Collège, mais l'assistance reprend à chaque fois le refrain en chœur. Les participants qui ont une branche ou une bûche de l'essence correspondant au couplet la brandissent et vont la jeter sur le bûcher pendant le refrain.

Voici la première version, la seule qui fasse mention explicite de divinités gauloises :
Refrain :

> *Feu de Bois, Feu de Roi,*
> *Tu es le même sous chaque toit,*
> *Feu clair, Feu joyeux,*
> *En tous lieux, Feux de Dieu !*

1 — *Sapin, arbre de Toutatis,*
Jeunesse et immortalité,
O veilleur fidèle,
Salut à toi, notre Joie !

2 — *Bouleau, arbre de Bélen,*
Harmonie et sérénité,
O beauté gracieuse,
Salut à toi, notre Lumière !

3 — *Hêtre, arbre de Sukellos,*
Vigueur et ingéniosité,
O force juste,
Salut à toi, notre Soutien !

4 — *Orme, arbre de Gaéa,*
Solidité et souplesse,
O fondation tutélaire,
Salut à toi, notre Foyer !

5 — *Pommier, arbre de Bélisama,*
Chaleur et fécondité,
O douceur aimante,
Salut à toi, notre Bonté !

6 — *Châtaignier, arbre de Kronos,*
Résistance et patience,
O sagesse bienveillante,
Salut à toi, notre Conseil !

7 — *Chêne, arbre de Taranis,*
Puissance et Vie,
O génie magnifique,
Salut à toi, notre Protection!

Voici la seconde version ; le refrain est le même pour les trois versions :

1 — *Sapin, arbre toujours vert,*
Tu es l'enfance immortelle,
Soit notre offrande d'espoir et de joie !

2 — *Bouleau, arbre clair, arbre tendre,*

>   *Tu es le flambeau de nos forêts,*
>   *Sois notre offrande de Lumière !*
> 3 — *Hêtre, arbre fort et beau,*
>   *Tu es le support de nos outils,*
>   *Sois notre offrande de labeur !*
> 4 — *Orme, arbre splendide à l'ombre calme et dense,*
>   *Tu es la poutre de nos maisons,*
>   *Sois l'offrande de nos foyers !*
> 5 — *Pommier, arbre aux roses fleurs,*
>   *Tu es la mère de nos fruits,*
>   *Sois notre offrande d'amour !*
> 6 — *Châtaignier, arbre aux fruits nourrissants,*
>   *Ton bois résistant meuble nos demeures,*
>   *Sois notre offrande de fécondité et d'abondance !*
> 7 — *Chêne, Chêne superbe, Chêne Roi,*
>   *Temple vénéré des Esprits et des hommes,*
>   *Donne-nous ta force !*
>   *Deru*[1], *étends sur nous ton ombre tutélaire,*
>   *O Génie de la Gaule,*
>   *Parle de nous aux Cieux !*

Et voici la troisième version.
Un homme ovate est désigné pour le premier couplet :
> 1 — *Sapin, arbre jeune toujours vert,*
>   *Au feuillage fidèle, été comme hiver,*
>   *Arbre résineux, toujours odorant,*
>   *Tu es l'enfance immortelle*
>   *Qui pétille et qui flambe...*
>   *O Sapin notre joie !*

Une femme ovate chante le second couplet :
> 2 — *Bouleau clair, arbre tendre,*
>   *Ton écorce est légère,*
>   *Et ta chair est blanche*
>   *Comme celle d'une fille*
>   *Dont les cheveux flottent au vent*
>   *Et qui danse, Blanche,*
>   *Dans l'ombre des sous-bois !*

Un barde chante le troisième couplet :
> 3 — *Hêtre, fort et beau,*
>   *Comme un jeune homme*

---

1. « Chêne » en breton.

> *A qui ton bois fournit*
> *Armes et outils*
> *Et l'huile dont il oindra*
> *Ses muscles et ses reins !*

Une bardesse est désignée pour le quatrième couplet :

> 4 — *Et toi, Orme splendide,*
> *A l'ombre calme et dense*
> *Comme le bois dont on fait*
> *Les poutres des maisons*
> *Et les roues de nos chars,*
> *Orme, notre Père,*
> *Orme, notre Foyer !*

Une femme eubage chante le cinquième couplet :

> 5 — *Pommier aux roses fleurs,*
> *O Pommier, notre Mère,*
> *Dont les fruits tout l'hiver*
> *Reparlent du beau temps,*
> *Et, coupés, montrent encore*
> *La Fleur qui les conçut !*

C'est le Pendragon qui chante le sixième couplet :

> 6 — *Gloire à toi, Châtaignier,*
> *Dont les fruits nourrissants*
> *Pétillent sous la cendre,*
> *Dont le bois résistant*
> *Meuble nos demeures,*
> *Ombrage nos jardins,*
> *Châtaignier, notre Sang !*

Le septième couplet est réservé au Grand-Druide ou à l'Officiant :

> 7 — *Chêne superbe, Chêne Roi,*
> *Temple vénéré des Esprits et des hommes,*
> *Donne-nous ta force !*
> *Deru, étends sur nous ton ombre tutélaire,*
> *O Génie de la Gaule,*
> *Parle de nous aux Cieux !*

Comme le feu pétille, chacun à la suite de l'Officiant y jette soit une offrande avec une prière, soit un papier plié sur lequel est écrit un vœu. On peut jeter les messages préparés par les absents.

Une druidesse, eubage ou ovate, une dame, représentant

Dame Korridwen, la Mère, vient offrir au Grand-Druide et au Pendragon (ou à l'Officiant) le Vin dans une Corne d'Abondance symbolique. Ses deux Demoiselles d'Honneur offrent le Pain et le Sel.

Cette distribution est faite par les Dames à toute l'assistance dans l'ordre hiérarchique. Il ne s'agit évidemment pas ici de « communion » chrétienne mais de communion de tous les membres de la communauté celtique dans le même Esprit avec les Dons de la Nature. On organise un repas champêtre fraternel où toutes les provisions sont partagées.

Quand le feu décline, le Maître du Feu en resserre les cendres et les braises pour que tout soit bien brûlé. Les jeunes gens viennent alors faire bénir leurs fiançailles et les jeunes couples sautent ensemble par dessus le foyer pour indiquer que leur amour est à toute épreuve en traversant le feu et qu'ils s'unissent pour le meilleur et pour le pire. On danse aussi autour du feu.

Les cendres refroidies sont recueillies par la suite et distribuées aux participants. Elles ont la propriété de filtrer les mauvais fluides. On en met dans de petits sachets qu'on porte sur soi et répartit dans la maison.

A la Fraternité Universelle des Druides on ajoute pour clore la cérémonie :
— *O Essences Sacrées,*
   purifiez notre âme, demeure de l'Esprit,
   notre corps, demeure de l'âme,
   notre maison, demeure du corps!
et la Prière à Bélen :
— *Devant toi je m'incline, ô Bélen, Protecteur du Monde...*
comme plus haut (p. 248).

**

Rite de l'Equinoxe d'automne ou Fête du Chêne

Le rite de l'équinoxe d'automne, appelé aussi « Fête du Chêne » au Collège Druidique des Gaules, a été publié dans le n° 20 du bulletin de septembre 1964 de ce Collège. La cérémonie a lieu le matin.

Le cortège se forme, le héraut en tête portant l'épée dégainée et un cor à la ceinture. Il est suivi des membres du Collège avec d'abord les disciples, puis les bardes, les ovates, les eubages, les druides et les druidesses, par ordre d'ancienneté. Le Pendragon précède le Grand-Druide, ou le Druide-officiant qui ferme la marche.

Lorsque le cortège arrive au lieu choisi, le Druide-officiant arrête le Héraut et il lui demande de tracer sur le sol, de son épée, un cercle autour du point choisi ou, mieux, du chêne choisi. Un Barde peut tenir lieu de Héraut et dans ce cas il tracera le cercle avec son bâton bardique. Les druides se placent à l'Ouest, les eubages au Sud, les ovates à l'Est et les bardes au Nord, mais à l'extérieur du cercle qui n'est pas encore consacré. L'officiant fait l'appel de la paix. Le Héraut sonne du cor dans la direction du Nord et le Druide demande :

— *Au Nord, y a-t-il la Paix ?*

L'assistance répond :

— *Oui, au Nord, il y a la Paix.*

Le Héraut sonne de même à l'Est, au Sud et à l'Ouest et le célébrant pose la question pour chaque point comme déjà indiqué au rite d'équinoxe de printemps. L'Officiant déclare la cérémonie ouverte et pénètre dans le cercle qu'il consacre en décrivant de la main droite levée le signe de la Croix Druidique puis faisant face au Soleil il déclare :

— *Par les Noms sacrés d'Esus,*
de Bélen,
de Teutatès[1]
et de Brann[2]*,*
Emanations Supérieures de l'Incréé,
en vertu des Correspondances existant
entre Vos Intelligences et la Croix Celtique Druidique
que Vous nous avez révélées,
je Vous prie, Seigneur, de nous bénir,
de nous guider
et de nous conseiller !
Nous nous inclinons respectueusement devant Vous.

Une druidesse dit alors la Prière du Matin :

— *Devant toi je m'incline, ô Bélen,*
Protecteur du Monde !

---

1. Littéralement « le père du peuple » ou « le dieu du peuple ».
2. L'initiateur des bardes auxquels il révéla le symbole des Trois Rayons.

Protège-nous aujourd'hui,
Protège-nous durant cette année nouvelle,
Protège le savant et ses livres,
l'artisan et ses outils,
l'agriculteur et sa charrue !
Protège la mère et ses enfants.
Protège nos foyers.
Protège le soldat et ses armes.
Protège-nous, nos maisons et notre bétail
de tous périls et maléfices !
Protège et inspire l'artiste
et ses moyens d'expression.
Inspire nos œuvres.
Accorde-nous l'amour et la bonté
pour que nous quittant ce soir dans Ta gloire,
Tu nous laisses sains et joyeux
et nous retrouves tels demain à l'aurore !

Après un moment de recueillement, l'Officiant explique le sens de la célébration :

— *En ce jour nous devons nous réunir pour remercier les Puissances Célestes : Bélen qui nous a dispensé la Chaleur et la Vie, et particulièrement la Grande Mère, notre Terre, Gaea, la Fécondatrice, de nous avoir prodigué ses bienfaits.*

Grâce à eux, sanctifiant nos efforts, les hommes récoltent les dons de la Terre. Les moissons sont engrangées, les fruits des arbres sont à notre portée, soit pour notre réjouissance immédiate, soit pour être conservés maintenant que notre Soleil va entrer dans sa période de calme.

Au moment de cet équinoxe d'Automne, nous voici réunis à l'ombre du Grand Chêne Celte tutélaire dont les glands serviront à la nourriture du bétail qui participe aux bienfaits de leurs protections.

Ce jour est donc un jour d'actions de grâces.

Le Pendragon intervient en demandant :

— *Pourquoi nous réunissons-nous aujourd'hui sous le Chêne sacré ?*

L'Officiant répond :

— *Parce que le Chêne étant l'Arbre qui possède les qualités de Force et de Dynamisme les plus représentatives de celles du Sol Celtique qui nous a été imparti, c'est Lui qui sert de truchement entre les êtres vivants sur ce Sol Sacré, entre les Forces qui se manifestent sous nos pieds et celles du Ciel dont il reçoit les rayons.*

Le Pendragon poursuit en disant :

— *Nous devons donc participer à cette communion, en assimilant les dons du Ciel et de la Terre sous ses auspices.*

Une Dame représentant Korridwen, l'incarnation de la Vierge-Mère, s'avance vers l'Officiant en portant une coupe. Elle est accompagnée de deux Demoiselles d'Honneur couronnées de fleurs. L'une porte la Corne d'Abondance remplie de vin, et l'autre des galettes ou du pain. Dame Korridwen s'adresse à l'Officiant :

— *Nous t'apportons, à toi notre Père, ces dons de la Terre Celte !*

Elle verse du vin dans la coupe et la lui offre. La Demoiselle d'Honneur présente les galettes. L'Officiant répond :

— *Nous te remercions, Korridwen ! Nous boirons ce vin et mangerons ces produits de notre sol avec reconnaissance vis-à-vis de nos Protecteurs, émanations de l'Incréé, Maître et Créateur des Mondes !*

L'officiant boit et mange tandis que Dame Korridwen suivie des Demoiselles d'Honneur offre, en commençant par les Druides et les Druidesses, le Pain et le Vin qu'elle accompagne de quelques paroles de circonstance. Pendant ce temps une Druidesse étend son voile au centre du Cercle et y dépose une fleur, de préférence une rose blanche. Le Héraut y dépose à son tour son épée, la pointe tournée vers l'Officiant. Une Druidesse et une Eubage déposent ensuite une couronne de feuilles de chêne. Dame Korridwen déposera sa Corne d'Abondance et sa coupe, avec un peu de vin dedans, à droite du voile et une galette à gauche. Le Pendragon dit alors :

— *Voici donc cette Couronne de Chêne qui sera remise à celui ou à celle que vous choisirez pour ses mérites.*

Le Héraut intervient en demandant :

— *Tous peuvent donc porter cette Couronne ?*

Le Pendragon répond :

— *Nous sommes tous égaux devant l'Incréé, donc tous peuvent la porter, mais ne la porte que celui que vous en jugerez le plus digne.*

L'Officiant précise :

— *En recevant cet honneur, l'élu doit jurer de défendre et de protéger ses Frères et Sœurs, même au prix de sa vie !*

Ici les rites peuvent varier car cette cérémonie était aussi autrefois celle du couronnement du Prince en Bretagne insulaire. Au C.D.G. le Pendragon propose un nom qui est approuvé par l'assistance. L'Officiant poursuit donc en disant :

— *Frère -N-, acceptes-tu les conditions énoncées pour porter cette couronne ?*

Le Frère (ou la Sœur) choisi répond :

— *Je les accepte.*

L'Officiant insiste :

— *Prête donc serment sur notre Emblème sacré !*

L'élu prête serment, la main droite levée au-dessus de l'épée, en répétant les mots suivants :

— *Je jure de défendre et de protéger mes Frères et Sœurs, même au prix de ma vie !*

Le Héraut intervient pour demander :

— *Pourquoi cette couronne est-elle de Chêne ?*

Le Pendragon lui répond :

— *Parce que le Chêne étant l'Arbre Sacré et le plus noble de notre Terre Celtique, il doit s'établir une communion entre l'homme couronné et les Forces de notre Patrie Celtique.*

L'Officiant ordonne :

— *Formez la Triade !*

Trois dignitaires, Druide, Barde et Ovate, prenant la couronne que leur remet l'Officiant, l'élèvent à bout de bras au-dessus de la tête de l'élu. L'Officiant trace le signe de la Croix Celtique avec les trois Cercles au-dessus des têtes, le plus largement possible tandis que lentement les trois dignitaires déposent la couronne sur la tête inclinée de l'élu qui se redresse ensuite pour recevoir le salut des dignitaires.

Le couronné se tourne alors vers son voisin de droite qui le salue de la tête tandis que le couronné ôte sa couronne, l'en coiffe et à son tour s'incline devant le nouveau porteur de la couronne. Celui-ci se tourne vers son voisin de droite et fait de même avec lui et ainsi de suite jusqu'à ce que le Cercle étant fermé, la couronne ayant passé sur toutes les têtes revienne au dignitaire premier couronné. L'Officiant reprend alors la parole pour dire :

— *Nous allons maintenant adresser notre Prière à l'Incréé pour qu'Il continue à nous accorder son Aide et ses Bienfaits.*

et il récite la Prière des Druides reprise en chœur :

— *Donne-nous, ô Dieu, Ton appui,*

— *et avec Ton appui, la force...*

comme au rite d'équinoxe de printemps ci-dessus. La Prière ache-

vée, le Héraut reprend son épée et la remet au fourreau, les Dames reprennent leurs symboles. L'Officiant reçoit la coupe contenant un peu de vin et il en arrose le sol en disant :
— *Que les forces de notre Terre accueillent*
l'hommage que nous leur adressons,
et nous accordent leurs Bienfaits pour l'an prochain !

L'Officiant reçoit la rose qu'il peut offrir à une personne invitée. Il demande ensuite au Héraut de défaire le Cercle puis le cortège se reforme : invités et disciples en tête, Bardes, Ovates, Eubages et Druides ensuite, le Druide Officiant et le Couronné fermant la marche.

CHAPITRE TROISIÈME

DESCRIPTIFS DE SOCIETES

A la suite de notre enquête nous avons pu recueillir un certain nombre de renseignements que l'obligation de réserve ne nous permet pas toujours de communiquer. C'est pourquoi il arrivera que des lignes restent discrètement en blanc... Mais à chaque fois que ce sera possible nous donnerons les éléments caractéristiques de chaque groupe selon un schéma détaillé en vingt-quatre points que le lecteur pourra d'ailleurs éventuellement compléter lui-même par la suite au fur et à mesure de ses découvertes !
Nous avons regroupé ici les sociétés en cinq sections :
1) d'abord les sociétés de la lignée ésotériste de John Toland,
2) celles de la lignée mutualiste de Henry Hurle,
3) celles de la lignée galloise de Iolo Morganwg,
4) les sociétés diverses n'entrant pas dans les trois lignées principales,
5) enfin, traitées à part, les Communautés Druidiques et Celtiques, groupe traditionnel, clandestin jusqu'alors, en voie de prudente désoccultation.

***

1) Lignée ésotériste dérivant de John Toland

1. *THE ANCIENT DRUID ORDER* ou *DRUID ORDER* ou **D.O.** et, de son titre ancien : *An Druidh Uileach Braithreachas (A.D.U.B.)*, dit encore *The British Circle of the Universal Bond*,
2. Contact : Christopher Sullivan, 161 Auckland Road, London, SE19 2RH, G.B.,
3. fondé de temps immémorial, mais regroupé le 21 septembre 1717, à la Taverne du Pommier à Londres,
4. lignée : confédération d'anciens Bosquets druidiques survivants des différents Pays Celtiques, réunis à Londres sur l'initiative de John Toland,
5. accent mis sur l'aspect philosophique et de tendance **paganisante**,
6. langue : la langue usuelle, pratiquement l'anglais,
7. symbole principal : le cercle,
8. textes de référence : tradition orale,
9. conditions d'admission : parrainage,
10. cérémonies : publiques ou privées, en intérieur comme en extérieur ; à Stonehenge pour le solstice d'été, à Primrose Hill (Londres) pour l'équinoxe d'automne,
11. fréquence : fêtes celtiques, solstices et équinoxes, réunions publiques à Londres un vendredi par quinzaine,
12. degrés : divers,
13. caractère sacerdotal :
14. initiation de la femme : oui,
15. rite d'initiation : oui,
16. attribution d'un nom initiatique : oui,
17. serment : oui,
18. régalia (costume rituel) : saie et voile blancs pour tous,
19. enseignement : oral,
20. publications : quelques rares petits fascicules imprimés,
21. cérémonies familiales :
22. sections décentralisées : oui,
23. incompatibilités :
24. nombre de membres actifs :

Note importante : nous ne donnons les adresses que lorsqu'elles sont publiées par les associations. Toutefois si elles sont valables au moment où nous mettons sous presse, elles peuvent aussi changer...

1. *THE UNIVERSAL DRUIDIC ORDER* (U.D.O.) connu aussi sous l'appellation de *Sublime and Druidic Order of the Holy Wisdom,* soit : Sublime Ordre Druidique de la Sainte Sagesse,
2. contact : Mr Desmonde Bourke 22 Broad Walk, Blackheath, London, SE3 8NB, G.B.,
3. fondation : de temps immémorial,
4. lignée : dérive de la lignée de John Toland par le D.O.,
5. accent mis sur l'aspect philosophique,
6. langue : l'anglais,
7. symbole :
8. textes de référence : les Triades bardiques galloises et les textes du D.O.,
9. conditions d'admission : être croyant, philanthrope et libéral, recrutement par cooptation,
10. cérémonies : publiques et privées,
11. fréquence : équinoxes et solstices,
12. degrés : bardes, ovates et druides pour ce qui est de l'aspect exotérique de l'Ordre,
13. caractère sacerdotal :
14. initiation de la femme : oui,
15. rite d'initiation : par imposition des mains pour les trois ordres exotériques, mais à caractère hermétique pour le « cercle intérieur »,
16. attribution d'un nom initiatique : non,
17. serment : oui,
18. régalia : saie blanche,
19. enseignement : par oral seulement,
20. publication : non,
21. cérémonies familiales : non,
22. sections décentralisées : oui, Bosquets ou Loges. Il suffit de trois membres pour former un Bosquet,
23. incompatibilités : non,
24. nombre de membres : une cinquantaine.

1. *THE ANCIENT and ARCHAEOLOGICAL ORDER of DRUIDS* (A.A.O.D.) et *THE LITERARY and ARCHAEOLOGICAL ORDER of DRUIDS* (L.A.O.D.)
2. contact : Mr Desmond Bourke, 22 Broad Walk, Blackheath, London, SE3 8NB, G.B.,
3. fondation : regroupement opéré en 1874 par le Dr Robert Wentworth Little (par ailleurs fondateur de la S.R.I.A. en 1866), ordre en sommeil, réveillé par D. Bourke en 1966,
4. lignée : le réveil ayant été opéré sous l'autorité du Dr Maughan alors Chef-Druide du D.O., il s'agit bien de la lignée de John Toland,
5. accent mis sur : histoire, littérature spécialisée, folklore,
6. langue : l'anglais,
7. symbole principal :
8. textes de référence :
9. conditions d'admission : à l'origine il fallait être déjà franc-maçon pour appartenir à l'A.A.O.D., par contre le L.A.O.D. était ouvert aux non-maçons. Actuellement ces Ordres, d'ailleurs pratiquement confondus, n'admettent que des membres d'un autre groupe druidique,
10. cérémonies : fermées,
11. fréquence : de une à cinq fois par an,
12. degrés :
13. caractère sacerdotal :
14. initiation de la femme : oui,
15. rite d'initiation : par imposition des mains,
16. attribution d'un nom initiatique : non,
17. serment : oui,
18. régalia :
19. enseignement : par oral seulement,
20. publication : non,
21. cérémonies familiales : non,
22. sections décentralisées :
23. incompatibilités :
24. nombre de membres actifs : une cinquantaine.

1. *MOUNT NUADA of the ANCIENT ORDER of DRUIDS HERMETISTS* (A.O.D.H.), c'est-à-dire : Mount Nuada de l'Ordre Ancien des Druides Hermétistes,

2. Contact : Mr Desmond Bourke, 22 Broad Walk, Blackheath, London, SE3 8NB, G.B.,
3. fondation : de temps immémorial,
4. lignée : par le D.O. de John Toland,
5. accent mis sur l'aspect hermétique,
6. langue : l'anglais,
7. symbole principal : un cercle avec 3 arcs de cercle inscrits se coupant à 120°, avec un petit cercle au centre et trois rayons partant des intersections des lobes et formant un Y (i grec),
8. textes de référence :
9. conditions d'admission : le recrutement est actuellement suspendu,
10. cérémonies : fermées,
11. fréquence :
12. degrés :
14. caractère sacerdotal :
14. initiation de la femme : oui,
15. rite d'initiation : par imposition des mains et onction,
16. attribution d'un nom initiatique : oui,
17. régalia : couleurs différentes selon les offices,
18. serment : oui,
19. enseignement : oral,
20. publication : non,
21. cérémonies familiales : non,
22. sections décentralisées :
23. incompatibilités : le non-respect de la liberté de pensée,
24. nombre de membres :

1. *ORDER of BARDS, OVATES and DRUIDS* (O.B.O.D.),

2. contact : Ordre actuellement en sommeil depuis la mort de son Chef-Druide Ross Nichols en 1975,
3. fondation : branche issue du D.O. en 1964,
4. lignée : dérive de la lignée de John Toland par le D.O.,
5. accent mis sur l'aspect philosophique et religieux, de tendance paganisante,
6. langue : l'anglais,
7. symbole principal : le tribann,
8. textes de référence :
9. conditions d'admission :
10. cérémonies : ouvertes et fermées, en intérieur et en extérieur,
11. fréquence : les quatre fêtes celtiques, les solstices et les équinoxes,
12. degrés : bardes, ovates et druides,
13. caractère sacerdotal :
14. initiation de la femme : oui,
15. rite d'initiation par : imposition des mains,
16. attribution d'un nom initiatique : oui,
17. serment : oui,
18. régalia : saie et voile, bleu pour les bardes, vert pour les ovates, et blanc pour les druides,
19. enseignement : oral, conférences publiques,
20. publication : feuillets ronéotés a-périodiques,
21. cérémonies familiales :
22. sections décentralisées : oui,
23. incompatibilités : non, ni nationaliste ni exclusif,
24. nombre de membres actifs :

1. *The GOLDEN SECTION ORDER Society* (G.S.O.)
2. contact : The G.S.O. society, B.M. Oak Grove, London WCIN 3XX,
3. fondation : 1966,
4. lignée : dérive du D.O. et de tradition familiale (Mary Caine, Constance Mackness, Desmond Bourke, A.A.O.D. ...)
5. accent mis sur : l'aspect philosophique et religieux, paganisant et opératif,
6. langue : les langues usuelles, mais on s'intéresse aux langues celtiques,
7. symbole principal : le Tribann,
8. textes de référence : les Triades bardiques,
9. conditions d'admission : parrainage,
10. cérémonies : ouvertes et fermées, de préférence en plein air,
11. fréquence : fêtes celtiques, équinoxes et solstices,
12. degrés : barde, ovate et druide,
13. caractère sacerdotal :
14. initiation de la femme : oui,
15. rite d'initiation par : imposition des mains et porrection d'instruments symboliques,
16. attribution d'un nom initiatique : oui,
17. serment : oui,
18. régalia : oui,
19. enseignement : par oral,
20. publication : un remarquable bulletin calligraphié à la main et enluminé *The New Celtic Review,*
21. cérémonies familiales :
22. sections décentralisées : oui,
23. incompatibilités :
24. nombre de membres actifs :

2) Lignée mutualiste dérivant de Henry Hurle

1. *ANCIENT ORDER of DRUIDS* (A.O.D.)
2. contact : Bro F.J. Cooke, 67 Saxondale Avenue, Birmingham, B 26 ILP, Grande-Bretagne (Grand Secrétaire Impérial),
3. fondation : le 21 novembre 1781 à Londres, à la *King's Arms Tavern*, Poland Street, London, W1,
4. lignée : création de Henry Hurle, mais peut-être des liens avec le D.O.,
5. accent mis sur : l'entraide fraternelle au-delà des sectes religieuses,
6. langue : l'anglais,
7. symbole : divers symboles dont le triangle et l'équerre,
8. textes de référence : les lois constitutives de l'Ordre,
9. conditions d'admission : croire en un Dieu Créateur,
10. cérémonies : privées, en intérieur fermé, « temples couverts »,
11. fréquence : généralement chaque quinzaine,
12. degrés : *Primitive Degree* : druides, et *Chapter Degree* pour le fameux Royal Arch ; avec les titres de barde, ovate, druide, archidruide, ancien archidruide, grand archidruide et Grand Archidruide Impérial,
13. caractère sacerdotal : non,
14. initiation de la femme : pas en Grande-Bretagne ni en Guyane mais les femmes peuvent s'affilier et constituer des loges séparées,
15. rites d'initiation : oui,
16. attribution d'un nom initiatique : non,
17. serment : oui, sur le Livre du Volume Sacré de la Bible,
18. régalia : avant la guerre : robes blanches à capuchon pointu, fausse-barbe blanche, long bâton avec une faucille au bout, actuellement sautoirs de couleurs brodés et médailles,
19. enseignement : conférences en loges et monographies,
20. publications : non,
21. cérémonies familiales : pour les funérailles sur demande,
22. sections décentralisées : oui, la Grande Loge Impériale (3 loges), la Grande Loge de Margate (4 L.), G-L de Berkshire (2 L.), G-L de Birmingham (11 L.), G-L du Sussex (2 L.), G-L du Somerset (3 L.), G-L du Kent (4 L), G-L d'East Anglia (8 L.), G-L de Norfolk (3 L.), G-L de Londres S-O (4 L.), G-L de Londres N-E (2 L.), G-L de Guyana (4 L.), soit 11 Grandes Loges et 50 loges auxquelles il faut ajouter 3 loges féminines, sans oublier le Chapitre Suprême de Royal Arch qui supervise 13 Chapitres de Royal Arch,
23. incompatibilité : félonie,

24. nombre de membres actifs: plusieurs milliers.
N. B. : C'est dans cet Ancien Ordre des Druides (A.O.D.) que Winston Churchill fut initié, au Château de Blenheim (Oxford) en 1908.

*
* *

1. *UNITED ANCIENT ORDER of DRUIDS* (U.A.O.D.),
2. contact : Mr P.G. Lester, Druids Hall, 8, Perry Road, Bristol, BS1 5BQ, G.B. (Secrétaire Général),
3. fondation : en 1833 ; enregistré comme société mutualiste en 1878,
4. lignée : scission de l'A.O.D. de Henry Hurle,
5. accent mis sur : l'aspect philanthropique et l'assistance mutuelle,
6. langue utilisée : l'anglais,
7. symbole principal : il y a de nombreux symboles dont le triangle,
8. textes de référence :
9. conditions d'admission :
10. cérémonies : privées, en intérieur fermé,
11. fréquence :
12. degrés : druide, archidruide, Grand Archidruide,
13. caractère sacerdotal : non,
14. initiation de la femme : théoriquement non, mais...
15. rite d'initiation : oui,
16. attribution d'un nom initiatique : non,
17. serment : oui,
18. régalia : ruban de soie en sautoir avec le médaillon de l'Ordre portant le numéro de la loge. Avant 1945 le Chef-Druide portait une saie bleu-ciel avec capuche, un collier de perles de verre au cou et une longue fausse-barbe blanche. Les simples druides étaient en saie blanche avec une couronne de feuilles de chêne sur la tête, un collier de perles blanches et la fameuse fausse-barbe blanche ;
19. enseignement :
20. publications :
21. cérémonies familiales :
22. sections décentralisées : oui, loges, sans oublier que l'U.A.O.D. a essaimé rapidement aux U.S.A., en Australie, en Allemagne... mais les différents groupes nationaux, même s'ils portent la même appellation, sont tout à fait autonomes ;
23. incompatibilité : non, très grande tolérance,
24. nombre de membres actifs : il y avait 80 000 membres en Grande-Bretagne en 1900, mais la loi sur la « Sécurité Sociale » votée en 1946 fit perdre à l'Ordre 30 000 de ses membres en trois ans !

1. *VEREINIGTER ALTER ORDEN DER DRUIDEN* (V.A.O.D.), Ancien Ordre Uni des Druides, en Allemagne,
2. contact : M. Georg Gallert, Prinzregentenstrasse 118, 8000 München 80, R.F.A. (Grand Archidruide de la Grande Loge Nationale V.A.O.D. d'Allemagne),
3. fondation : en 1870,
4. lignée : introduit en Allemagne par des membres de l'U.A.O.D. américain,
5. accent mis sur : l'aspect philanthropique et l'assistance mutuelle dans la plus grande tolérance,
6. langue : l'allemand,
7. symboles : variés dont le triangle et l'équerre,
8. texte de référence : les Sept Enseignements de Merlin,
9. conditions d'admission :
10. cérémonies : privées, en intérieur fermé,
11. fréquence :
12. degrés : ovate, barde, druide, grand-druide,
13. caractère sacerdotal : non,
14. initiation de la femme : non,
15. rites d'initiation :
16. attribution d'un nom initiatique : non,
17. serment : oui,
18. régalia : plastron vert pour ovate, bleu pour barde, rouge pour druide,
19. enseignement :
20. publications : bulletin imprimé *Der Druiden* depuis 1874,
21. cérémonies familiales :
22. sections décentralisées : 8 Grandes Loges Régionales avec 63 loges locales,
    — Grossloge Bayern, München : 6 loges locales,
    — Grossloge Berlin : 4 loges à Berlin,
    — Grossloge Hansa, Hamburg : 11 loges,
    — Grossloge Niedersachsen, Wolfenb. : 13 loges,
    — Grossloge Rhein-Main-Gau, Kassel : 6 loges,
    — Grossloge Rheinl.-Westf., Dusseldorf : 6 loges,
    — Grossloge Schleswig-Holst., Schleswig : 7 loges,
    — Grossloge Schwaben, Stuttgart : 9 loges.
    Il y a des loges s'appelant *Avalun, Peredur, Teutates...*
23. incompatibilité : non, la plus grande tolérance,
24. nombre de membres actifs : quelques milliers.

1. *FÖRENADE GAMILA DRUID ORDEN* (F.G.D.O.),
   Ancien Ordre Uni des Druides, en Suède,

2. contact : Druid Ordens Kansli, Västergatan 3, 211 21 Malmö, Sveridge/Suède,
3. fondation : en 1904,
4. lignée : dérive de la lignée de Henry Hurle par le V.A.O.D. d'Allemagne,
5. accent mis sur : l'aspect philanthropique,
6. langue : le suédois,
7. symbole : l'étoile à sept branches,
8. texte de référence : les Sept Enseignements de Merlin-le-Sage,
9. conditions d'admission : avoir 21 ans, être parrainé par deux membres, obtenir un vote favorable d'au moins 91 %,
10. cérémonies : privées, en intérieur fermé. Les cérémonies sont très belles et très solennelles. Elles sont suivies d'un repas fraternel,
11. fréquence : chaque quinzaine,
12. degrés : il y a sept degrés : 3 degrés de loge : eubat, barde et druide ; 3 degrés de Grande Loge : « chapitre », « anneau » et « passé-archidruide » 1 degré de Grande Loge Suprême : « suprême passé-archidruide ». Les passages de degrés donnent lieu à versement de droits d'initiation,
13. caractère sacerdotal : non,
14. initiation de la femme : pas encore,
15. rites d'initiation : oui,
16. attribution d'un nom initiatique : non,
17. serment :
18. régalia : décorations ; tenue de soirée de rigueur pour les initiations, anneau à l'index de la main droite pour le 5e degré,
19. enseignement :
20. publication : Revue *Nordisk Druid Tidning*,
21. cérémonies familiales : non, mais de temps en temps repas et soirées avec les épouses,
22. sections décentralisées : 1 Suprême Grande Loge, 10 Grandes Loges et 58 loges, chacune ne dépassant pas 150 membres,
23. incompatibilité :
24. nombre de membres actifs : plus de 4 500 en 1981.

1. *FORENEDE GAMLE DRUID ORDEN* (F.G.D.O.), Ancien Ordre Uni des Druides, en Norvège,

2. contact : Rolf E. Johannessen, Olav Nygardsvei 40, Oslo 6, Norvège (secrétaire de la Loge *Nordstjernen* d'Oslo),
3. fondation : 1935,
4. lignée : dérive de la lignée Henry Hurle par le F.G.D.O. de Suède,
5. accent mis sur : l'aspect philanthropique, la tolérance,
6. langue : le norvégien,
7. symbole : l'étoile à sept branches,
8. texte de référence : les Sept Enseignements de Merlin-le-Sage,
9. conditions d'admission : parrainage,
10. cérémonies : privées, en intérieur fermé,
11. fréquence : chaque quinzaine,
12. degrés : il y a sept degrés : ovate, barde, druide, Frère du Chapitre, Frère de l'Anneau, Ancien Archidruide et enfin : Chevalier de la Table Ronde dit aussi Ancien Archidruide du Royaume,
13. caractère sacerdotal : non,
14. initiation de la femme : pas encore,
15. rites d'initiation : oui,
16. attribution d'un nom initiatique : non,
17. serment :
18. régalia : sautoirs, vert pour ovate ; bleu pour barde ; rouge pour druide, cependant à l'initiation de druide, le postulant porte une tunique blanche ; médaille en triangle pour le 4e degré ; anneau au majeur de la main droite pour le 5e ; grand collier de feuilles de chêne émaillées au 6e et d'or au 7e degré,
19. enseignement :
20. Publication : la revue imprimée *Barden*,
21. cérémonies familiales : non, mais des soirées sont organisées pour les familles,
22. sections décentralisées : il y a 17 loges F.G.D.O. en Norvège, dont 3 à Oslo et 2 à Tønsberg. Plusieurs loges sont dites : « des Druides », « des Bardes » ou « des Ovates » et « de Merlin »,
23. incompatibilité :
24. nombre de membres actifs : plus d'un millier en 1980.

1. *INTERNATIONAL GRAND LODGE od DRUIDISM* (I.G.L.D.),
2. contact : Bro. F.J. Cooke, 67 Saxondale Avenue, Birmingham B26 1LP, G.B. (Président mondial),
3. fondation : le 17 juillet 1908 à Munich en Allemagne,
4. lignée : les fondateurs, 3 druides de Grande-Bretagne, 3 druides des Etats-Unis et 3 druides allemands, étaient tous de la lignée de Henry Hurle,
5. accent mis sur : l'aspect philosophique et philanthropique,
6. langues utilisées : les langues de chaque Pays représenté,
7. symbole principal : l'étoile d'or à 7 branches inscrite dans un cercle avec en son centre un globe terrestre portant les initiales U.P.C. signifiant Unité, Paix, Concorde,
8. Textes de référence :
9. conditions d'admission : il faut déjà être membre d'une loge druidique de la lignée de Henry Hurle,
10. cérémonies :
11. fréquence : congrès mondial tous les deux ans dans un lieu différent, en 1979, c'était au Druidegarden de Copenhague ; en 1981 (bi-centenaire de la fondation par Henry Hurle de cette lignée), c'était à Margate, G.B.,
12. degrés d'initiation : pas de degrés propres, tous les degrés des associations représentées sont acceptés,
13. caractère sacerdotal : non,
14. initiation de la femme : ceci est fonction des associations membres,
15. rite d'initiation :
16. attribution d'un nom initiatique .
17. serment :
18. régalia :
19. enseignement :
20. publication :
21. cérémonies familiales :
22. sections décentralisées : en fait il s'agit ici d'une confédération d'associations, et éventuellement d'individus, appartenant déjà soit à l'A.O.D., soit à l'une des branches de l'U.A.O.D. Toutefois il existe une Grande Loge I.G.L.D. pour l'Europe, une pour la Scandinavie, et une pour la Grande-Bretagne à Margate. (Voir détails page suivante),
23. incompatibilité : (voir conditions d'admission),
24. nombre de membres actifs : plusieurs centaines de milliers !

Liste des Sociétés affiliées à la Grande Loge Internationale du druidisme I.G.L.D. (lignée Henry Hurle) :

1. A.O.D. de Grande-Bretagne : (voir ci-dessus p. 276)
2. U.A.O.D. de Grande-Bretagne : (voir ci-dessus p. 277)
3. U.A.O.D. des Etats-Unis :
   Grand Grove of California, 5951 Mission Street, San Francisco CA 94112, USA.
4. U.A.O.D. des Etats-Unis :
   Supreme Grove, Thomas B. Herrmann, 4540 Selma Road, Springfield, Ohio 45402, USA.
5. V.A.O.D. d'Allemagne : (voir ci-dessus p. 278)
   secrétariat : Ernst Bauer, Weidach Wiesenweg 11, 7906 Blaustein, R.F.A.
6. F.G.D.O. de Suède : (voir ci-dessus p. 279)
   secrétariat : Carl Dittmer, Mollebogaten 23, Malmö, Suède.
7. F.G.D.O. de Norvège : (voir ci-dessus p. 280)
   secrétariat : Bjorn Aaby, N Storgt 11, 3000 Drammen, Norvège.
8. U.A.O.D. au Danemark :
   secrétariat : Thorkil Wello Hostrops, Have 6, Copenhague V, Danemark.
9. U.A.O.D. en Suisse :
   secrétariat : Albert A. Kammerer, Naumgarti, CH. 3752, Wimmis, Suisse.
10. U.A.O.D. en Australie (Nouvelles Galles du Sud) :
    secrétariat : G. Allerton, Druids House, 302 Pitt Street, Sydney, New South Wales, Australie.
11. U.A.O.D. en Australie (Victoria) :
    secrétariat : R. Prior, 407/409 Swanson Street, Melbourne, Victoria, Australie.
12. U.A.O.D. en Australie (Australie du Sud) :
    secrétariat : 20 Currie Street, Adélaïde, Australie du Sud.
13. U.A.O.D. en Australie (Australie Occidentale) :
    secrétariat : Fred Knuckey, 4 Roseberry Avenue, South Perth 6151, Western Australia.
14. U.A.O.D. en Tasmanie :
    secrétariat : B.V. Ockery, Druids House, 71 John Street, Launceston, Tasmanie.
15. U.A.O.D. en Nouvelle-Zélande :
    Grande Lodge of North Island, Druids Chambers, Lambton Quay, Wellington, Nouvelle-Zélande.
    (Signalons au passage que cette Grande Loge ne comptait pas moins de 6 520 druides en 1980 !)

16. U.A.O.D. en Nouvelle-Zélande :
    Grande Lodge of Canterbury, Druids Buildings, 227 Manchester Street, Christchurch C.1 New Zealand.
    (2311 druides en 1980.)
17. U.A.O.D. en Nouvelle-Zélande :
    Otago and Southland, Druids House, 108 St-Andrew Street, Dunedin, New Zealand.
    (1 632 druides en 1980.)
18. Grande Loge I.G.L.D. pour l'Europe Centrale :
    secrétariat : Rudolph Koehler, Offenbach/Main, Christian Pless Strasse 1A, R.F.A.
19. Grande Loge I.G.L.D. pour la Scandinavie :
    secrétariat : Bjön Aaby (voir plus haut 7-F.G.D.O. Norvège).
20. Grande Loge I.G.L.D. de Grande-Bretagne :
    secrétariat : S.J. Jones, 63 Northumberland Avenue, Cliftonville, Margate, Kent CT9 3LY, G.B.

3) Lignée galloise dérivant de Iolo Morganwg

1. *GORSEDD BEIRDD YNYS BRYDAIN*
   Assemblée des Bardes de l'Ile de Bretagne,
2. contact : M. Emyr Jenkins, 10 Park Grove, Caerdydd (Cardiff) CF4 7BN, Pays de Galles, Grande-Bretagne,
3. fondée de temps immémorial, réactivée par Iolo Moganwg en 1792,
4. lignée : tradition bardique galloise,
5. accent mis sur : l'aspect littéraire, artistique et folklorique, le maintien de la culture celtique traditionnelle,
6. langue utilisée : essentiellement le gallois,
7. symbole principal : le Tribann,
8. textes de référence : le Barddas gallois,
9. conditions d'admission : parler le gallois et avoir fait quelque chose en faveur du Pays de Galles ou de la culture celtique,
10. cérémonies : publiques, ouvertes, en extérieur, à la face du Soleil, Œil de Lumière,
11. fréquence : une fois par an, début août,
12. degrés d'initiation : ovate, barde, druide, archidruide,
13. caractère sacerdotal : non,
14. initiation de la femme : oui,
15. rite d'initiation : oui, par imposition des mains,
16. attribution d'un nom initiatique : oui,
17. serment : oui,
18. régalia : saies et voiles, vert pour les ovates, bleu pour les bardes et blanc pour les druides,
19. enseignement :
20. publications :
21. cérémonies familiales : non,
22. sections décentralisées : oui, si on considère la Gorsedd de Bretagne et celle de Cornouaille,
23. incompatibilités : les non-Celtes ne sont pas admis,
24. nombre de membres actifs :

1. *BREUDEURIEZH DROUIZED, BARZHED hag OVIZION BREIZH,*
   Fraternité des Druides, Bardes et Ovates de Bretagne, dit *Gorsedd* de Bretagne,
2. contact : M. A. Calvé, 5 résidence Guy Ropartz, 29000 Kemper/Quimper,
3. fondation : le 1er septembre 1900 à l'Auberge de la Veuve Le Falc'her, route de Callac (rue des Salles) à Guingamp ; officiellement déclarée en 1908,
4. lignée : dérive directement de la lignée galloise,
5. accent mis sur : la promotion de la culture celtique en général et bretonne en particulier,
6. langue : la langue officielle de la Gorsedd est le breton, essentiellement pour les cérémonies,
7. symbole principal : le Tribann,
8. textes de référence : les Triades bardiques galloises,
9. conditions d'admission : être Celte, savoir ou apprendre le breton, éventuel contrôle de culture celtique par examen, être parrainé, possibilité d'être admis sur titres,
10. cérémonies : publiques, ouvertes, en extérieur, à la face du Soleil, Œil de Lumière,
11. fréquence : une fois par an, le plus souvent au mois d'août,
12. degrés : disciple, barde ou ovate et druide,
13. caractère sacerdotal : non,
14. initiation de la femme : oui, à égalité,
15. rite d'initiation : par imposition des mains,
16. attribution d'un nom initiatique : oui, en breton,
17. serment : oui,
18. régalia : saie et voile serré d'un bandeau de velours noir frappé d'un Tribann doré, lin bleu pour les bardes, vert pour les ovates et blanc pour les druides,
19. enseignement :
20. publication : bulletin *An Tribann,* irrégulier,
21. cérémonies familiales : non,
22. sections décentralisées : il peut y en avoir,
23. incompatibilité : théoriquement inaccessible aux non-Celtes,
24. nombre de membres actifs :

1. *GORSETH KERNOW* ou *GORSETH BYRTH KERNOW* ou *The CORNISH GORSEDD*, Gorsedd de Cornouaille (G.B.),
2. contact : M. Peter G. Laws, 2 Donnington Road, Penzance, Cornwall, G.B.,
3. fondation : le 21 septembre 1928,
4. lignée : procède de la *Gorsedd* Galloise,
5. accent mis sur : le maintien de l'esprit celtique en Cornouaille, sauver la langue cornique, encourager les arts et la littérature celtiques en Cornouaille,
6. langue : le cornique, mais aussi l'anglais par nécessité,
7. symbole principal : le Tribann,
8. textes de référence : la littérature bardique celtique,
9. conditions d'admission : connaître le cornique ou être en train de l'apprendre, ou avoir rendu service à la cause,
10. cérémonies : publiques, en plein air, à la face du Soleil, Œil de Lumière,
11. fréquence : une fois par an, le 1er samedi de septembre,
12. degrés : un seul, celui de barde,
13. caractère sacerdotal : non,
14. initiation de la femme : oui, à égalité,
15. rite d'initiation : le Grand-Barde prend les mains jointes du postulant dans les siennes,
16. attribution d'un nom initiatique : oui,
17. serment : oui,
18. régalia : saie bleue, voile bleu avec bandeau de front noir et or,
19. enseignement :
20. publication : lettre circulaire du Grand-Barde,
21. cérémonies familiales : non,
22. sections décentralisées : non,
23. incompatibilités :
24. nombre des membres : entre la fondation (1928) et 1978, il y a eu 700 initiations ; il y avait 400 membres actifs vivants en 1980.

1. LE GRAND COLLEGE CELTIQUE, dit aussi en anglais : *The Great Oak Forest Celtic College of Broceliande* et en français : Le Grand Collège Celtique de la Forêt des Chênes de Brocéliande,
2. contact : Ker Sklerijenn, La Ville Lesné, 35290 Saint-Onen-la-Chapelle,
3. fondation : le 15 août 1950, association de fait non déclarée,
4. lignée : dériverait de la lignée galloise par la *Gorsedd* de Bretagne, mais n'est pas une scission,
5. accent mis sur : le renouveau du celtisme, légère tendance d'allure néo-païenne,
6. langue : le français et le breton,
7. symbole principal : un Tribann dans un triangle inscrit dans un cercle,
8. textes de références : Margam, Trahaiarn, les Triades bardiques galloises...
9. conditions d'admission : être « de pensée blanche » et Celte ; on reçoit les enfants à partir de l'âge de sept ans,
10. cérémonies : ouvertes et fermées selon les circonstances,
11. fréquence : selon le calendrier liturgique de la tradition druidique, ce qui signifie : les 4 grandes fêtes druidiques, les solstices et les équinoxes,
12. degrés d'initiation : consécration de l'enfant dans les 7 jours de la naissance ; il devient *abvaban* à l'âge de sept ans : *gwalenn* à l'âge de quatorze ans ; *keneben* à quinze ans ; *diskibl* à vingt et un ans pendant au moins un an, puis il peut devenir ovate ou barde. Il faut atteindre l'âge de quarante-deux ans pour pouvoir devenir druide,
13. caractère sacerdotal : non affirmé, cependant il y a, dans les rites, consécration à des divinités celtiques,
14. initiation de la femme : oui, pas de différence,
15. rite d'initiation : par imposition des mains,
16. attribution d'un nom initiatique : oui,
17. serment : oui,
18. régalia : saie et voile, vert/ovate, bleu/barde, blanc/druide,
19. enseignement : par groupe de 3, étude des textes de base,
20. publication : un bulletin ronéoté irrégulier : *Ar Gwyr*.
21. cérémonies familiales : oui,
22. sections décentralisées,
23. incompatibilités : la drogue et la violence,
24. nombre de membres actifs :

1. *KENVREURIEZH PREDOURIEL an DROUIZED*,
   Confraternité Philosophique des Druides,
2. contact : 24 rue Copernic, 44000 Nantes,
3. fondation : association culturelle déclarée en mai 1975,
4. lignée : dérive de la lignée galloise par la *Gorsedd* de Bretagne,
5. accent mis sur : l'aspect philosophique, a-religieux,
6. langue : on utilise la langue bretonne et le français,
7. symbole : le Tribann,
8. textes de référence : les Triades bardiques, les Séries du *Barzaz Breiz*,
9. conditions d'admission : être Celte, majeur et parrainé. Il y a incompatibilité pour les fonctionnaires d'autorité,
10. cérémonies : ouvertes, en plein air généralement, mais certaines cérémonies ayant lieu l'hiver peuvent être célébrées sous abri,
11. fréquence : une grande cérémonie publique annuelle dite *Emvod* et les fêtes celtiques traditionnelles,
12. degrés d'initiation : les disciples ou novices sont les *Mabinogi*. L'Ordre des druides est réservé aux hommes, trois degrés : bardes ou ovates et *aweniz*. L'Ordre des *korriganed* est réservé aux femmes, trois degrés : *entannerez, galloudegez* et *kelennerez*,
13. caractère sacerdotal : non,
14. initiation de la femme : la femme a un statut particulier ; elle est considérée comme étant « initiée par nature », elle n'a donc pas besoin d'être initiée, par contre elle peut être consacrée, c'est pourquoi dans cette société druidique il y a un Ordre de « femmes consacrées », ce sont les *Korriganed*,
15. rite d'initiation : par imposition des mains, de jour et en public pour les hommes, de nuit et en privé pour les femmes,
16. attribution d'un nom initiatique : oui,
17. serment : oui,
18. régalia : saie de lin blanc pour les hommes mais de laine pour les femmes ; le voile est porté par les femmes à la manière d'un fichu ; cordonnet de couleur au cou où pend un *Tribann* de bois : bleu/bardes, vert/ovates, blanc/aweniz,
19. enseignement : par oral, cercles d'études,
20. publication : bulletin ronéoté *Neved*, trimestriel,
21. cérémonies familiales : oui, par exemple mariage mais non sacramentel,
22. sections décentralisées : oui, Clairières, et Pommeraies pour les femmes,
23. incompatibilité : oui, les doctrines judéo-chrétiennes,
24. nombre de membres :

1. CONFRATERNITÉ DES DRUIDES ET FEMMES CONSA-CRÉES DE LA NATION PICARDE,
2. contact : M. Claude Bruillon, 9 rue Latour, 80000 Amiens,
3. fondation : association de fait depuis plusieurs années,
4. lignée : dérive des lignées gauloises et bretonnes (Confraternité Philosophique des Druides) et de la tradition des *ch'Dru* de Picardie,
5. accent mis sur : englobe tous les aspects de la tradition occidentale,
6. langue : on utilise le français et le picard,
7. symbole principal : le Tribann, mais aussi le Carré avec ses diagonales, symbole lié au nombre cinq,
8. textes de référence : les Triades philosophiques, les contes et légendes celtiques, y compris le Graal,
9. conditions d'admission : être Celte-Picard ou Celte résidant en Picardie,
10. cérémonies : en extérieur comme en intérieur mais à caractère privé,
11. fréquence : les fêtes celtiques traditionnelles, équinoxes et solstices,
12. degrés d'initiation : pour les hommes : 1) *mabinogi* (disciples), 2) ovates ou bardes, 3) druides ; pour les femmes : 1) postulantes, 2) femmes consacrées, 3) anciennes,
13. caractère sacerdotal : n'est pas mis en évidence mais peut être utilisé éventuellement en cas de défaillance du clergé chrétien,
14. initiation de la femme : étant initiée par essence, elle n'a pas besoin de se faire initier mais peut être consacrée,
15. rite d'initiation : par imposition des mains et autre rite,
16. attribution d'un nom initiatique : ceci est laissé libre,
17. serment : oui,
18. régalia : saie de lin pour les hommes, de laine pour les femmes. La couleur normale est le blanc, mais le vert peut être utilisé pour les ovates et le bleu pour les bardes,
19. enseignement : par réflexion personnelle, dialogue et cercles d'études,
20. publication : pas de publication,
21. cérémonies familiales : sur demande seulement, et aussi en complément de cérémonies chrétiennes,
22. sections décentralisées : trois centres, une extension en Belgique et des membres isolés,
23. incompatibilité : pas d'incompatibilité avec le christianisme qu'il complète,
24. nombre de membres : une cinquantaine.

1. DRUIDES DES CELTES DE NORMANDIE,
2. contact : Michel Velmans, BP 129, 50400 Granville,
3. fondation : association de fait depuis août 1979,
4. lignée : dérive de la lignée galloise par l'intermédiaire de la Confraternité Philosophique des Druides,
5. accent mis sur : l'aspect philosophique et poétique,
6. langue : le français,
7. symbole principal : le Tribann,
8. textes de référence : les textes traditionnels corniques, gallois et irlandais,
9. conditions d'admission : par cooptation,
10. cérémonies : en extérieur comme en intérieur mais privées,
11. fréquence : aux équinoxes et aux solstices,
12. degrés d'initiation : bardes, ovates et druides,
13. caractère sacerdotal : non,
14. initiation de la femme : oui,
15. rite d'initiation : par imposition des mains,
16. attribution d'un nom initiatique : oui,
17. serment : non,
18. régalia : saie de lin blanc et port du Tribann en insigne,
19. enseignement : par oral,
20. publication,
21. cérémonies familiales : non,
22. sections décentralisées :
23. incompatibilités : non,
24. nombre de membres actifs : une vingtaine.

1. COLLÈGE BARDIQUE des GAULES,
2. contact : M. Jacques Heugel, 6 rue des Petits-Champs, 75002 Paris (Président-fondateur),
3. fondation : en 1933 par Jacques Heugel, Joseph Vaylet et André Savoret,
4. lignée : procède directement de la lignée galloise, les fondateurs ayant été se faire initier à la *Gorsedd* de Wrexham au Pays de Galles en 1933, et Philéas Lebesgue en fut officiellement reconnu le Grand-Druide jusqu'à sa mort en 1958,
5. accent mis sur : l'aspect philosophique et littéraire,
6. langue : le français, mais aussi la langue d'oc,
7. symbole : la jument blanche, réminiscence de la déesse Epona,
8. textes de référence : les Triades bardiques et la mythologie gauloise,
9. conditions d'admission :
10. cérémonies : ouvertes ou fermées,
11. fréquence : pas de réunion actuellement, le Collège étant en sommeil,
12. degré d'initiation : ovate, barde et druide,
13. caractère sacerdotal : non,
14. initiation de la femme : oui,
15. rite d'initiation : par imposition des mains,
16. serment : oui,
18. régalia : saie et voile,
19. enseignement :
20. publication : divers ouvrages des membres, tel *Du Menhir à la Croix*, 1932, de Savoret qui a encore publié, en 1977, *Visage du druidisme*,
21. cérémonies familiales :
22. sections décentralisées :
23. incompatibilités :
24. nombre de membres : ce Collège est entré en sommeil lors de la guerre de 1939-1945 et ne s'en est pas remis. Bien qu'à la mort de Philéas Lebesgue, Jacques Heugel ait été régulièrement élu Grand-Druide, les activités du Collège n'en ont pas repris pour autant.

1. COLLÈGE des DRUIDES BARDES et OVATES des GAULES, il y a peu on disait : Collège des Druides, Bardes, Eubages et Ovates, mais l'appellation courante est Collège Druidique des Gaules, ou même tout simplement Collège des Gaules, abrégé en C.D.G.,
2. contact : Mme Huguette Cochinal, 6 rue Pierre Bourdan, 75012 Paris,
3. fondation : en 1942 par Paul Bouchet († 15-10-1979), mais officiellement déclaré seulement le 24-12-1965,
4. lignée : procède de la lignée galloise par Philéas Lebesgue mais cette filiation a été contestée, procéderait aussi de la tradition d'un mystérieux Grand Chêne Celte,
5. accent mis sur : les aspects folkloriques, philosophiques et religieux avec tendance néo-païenne variable, sans oublier l'aspect écologique,
6. langue : le français,
7. symboles principaux : la Croix Druidique, le Tribann,
8. textes de référence : les Triades bardiques galloises, la mythologie gauloise,
9. conditions d'admission : parrainage, être de race blanche, jouir de ses droits civils et politiques,
10. cérémonies : publiques et privées, en extérieur comme en intérieur,
11. fréquence : fêtes celtiques traditionnelles, solstices et équinoxes,
12. degrés d'initiation : disciple, ovate ou barde et druide. Les eubages, dont le titre est en voie de disparition, sont seulement des instructeurs ayant des disciples à charge,
13. caractère sacerdotal : officiellement non, mais oui pour ceux qui sont de la tendance néo-païenne,
14. initiation de la femme : oui,
15. rite d'initiation : par imposition des mains, célébration par les cinq éléments,
16. attribution d'un nom initiatique : oui,
17. serment : oui,
18. régalia : saie blanche, bandeau de front avec Tribann et, en particularité unique de tous les groupes considérés, un rabat blanc orné d'une Croix Druidique,
19. enseignement : par oral, par bulletin et par les ouvrages du défunt Grand-Druide Paul Bouchet,
20. publications : un bulletin ronéoté, récemment intitulé *An Gael*, mensuel,
21. cérémonies familiales : éventuellement,
22. sections décentralisées : oui, appelées « clairières », une dizaine,
23. incompatibilité : théoriquement toute religion orientale, les militaires de carrière, les condamnations,
24. nombre de membres actifs : 325 en 1980.

1. COLLÈGE d'ÉTUDES CELTO-DRUIDIQUES
et son cercle intérieur le COLLÈGE du GRAND CHÊNE INTERCELTIQUE,

2. contact : M. René Bouchet, 40 rue du Colonel-Fabien, 93700 Drancy (le fils du Grand-Druide Bod-Koad, sous le nom druidique de Renatos Bod-Koad),
3. fondation : de fait depuis 1976,
4. lignée : dérive de la lignée du Grand-Druide Bod-Koad († 1979) du Collège des Gaules,
5. accent mis sur : l'aspect spiritualiste,
6. langue : le français,
7. symboles principaux : la Croix Druidique, le Tribann,
8. textes de référence : les Triades galloises, les ouvrages de Paul Bouchet,
9. conditions d'admission : âge minimum seize ans et être de « race occidentale »,
10. cérémonies : en extérieur comme en intérieur, publiques et privées,
11. fréquence : fêtes celtiques traditionnelles, équinoxes et solstices,
12. degrés d'initiation : néophyte ; disciple-barde ou disciple-ovate ; on peut devenir barde ou ovate à partir de vingt-deux ans, et druide à partir de trente-sept ans. Le titre d'eubage est aussi utilisé dans ce Collège,
13. caractère sacerdotal : oui,
14. initiation de la femme : oui,
15. rite d'initiation : par imposition des mains,
16. attribution d'un nom initiatique : oui,
17. serment : oui,
18. régalia : saie blanche, bandeau de front avec Tribann, rabat à Croix Druidique,
19. enseignement : par oral, conférences et par correspondance,
20. publication : bulletin intérieur,
21. cérémonies familiales : sur demande, baptême druidique des enfants au solstice d'été,
22. sections décentralisées : oui, y compris en Belgique,
23. incompatibilité : pour les non-occidentaux,
24. nombre de membres : il y avait 280 membres en 1978 dont 9 dignitaires.

1. FRATERNITÉ UNIVERSELLE DES DRUIDES (F.UD.),
2. contact : 8 rue Moncalm, 34000 Montpellier,
3. fondation : déclarée en tant qu'association « cultuelle » le 21-10-1976,
4. lignée : dérive de la lignée galloise par la *Gorsedd* de Bretagne et de la lignée gauloise du Grand-Druide Bod-Koad,
5. accent mis sur : l'aspect religieux celtique, tendance néo-païenne,
6. langue : le français, mais sans avoir peur de recourir à des termes en langues celtiques,
7. symbole principal : la Croix Druidique,
8. textes de référence : les Triades galloises et les traditions druidiques de l'ancienne Gaule,
9. conditions d'admission : avoir au moins seize ans et être parrainé,
10. cérémonies : ouvertes, en plein air, mais aussi en intérieur en raison du climat ; publiques ou privées,
11. fréquence : fêtes celtiques traditionnelles, solstices et équinoxes,
12. degré d'initiation : postulant ; disciple après investiture ; à partir de vingt et un an on peut devenir ovate ou barde par intronisation ; il faut avoir atteint l'âge de trente-cinq ans pour devenir druide par initiation,
13. caractère sacerdotal :
14. initiation de la femme : oui. Il faut signaler que cette société néo-druidique est la seule à notre connaissance à avoir à sa tête une Grande-Druidesse depuis 1979,
15. rite d'initiation : par imposition des mains avec tracé du doigt sur le front de l'initié du signe du Tribann,
16. attribution d'un nom initiatique : oui,
17. serment : oui,
18. régalia : saie, bandeau et voile blancs,
19. enseignement : oralement en cercles d'étude,
20. publication : bulletin intérieur ronéoté a-périodique,
21. cérémonies familiales : à la demande,
22. sections décentralisées : oui, « clairières »,
23. incompatibilité : pour les porteurs d'armes, militaires et policiers de carrière,
24. nombre de membres : une soixantaine.

1. COLLÈGE DRUIDIQUE TRADITIONNEL,
   (ce Collège s'était intitulé à sa création : Collège de Druides Gaulois),
2. contact : M. Jérôme Piétri, magistrat en retraite, 20117 Cauro (Corse),
3. fondation : société de fait depuis 1979,
4. lignée : dérive de la lignée galloise par la *Gorsedd* de Bretagne et la Confraternité Philosophique des Druides,
5. accent mis sur : l'aspect philosophique, « druidisme orthodoxe solaire »,
6. langue : le français,
7. symbole principal : le Tribann,
8. textes de référence : les Triades galloises, les séries du *Barzaz Breiz*,
9. conditions d'admission : être majeur, ou mineur autorisé; pas de limitation ethnique,
10. cérémonies : en plein air, en cercle,
11. fréquence : aux solstices et aux équinoxes,
12. degrés d'initiation : 1) marcassin, 2) barde ou ovate, 3) druide,
13. caractère sacerdotal : non affirmé, car ce Collège se veut a-religieux, toutefois voir en 21 ci-dessous,
14. initiation de la femme : oui,
15. rite d'initiation : par imposition des mains,
16. attribution d'un nom initiatique : oui,
17. serment : oui, aux degrés 2) et 3),
18. régalia : saie et voile blancs,
19. enseignement : en cercles d'étude de « clairière » et par monographies. Les Clairières se réunissent en principe chaque quinzaine,
20. publication :
21. cérémonies familiales : baptême, mariage sacramentel et funérailles de rite druidique sur demande,
22. sections décentralisées : « clairières » en Corse, à Marseille et à Paris,
23. incompatibilité : avec le druidisme « schismatique lunaire à principe dualiste » ainsi qu'avec les « fantaisistes et folkloristes »,
24. nombre de membres actifs :

1. LE GRAND CHÊNE CELTE — Collège Druidique —

2. contact : M. Daniel Laville, 10, rue Denoyez, 75020 Paris,
3. fondation : de temps immémorial, mis en sommeil en 1943, réactivé en 1960,
4. lignée : le druide de tradition familiale M.C. fut chargé par l'Ordre de *Gawre,* à Nîmes en 1971, de reconstituer le Grand Cercle des trente druides opératifs,
5. accent mis sur :
6. langue : le français,
7. symbole principal :
8. textes de référence :
9. conditions d'admission :
10. cérémonies :
11. fréquence :
12. degré d'initiation :
13. caractère sacerdotal :
14. initiation de la femme :
15. rite d'initiation :
16. attribution d'un nom initiatique :
17. serment :
18. régalia :
19. enseignement :
20. publication :
21. cérémonies familiales :
22. sections décentralisées :
23. incompatibilité : groupe paganisant, donc incompatible avec la tradition judéo-chrétienne,
24. nombre de membres actifs :

1. GRAND COLLÈGE DRUIDIQUE de BIBRACTE,
2. contact : M. Julien Jallois, BP 264, 58008 Nevers Cédex,
3. fondation : 1981,
4. lignée : la tradition druidique gauloise du Grand-Druide Bod-Koad,
5. accent mis sur : l'aspect religieux de la tradition druidique, car il s'agit bien ici de religion druidique,
6. langue : le français,
7. symboles : la pierre cubique (12 arêtes = 12 divinités majeures) et les deux losanges inscrits dans un cercle,
8. textes de référence : seuls les textes grecs ou latins sont considérés comme dignes de foi, les textes irlandais anciens sont considérés comme très suspects ayant été transcrits par des moines chrétiens,
9. conditions d'admission : être majeur ou mineur autorisé ; être d'origine celte ; renoncer à toute autre religion,
10. cérémonies :
11. fréquence : les fêtes celtiques traditionnelles,
12. degrés d'initiation : barde, eubage, ovate, druide, archidruide. L'archidruide actuel, Yvon Le Bihan, est âgé de quatre-vingt-cinq ans,
13. caractère sacerdotal :
14. initiation de la femme : oui, toutefois une femme ne saurait avoir accès à l'archidruidicat,
15. rite d'initiation : oui,
16. attribution d'un nom initiatique : oui,
17. serment : oui, honneur et dignité,
18. régalia :
19. enseignement : par oral et par bulletin mensuel,
20. publication : bulletin mensuel,
21. cérémonies familiales : sur demande,
22. sections décentralisées : oui, par groupes ethniques,
23. incompatibilité : toute autre religion,
24. nombre de membres actifs :

N.B. — Ce groupe est, à notre connaissance, actuellement le seul en France à utiliser le titre d' « archidruide ».

1. ORDRE MONASTIQUE d'AVALLON, ou ORDRE MYSTIQUE d'AVALLON (O.M.A.),

2. contact : Mme M-D. de Fournier de Brescia, 7, rue Alexandre Cabanel, 34000 Montpellier,
3. fondation : déclarée comme association « cultuelle » le 30-5-1970,
4. lignée : dérive des filiations « initiatiques, druidiques, christiques et mystiques » transmises par l'archevêque Iltud de l'Eglise Celtique le 27 juin 1970, à « Ker Avalenn », à Henri Hillion († 1980),
5. accent mis sur : l'aspect religieux mais non-ecclésial. De tendance néo-païenne à l'origine, puis devenu très christique, l'O.M.A. est revenu à une tradition druidisante centrée sur l'Avallon mystique,
6. langue : le français,
7. symbole : la fleur de pommier (étoile à cinq branches),
8. textes de référence : entre autres les Triades bardiques philosophiques,
9. conditions d'admission : être majeur, ou mineur autorisé ; être parrainé par deux membres,
10. cérémonies : ouvertes, en intérieur comme en extérieur,
11. fréquence : le plus souvent possible, au moins une fois par semaine,
12. degrés d'initiation : simple moine (au sens de $\mu o\nu o s$, seul) et « ancien » ; le responsable de l'Ordre est « abbé »,
13. caractère sacerdotal : oui,
14. initiation de la femme : oui, même pour le sacerdoce et l'abbatiat,
15. rite d'initiation : par immersion, onction, imposition des mains et porrection des instruments,
16. attribution d'un nom initiatique : n'est pas considéré comme nécessaire,
17. serment : non,
18. régalia : coule de laine blanche écrue tissée-main,
19. enseignement : oral et par bulletin,
20. publication : le *Journal d'Avallon,* 17 numéros parus entre 1972 et 1975, ronéoté,
21. cérémonies familiales : oui, baptême et mariage sacramentels, funérailles,
22. sections décentralisées : oui, dont certains mini-groupes autonomes dispersés et difficiles à suivre dans leur évolution,
23. incompatibilité : théoriquement pas,
24. nombre de membres actifs : difficile à évaluer, le centre d'origine de Run Méno en Bretagne étant entré en sommeil, le centre de Montpellier se cantonne dans une prudente discrétion.

1. *KENVREURIEZH DROUIZED KORNOG*,
   FRATERNITÉ des DRUIDES d'OCCIDENT (F.D.O.),
2. contact : M. Jacques Dubreuil, Kerdivuzit en Lothey, 29190 Pleyben,
3. fondation : déclarée comme association « cultuelle » en 1974,
4. lignée : dérive de la lignée « avallonienne » issue de l'archevêque Iltud par l'O.M.A., de la lignée druidique galloise véhiculée par la *Gorsedd* de Bretagne, et de la tradition druidique populaire de Bretagne,
5. accent mis sur : l'aspect « cultuel » ; réintroduire le sacerdoce dans le druidisme moderne, néo-paganisme affirmé,
6. langues : le français et le breton,
7. symboles : le Tribann, la Croix Celtique,
8. textes de référence : les textes bardiques gallois et irlandais ; la tradition populaire de Bretagne,
9. conditions d'admission : contrôle du niveau individuel atteint et accord du conseil, être Occidental (Européen),
10. cérémonies : semi-publiques et privées, en extérieur comme en intérieur,
11. fréquence : les 4 fêtes celtiques traditionnelles et les 2 solstices,
12. degrés d'intiation : 1) adepte, 2) *beleg* (prêtre), 3) **druide**,
13. caractère sacerdotal : oui,
14. initiation de la femme : oui, y compris le sacerdoce druidique,
15. rite d'initiation : par immersion, imposition des mains et onction,
16. attribution d'un nom initiatique : libre,
17. serment : non,
18. régalia : saie blanche,
19. enseignement : oral,
20. publication : non,
21. cérémonies familiales : oui, sur demande,
22. sections décentralisées : oui,
23. incompatibilité : le fait de ne pas être Européen, sauf exception,
24. nombre de membres : environ 80 en 1980.

1. *KREDENN GELTIEK* (K.G.),
   CROYANCE CELTIQUE,

2. contact : « Tour ar Vro », La Pâtissière, 44800 Saint-Herblain,
3. fondation : en 1936, réactivée en 1947, légalement déclarée en 1981,
4. lignée : procède de la lignée galloise par la *Gorsedd* de Bretagne, avec en outre diverses lignées traditionnelles initiatiques,
5. accent mis sur : l'aspect « cultuel », religion druidique paganisante,
6. langues : le français et le breton,
7. symboles : le Tribann et bien d'autres symboles,
8. textes de référence : les Triades galloises, les textes mythologiques irlandais et gallois, la tradition ésotérique de Bretagne,
9. condition d'admission : être Celte,
10. cérémonies : en extérieur et en intérieur mais toujours à caractère privé,
11. fréquence : le plus souvent possible. Le calendrier liturgique comporte un riche festiaire celtique,
12. degrés d'initiation : ovate, barde et druides et d'autres initiations spécifiques,
13. caractère sacerdotale : oui,
14. initiation de la femme : oui,
15. rite d'initiation : oui,
16. attribution d'un nom initiatique : oui,
17. serment :
18. régalia :
19. enseignement : oral,
20. publication : la revue *Kad* (Combat) imprimée et illustrée, mais a-périodique,
21. cérémonies familiales : oui,
22. sections décentralisées : oui,
23. incompatibilité : le judéo-christianisme,
24. nombre de membres :

4) Groupes d'origines diverses

Nous citerons ici les groupes d'inspiration druidique des Etats-Unis, de Grande-Bretagne, de France et de Belgique. Nous sommes évidemment conscient d'en omettre beaucoup, d'autant plus que nos investigations n'ont pas été poussées en Espagne, ni en Italie, ni en Europe Centrale. Espérons que des chercheurs saisissent l'occasion de le faire bientôt.

1. *CLANNA BROCHETA GROVE,*
    Orthodox Druids of North America (O.D.N.A.),
    Robert Larson c/o Grundy, 820 Circle Court,
    South San Francisco, CA 94080 (California) U.S.A.
    Réunions tous les quinze jours et les jours de fête.
       Les Services sont célébrés en irlandais. Groupe assez fermé se revendiquant du druidisme « orthodoxe ».

2. *SOUTHERN SHORES GROVE,*
    Reformed Druids of North America (R.D.N.A.),
    Steve Savitzky, 343 Leigh Avenue,
    San José, CA 95128 (California) U.S.A.
    Groupe semi-paganisant, réunions uniquement pour les fêtes.

3. *CARLETON GROVE*
    Reformed Druids of North America (R.D.N.A.),
    Heidi Shultz, Carleton College,
    Northfield, MN 55057 (Minnesota) U.S.A.
    Réunions chaque semaine et les jours de fête durant l'année scolaire.
       C'est le groupe d'origine des « Druides Réformés » américains. Non paganisant.

4. *HAZEL NUT GROVE,*
    New Reformed Druids of North America (N.R.D.N.A.),
    Stephen Mc Caully, 3215 Brookdale Avenue,
    Oakland, CA 94602 (California) U.S.A.
    Réunions tous les quinze jours. Druidisme irlandais.

5. *LOS ANGELES GROVE* ou *L.A. GROVE,*
    New Reformed Druids of North America (N.R.D.N.A.),
    Chris Sherbak, 588 North Lucerne Boulevard,
    Los Angeles, CA 9004 (California) U.S.A.
    Réunions pour les fêtes seulement. Druidisme pan-celtique.

6. *MOTHER GROVE,*
    New Reformed Druids of North America (N.R.D.N.A.),
    Isaac Bonewits, PO Box 9398,
    Berkeley, CA 94709 (California) U.S.A.
    Réunions chaque quinzaine et les jours de fête. Pratique le « druidisme éclectique ».

7. *THUATA GROVE,*
    New Reformed Druids of North America (N.R.D.N.A.),
    Pat O' Neil, 1808 Third Avenue, n° 12,
    San Diego, CA 92101 (California) U.S.A.
    Réunions chaque quinzaine et les jours de fêtes. Pratique le
    « druidisme nordique ».

8. *ARCH GROVE,*
    New Reformed Druids of North America (N.R.D.N.A.),
    Carolyn Clark, 10611 Jesskamp Drive,
    Saint-Louis, MO 63136 (Minnesota) U.S.A.
    Rencontres aux pleines lunes et les jours de fête. Pratique
    le « druidisme hasidique et de Wicca ».

9. *EVERGREEN GROVE,*
    New Reformed Druids of North America (N.R.D.N.A.),
    Cyndie Schuler, PO Box 1272,
    Olympia, WA 98501 (Washington) U.S.A.
    Réunions à la nouvelle et à la pleine lune, et les jours de
    fête. Pratique le « druidisme zen et hilarique ».

10. *OAKEN MOON PAGAN ASSOCIATION,*
    242 Brentborough-on-Broadmeade, PO Box 242,
    Sheridan, OR 97378 (Oregon) U.S.A.
    S'adresser à Sorcha Mac Aonghais. Publie le bulletin *The Elvenstone.*

11. *FOREVER FORESTS,*
    Gwyddion Pennderwen, PO Box 212,
    Redwood Valley, CA 95470 (California) U.S.A.
    Groupe écologiste américain d'inspiration celto-druidique.

12. Collège Hiératique des Druidesses Atlantiques (pour mémoire),
    Fondé en 1912 par un Comité Féministe de New York dans l'intention de mener une action internationale en faveur des droits politiques et sociaux de la femme, ce groupe avait l'intention de s'établir à l'île d'Ouessant (Finistère). La Première Guerre mondiale a empêché la concrétisation de ce projet et le groupe semble avoir disparu.

1. *CHURCH of Y TYLWYTH TEG,*
   Eglise du Peuple des Fées,
2. contact : Rhuddlwn Gawr, PO Box 4152, Athens, Georgia 30602, U.S.A.,
3. fondation : de fait en 1967, légalement en 1977,
4. lignée : le fondateur de cette société initiatique celtique se revendique de la *Wicca* galloise,
5. accent mis sur : l'aspect religieux paganisant,
6. langue : l'anglais et le gallois,
7. symbole : le Tribann,
8. textes de référence : *les Treize Manuscrits sacrés des Gaëls,*
9. conditions d'admission : suivre les cours d'instruction religieuse et être adopté,
10. cérémonies : oui, dans un temple,
11. fréquence : les 4 fêtes celtiques, les équinoxes et les solstices,
12. degrés d'initiation : il y en a neuf ; on est d'abord « chercheur », puis on peut devenir 1) sorcier, 2) prêtre ou prêtresse, 3) maître, 4) guide, 5) chef-guide, 6) ancien-junior, 7) chef-ancien, 8) Croyant du Noble Courant, 9) Illuminé ou Chef-Secret,
13. caractère sacerdotal : oui,
14. initiation de la femme : oui, prêtresse,
15. rite d'initiation : oui,
16. attribution d'un nom initiatique : oui,
17. serment :
18. régalia : robes et/ou nudité,
19. enseignement : par oral et par écrit. Il y a une Ecole Bardique d'instruction religieuse pour les enfants et les adultes. On y prépare aussi à la prêtrise. L'Ecole Bardique fournit des cours ronéotés,
20. publication : un bulletin ronéoté : *The Sword of Dyrnwyn,* Pagan Grove Press (même adresse),
21. cérémonies familiales : oui,
22. sections décentralisées : oui, *Groves* (Bosquets) ou *Celli,*
23. incompatibilité :
24. nombre de membres :

1. *TEULU Y MAMAU*,
2. contact : c/o Caer Dathyl, 419 Strathmartine Road, Dundee, Scotland (Ecosse),
3. fondation : de temps immémorial,
4. lignée : tradition bardique familiale du Gwynedd (Pays de Galles du Nord),
5. accent mis sur : le maintien de la foi païenne celtique,
6. langues utilisées : l'anglais et le moyen-gallois,
7. symbole :
8. textes de référence : tradition orale,
9. conditions d'admission : il n'y a pas d'admission,
10. cérémonies : fermées, toujours privées,
11. fréquence : fêtes celtiques, équinoxes et solstices,
12. degrés d'initiation :
13. caractère sacerdotal : oui, mais pas vraiment de prêtrise au sens usuel, ce sont les chefs de famille qui officient,
14. initiation de la femme : de fait la femme est prépondérante en matière religieuse, système matriarcal,
15. rite d'initiation :
16. attribution d'un nom initiatique :
17. serment :
18. régalia :
19. enseignement : de bouche à oreille,
20. publication : non,
21. cérémonies familiales : oui,
22. sections décentralisées :
23. incompatibilité : oui, avec tout ce qui est étranger aux traditions spécifiques originelles des Iles britanniques,
24. nombre de membres :

1. *LUX MADRIANA — THE CHURCH of the GODDESS*,
   Lumière Madriane — L'Eglise de la Déesse,
2. contact : c/o Chrysothemis, 40 Saint-John Street, Oxford, G.-B.,
3. fondation : 1976,
4. lignée : religion « Madriane » dont la tradition celtique est considérée comme un rameau,
5. accent mis sur : l'aspect religieux paganisant,
6. langue : l'anglais,
7. symboles : la Croix celtique, dite Croix de Résurrection et l'étoile à cinq branches,
8. textes de référence : *The Creation, The Mythos of the Divine Maid, the Crystal Tablet, The Teachings of the Daugther,*
9. conditions d'admission : on peut être initié à partir de quatorze ans,
10. cérémonies : ouvertes ou fermées, en intérieur comme en extérieur,
11. fréquence : rite de sacrifice chaque semaine en petits groupes ou en famille, fêtes « madrianes » environ toutes les six semaines, en outre les équinoxes et solstices,
12. degrés d'initiation : oui,
13. caractère sacerdotal : oui, mais ici seules les femmes ont accès au sacerdoce,
14. initiation de la femme : oui, elle peut devenir prêtresse (*Madrian*) et chef de maison (*Donna*),
15. rite d'initiation : rite de mort et de régénération,
16. attribution d'un nom initiatique :
17. serment : oui,
18. régalia : robes et voiles, anneau pour les prêtresses,
19. enseignement : oral et écrit, cours par correspondance,
20. publication : bulletin trimestriel : *The Coming Age,*
21. cérémonies familiales : oui, à caractère sacramentel,
22. sections décentralisées : oui, par maisonnée,
23. incompatibilité : un homme ne peut avoir accès au sacerdoce ni être chef de maisonnée,
24. nombre de membres actifs :

1. *THE COVEN of RHIANNON and MERLIN,*
2. contact : Lawrence et Nora, 28 Claremont Road, Sale, Cheshire, M33 1EF, G.B. et BCM 8640 London WC1N 3 XX,
3. fondation :
4. lignée : *Wicca* de tradition celtique mais pas de lignée familiale héréditaire,
5. accent mis sur : l'aspect religieux, groupe paganisant,
6. langue utilisée : l'anglais,
7. symbole : l'étoile à cinq branches,
8. textes de référence : les textes traditionnels et la tradition orale,
9. condition d'admission : il faut d'abord faire un stage de trois mois,
10. cérémonies : à l'extérieur, dans les bois, ou en temple privé, mais jamais publiques,
11. fréquence : chaque pleine et nouvelle lune, les 4 fêtes celtiques, les équinoxes et les solstices,
12. degrés d'initiations : trois,
13. caractère sacerdotal : oui,
14. initiation de la femme : oui,
15. rites d'initiation : avec onctions ; rites sexuels pour le 3e degré,
16. attribution d'un nom initiatique : oui,
17. serment :
18. régalia : robes avec ou sans capuchon, rouges, pourpres, noires, vertes, brunes, blanches, avec un cordon (*wicca* habillée),
19. enseignement : oral mais un certain nombre d'ouvrages sont recommandés,
20. publication : bulletin ronéoté : *Balefire,* paraît 8 fois par an,
21. cérémonies familiales : oui,
22. sections décentralisées : oui, *covens,* chaque *coven* ne devant pas dépasser le nombre de 13 membres,
23. incompatibilité : on ne peut être, en même temps, membre d'une autre religion,
24. nombre de membres :

1. *THE PAGAN MOVEMENT*,
   Le Mouvement Païen,

2. contact : Tony Kelly, Cân y Lloer, Ffamers, Llanwrda, Dyfed, Wales (Pays de Galles), G.-B.,
3. fondation : 1970,
4. lignée : pas de « filiation » traditionnelle mais inspiration et affinité galloises,
5. accent mis sur : la célébration de cultes néo-païens,
6. langues : l'anglais et le gallois,
7. symboles : le Soleil, la Lune, la Terre...
8. textes de référence : la Nature...
9. conditions d'admission : on admet à partir de l'âge de treize ans,
10. cérémonies : à caractère privé, en extérieur et en intérieur,
11. fréquence : selon les rythmes de la Nature, fêtes celtiques traditionnelles et solstices, mais pas au jour près,
12. degré d'initiation : la prêtrise,
13. caractère sacerdotal : oui,
14. initiation de la femme : oui,
15. rite d'initiation : considérant qu'on ne « devient » pas sorcier ou sorcière mais qu'on « naît » sorcier ou sorcière, il n'y a pas de cérémonie spéciale pour le devenir ! Toutefois le groupe pratique un rite de mort et de régénération à l'époque de Samain (1er novembre),
16. attribution d'un nom initiatique :
17. serment : non,
18. régalia : capes de couleurs selon les saisons : vert, orange, jaune d'or, rouge, blanc et nudité,
19. enseignement : oral et écrit, par monographies,
20. publications : une bonne soixantaine de textes copieux ronéotés tels : *The Apprentice Witch, The Waxing Moon, The Heathen...*
21. cérémonies familiales :
22. sections décentralisées :
23. incompatibilité : les bornés, les sectaires, les inhibés,
24. nombre de membres : ce groupe a dépassé les 200 adeptes, mais il est actuellement en cours de réorganisation.

1. *THE FELLOWSHIP of ISIS,*
   La Communauté d'Isis,
2. contact : the Hon. Olivia Robertson, Huntington Castle, Clonegal, Enniscorthy, Eire/Irlande,
3. fondation : à l'équinoxe de printemps de 1976,
4. lignée : de tradition celto-égyptienne,
5. accent mis sur : le culte des déesses, toutes les déesses, et bien entendu les déesses celtiques ; néo-paganisme cérémoniel, fraternité universelle, œcuménisme matriarcal,
6. langue : la langue des fidèles,
7. symbole principal : la croix ansée,
8. textes de référence : les textes sacrés et mythologies des diverses religions comportant des cultes aux déesses,
9. conditions d'admission : accepter le « manifeste » de la Communauté,
10. cérémonies : ouvertes, en extérieur comme en intérieur,
11. fréquence : fêtes traditionnelles des déesses, solstices,
12. degrés d'initiation : 1) membre, 2) initié, 3) prêtre et prêtresse. Pour les cultes aux déesses celtes, il y a aussi des bardes et des druides,
13. caractère sacerdotal : oui, y compris pour les femmes,
14. initiation de la femme : ce groupe est très matriarcal d'expression ; ici la femme est la première,
15. rite d'initiation : par onction et imposition des mains, mais il n'y a pas besoin d'initiation en cas de tradition familiale héréditaire,
16. attribution d'un nom initiatique : éventuellement,
17. serment : n'est pas considéré comme nécessaire,
18. régalia : oui, riche et variable,
19. enseignement : par oral et par monographies,
20. publications : bulletin trimestriel, *Isian News,* et diverses monographies aux « Cesara Publications », même adresse,
21. cérémonies familiales : oui, à caractère sacramentel, tels que baptême, mariage, enterrement, initiation, ordination,
22. sections décentralisées : oui, une cinquantaine de centres dédiés à des déesses réparties à travers le Monde, dont plusieurs à des déesses celtiques,
23. incompatibilité : aucune ; pas de barrière de race ni de religion,
24. nombre de membres : 1 145 en 1980.

1. CHANTIER de la GRANDE FORET des GAULES,
2. contact : M. R.J. Martin, 48, rue Roger-Salengro, 59260 Helemmes-Lille (France),
3. fondation : de fait en 1974, légalement le 20-6-1977,
4. lignée : de tradition maçonnique,
5. accent mis sur : la restauration de l'initiation forestière et la protection de la forêt,
6. langue : le français.
7. symboles : l'arbre, la cognée, le coin, la hache,
8. textes de référence : les rituels des anciennes sociétés forestières de la franc-maçonnerie du bois,
9. conditions d'admission : réservé aux francs-maçons du degré de « Royal Hache », il est toutefois prévu d'accepter des non-maçons,
10. cérémonies : toujours privées, bien entendu en forêt ; en intérieur par nécessité,
11. fréquence : aux solstices d'hiver et d'été,
12. degrés d'initiation :
13. caractère sacerdotal : non,
14. initiation de la femme : oui,
15. rite d'initiation : dépouillement, mort et régénération,
16. attribution d'un nom initiatique,
17. serment : oui,
18. régalia :
19. enseignement : par l'étude des rites forestiers et de la vie forestière,
20. publication : un bulletin est prévu,
21. cérémonies familiales :
22. sections décentralisées : oui,
23. incompatibilité : condamnation à une peine infamante,
24. nombre de membres : une centaine dont la moitié de femmes.

1. ÉGLISE CELTIQUE,

2. contact : Siège Patriarcal en Grande-Bretagne ; pour la France contacter : T.Rd Turiaw, avenue de la Résistance, 22300 Lannion, ou Abbaye de la Sainte Présence, Le Bois Juhel, Saint-Dolay 56130 La Roche Bernard,
3. fondation : restauration des anciennes chrétientés celtiques suscitée par le Patriarcat d'Antioche en consacrant le dominicain français Jules Ferrette « évêque pour l'île d'Iona et ses dépendances » ; restauration réalisée en Bretagne par l'évêque-ermite Tugdual en 1952,
4. lignée : Patriarcat de Glastonbury concentrant toutes les lignées de successions apostoliques dont celle du druide Fiacc, premier évêque irlandais,
5. accent mis sur : religion chrétienne orthodoxe de rite celtique restauré,
6. langues : les langues locales, l'anglais, le breton, le français,
7. symbole principal : la croix celtique,
8. textes de référence : outre les textes chrétiens traditionnels, les textes des chrétientés celtiques primitives,
9. conditions d'admission : avoir la mentalité celtique,
10. cérémonies : ouvertes,
11. fréquence : le plus souvent possible,
12. degrés d'initiation : les initiations chrétiennes traditionnelles,
13. caractère sacerdotal : oui, église apostolique et orthodoxe,
14. initiation de la femme : oui, il y a des initiations chrétiennes traditionnelles aussi pour les femmes, telles que : moniale, diaconesse, chanoinesse, prieure, abbesse,
15. rite d'initiation : selon la tradition des églises apostoliques,
16. attribution d'un nom initiatique : oui,
17. serment : oui,
18. régalia : tunique blanche recommandée, coule blanche de chœur,
19. enseignement : oral et écrit,
20. publication : bulletins *Hol Levenez-Notre Joie* et *Lettre de la Sainte-Présence* pour la France ; *The Glastonbury Bulletin* pour la Grande-Bretagne,
21. cérémonies familiales : oui,
22. sections décentralisées : oui, communautés en Grande-Bretagne, France, Belgique, U.S.A., Australie...
23. incompatibilités : les mêmes que celles des églises apostoliques,
24. nombre de membres : environ 500 pour ce qui concerne la France.

1. LA WICCA FRANÇAISE,
2. contact : 6 rue Danton, 94270 Le Kremlin-Bicêtre,
3. fondation : existe depuis 56 219 ans, mais n'a été déclarée légalement que le 17-7-1978 à Paris,
3. lignée : de tradition Atlante et Celtique, « l'Ancienne Religion »,
5. accent mis sur : les aspects religieux, philosophiques et traditionnels,
6. langues : le français, le latin, l'hébreu, le sanscrit et les langues celtiques,
7. symbole principal : l'étoile à cinq branches,
8. textes de référence : les textes traditionnels et la tradition orale,
9. conditions d'admission : être majeur et sain d'esprit,
10. cérémonies : privées, en intérieur ou en extérieur,
11. fréquence : huit « sabbats » correspondant aux fêtes celtiques traditionnelles, équinoxes et solstices,
12. degrés d'initiation : sept,
13. caractère sacerdotal : oui,
14. initiation de la femme : oui, y compris comme prêtresse, l'Ancienne Religion étant traditionnellement matriarcale,
15. rites d'initiation : par onction, imposition des mains, porrection des instruments ; initiation de l'homme par la femme et de la femme par l'homme,
16. attribution d'un nom initiatique : oui, mais libre,
17. serment : oui,
18. régalia : nudité, jarretière pour les initiées,
19. enseignement : par oral et écrit avec travaux pratiques,
20. publication : bulletin ronéoté illustré et enluminé : *l'Etoile de la Wicca*, paraît à chaque sabbat, monographies,
21. cérémonies familiales : oui, pour personnes majeures,
22. sections décentralisées : oui, « covens »,
23. incompatibilités : les cultes judéo-chrétiens, la drogue,
24. nombre de membres : quelques centaines en France, plusieurs millions de par le monde.

1. FRATERNITÉ INTERCELTIQUE du GRAND ESPACE,
2. contact : 4 impasse du Capitaine-Lescot, 35400 Saint-Malo,
3. fondation : association déclarée le 21 février 1982,
4. lignée : création consécutive à des révélations,
5. accent mis sur : la nécessité de revenir à l'ancienne religion druidique authentique ; prophétisme,
6. langues : le français, le celtique ancien,
7. symbole : la Croix Druidique,
8. textes de référence : la tradition celtique, écrits révélés,
9. conditions d'admission : parrainage,
10. cérémonies :
11. fréquence :
12. degrés d'initiation :
13. caractère sacerdotal :
14. initiation de la femme :
15. rite d'initiation :
16. attribution d'un nom initiatique :
17. serment :
18. régalia :
19. enseignement : par oral, conférences et monographies,
20. publication :
21. cérémonies familiales :
22. sections décentralisées :
23. incompatibilité :
24. nombre de membres :

1. ORDRE VERT DRUIDIQUE de la FRATERNITÉ du SOLEIL CELTIQUE, auparavant Odre Vert Celtique et aussi Union mondiale de la Rose d'Or,
2. contact : M. René Lixon (Ronan ab Lug), BP 75, Liège 1, 4000 Belgique,
3. fondation : ex-Mouvement Ambiorix de 1962 transformé en 1970,
4. lignée : tradition irlandaise de la « Verte » Erin, les Celtes étant le Peuple des Verts et le Graal étant d'Emeraude,
5. accent mis sur : l'aspect religieux néo-païen ; volonté de rendre aux Celtes la place qui leur revient d'où ordre à caractère chevaleresque et mythe du retour du roi Arthur,
6. langue : le français et le breton,
7. symboles : l'*Hevoud* (svastika celtique), le *Triskel*, le *Tribann*,
8. textes de référence : les textes gallois de Iolo Morganwg, le *Barzaz Breiz*, le *Livre de Nabelkos*, et les ouvrages de vulgarisation de Jean Markale et de Coarer-Kalondan,
9. conditions d'admission : être idéaliste, indo-européen de préférence ; l'Ordre reçoit des membres à partir de l'âge de sept ans présentés par les parents,
10. cérémonies : toujours privées, en extérieur comme en intérieur,
11. fréquence : les fêtes celtiques traditionnelles et les solstices,
12. degrés d'initiation : il y a sept degrés : 1) écuyer du Cercle Noir, 2) chevalier ou amazone du Cercle Rouge, 3) franc-juge et *brenn* du Cercle Orange, 4) barde du Cercle Bleu, 5) ovate du Cercle Vert, 6) druide du Cercle Blanc, 7) le Cercle d'Or comprend les *Tyerns, Penntyerns*, Dames Vertes, Grands Commandeurs et le Grand-Maître Archidruide,
13. caractère sacerdotal : oui,
14. initiation de la femme : pas de femmes-druides mais des femmes consacrées, prêtresses et amazones,
15. rite d'initiation : dépouillement, mort, régénération,
16. attribution d'un nom initiatique : oui,
17. serment : oui,
18. régalia : saie et voile, bleu/barde, vert/ovate, blanc/druide,
19. enseignement : par oral et écrit,
20. publication : bulletin trimestriel *Lug*,
21. cérémonies familiales :
22. sections décentralisées : oui,
23. incompatibilité :
24. nombre de membres : 250 en 1980, dont 200 ont entre dix-huit et trente ans et dont 50 femmes.

Ce dernier Ordre Vert Druidique a recueilli l'héritage de la FRATERNITÉ du SOLEIL CELTIQUE ou *BREURIEZH an HEOL KELTIEK,* qui avait été fondée vers 1970 dans l'Oise par Pierre Marie Beauvy de Kergaelec, dit Maen Marc'h, archidruide et souverain Grand-Maître, décédé. Il aurait aussi institué un Ordre maçonnique et druidique rectifié de la Rose-Croix occidentale et du Graal d'Hyperborée. Ces créations ont été intégrées par M. René Lixon dans l'Ordre Vert Druidique.

Une RELIGION des DRUIDES fut fondée en 1961 par M. Jean-Claude Monet, dit Karl Thor. Celui-ci annonça la parution d'un *Koran 999* en sept volumes dont le premier a été publié.

M. J.-C. Monet a fondé également LA GRANDE LOGE du VRIL, le 23 janvier 1969 ainsi qu'un Ordre Maçonnique dit de l'Himalaya devenu Ordre Mondial Armaniate.

M. J.-C. Monet qui se prétendrait fils naturel de Hitler et d'une Normande a annoncé la création d'une *Karlburg* ou « Kommunauté Ahrimanique du Reich Luciférien » (*sic*).

En 1980 apparaissait en Belgique un nouvel Archidruide d'un GRAND COLLÈGE GAULOIS, dit encore FRATERNITÉ INITIATIQUE des DRUIDES, BARDES et OVATES. Il s'agissait de M. Pierre Pasleau qui avait été consacré évêque par S.B. Tugdual, l'évêque-ermite celte de Saint-Dolay, mais qui faisait l'objet d'une mesure de suspension ecclésiastique. Il semblerait que le nouvel Archidruide chercherait à sensibiliser au druidisme des milieux européens de Bruxelles.

Rappelons enfin, pour mémoire seulement, la fondation à Paris en 1950 d'une éphémère « Eglise laïque, déiste, druidique et positiviste réformée » par deux néo-druides qualifiés par la presse de l'époque de « jeunes farceurs sacrilèges », et l'existence d'un « évêque culdée » parisien qui tirait parti d'une homonymie.

5) Les communautés druidiques et celtiques

Nous avons gardé pour la bonne bouche les COMMUNAUTES DRUIDIQUES et CELTIQUES, ce groupe méritant d'être classé à part du fait qu'il émerge depuis 1980 seulement, d'une très longue clandestinité. Il se caractérise par son affirmation, sans ambiguïté, du caractère religieux païen du druidisme traditionnel, sans compromission aucune avec le judéo-christianisme considéré, lui, par contre, comme le grand responsable du véritable génocide dont le druidisme a été l'objet au cours des siècles.

Les Communautés Druidiques et Celtiques se revendiquent de la tradition druidique d'origine, transmise oralement dans la clandestinité, en dépit des diverses inquisitions C'est l'expression moderne du druidisme de strict observance païenne sans comparaison avec les groupes contemporains se réclamant d'un druidisme de reconstitution récente basé sur des écrits tardifs déformés par les moines-copistes chrétiens et donc plus ou moins compromis, parfois à leur insu, avec les églises chrétiennes établies, groupes plus notalgiques du passé que promoteurs d'un druidisme moderne vivant.

Les Communautés Druidiques et Celtiques disposent d'un étonnant réseau de communautés en France, en Europe et dans le monde. Ces communautés sont autogérées, discrètes mais efficaces. Ce sont des groupes essentiellement religieux, sans affiliation politique.

Nous en avons établi un descriptif un peu plus détaillé que ceux des autres groupes. Vu leur importance, ces Communautés mériteraient d'ailleurs à elles seules toute une étude qui n'est pas encore souhaitée par le groupe étant donné le processus très prudent de désocculation en cours.

1. COMMUNAUTÉS DRUIDIQUES ET CELTIQUES,
2. contact : pour la France, Mlle Aline Vercinget, BP 481, 51067 Reims Cédex,
3. fondation : existe de temps immémorial ; entré en clandestinité en 317 e.v. après l'Edit de Milan de 313 de l'empereur Constantin ; le groupe n'est pas déclaré en tant qu'association cultuelle,
4. lignée : dérive de la lignée Atlante des druides d'origine. Leur calendrier est daté de 20 594 de la Nouvelle Civilisation d'Atlantis (37 de l'Ere du Verseau) pour 1982 de l'ère vulgaire,
5. accent mis sur : l'aspect religieux et païen du druidisme authentique ; annonce la réhabilitation générale de la religion druidique pour l'ère du Verseau,
6. langue utilisée : toutes, selon les fidèles
7. symbole principal : la Croix Druidique ésotérique,
8. textes de référence : tradition orale ; cependant des « écrits-témoins » sont conservés dans des lieux secrets ; devise : Vérité, Foi, Connaissance,
9. conditions d'admission : tradition familiale ; pas de prosélytisme ; ceux qui désirent cependant se joindre aux Communautés doivent être Celtes par au moins l'un des parents, et majeurs ; ni droits d'entrée ni droits d'admission,
10. cérémonies : toujours privées, dans des lieux de culte en plein air,
11. fréquence :
    — Samain ou début de l'an nouveau, le 31 octobre ;
    — Renouveau de la Nature, au solstice d'hiver, avec cueillette du gui (Noël = *Newez Heol* → *Neo-Hel* = Nouveau Soleil) ;
    — Imbolc le 4 février, fête de la grande initiatrice Brigit ;
    — équinoxe de printemps ;
    — fête de Beltaine le 4 mai ;
    — fête du solstice d'été ;
    — Lugnasad, du 1er au 15 août, en l'honneur du grand ancêtre et initiateur Lug ;
    — équinoxe d'automne et fêtes de Cernunos.
12. degrés d'initiation : plusieurs,
13. caractère sacerdotal : oui,
14. initiation de la femme : oui, y compris prêtresse et druidesse,
15. rite d'initiation :
16. attribution d'un nom initiatique : considéré comme non nécessaire,
17. serment :

18. régalia : saie blanche ; bandeau de front : blanc pour les druides, vert clair pour les initiés, bleu pour les assistants du célébrant,
19. enseignement : oral, individualisé, exercice de la mémoire, examens de contrôle,
20. publication : une brochure ronéotée de présentation des Communautés, un bulletin intérieur national non communicable,
21. cérémonies familiales : oui, présentation de l'enfant à la naissance, mariage druidique,
22. sections décentralisées : il existe actuellement des Communautés Druidiques et Celtiques un peu partout dans le Monde, y compris derrière le « Rideau de fer ». En France on compte 154 communautés locales en 1982 dont les plus importantes sont à Paris, Dijon, Clermont-Ferrand, Saint-Nazaire. Le centre administratif pour la France se trouve à Reims avec un personnel permanent de 179 secrétaires, toutes initiées, entièrement prises en charge par les Communautés,
23. incompatibilité : avec le christianisme,
24. nombre de membres : les Communautés Druidiques et Celtiques annoncent 540 000 adeptes en France en 1982 — ce qui en fait immédiatement le groupe druidique le plus important de France — et plusieurs millions de par le Monde.

Il y a deux sortes de membres, d'abord les simples fidèles, les plus nombreux, et des groupes d'études de membres vivant en communautés dans des lieux retirés. Par exemple dans telle région il peut y avoir une communauté de 2 800 adeptes vivant dans le monde et, à côté, un groupe d'études de 205 initiés vivant retirés dans une sorte de couvent.

Les Communautés Druidiques et Celtiques se caractérisent par une très forte proportion de jeunes.

Pour compléter ces informations, sans toutefois dépasser la limite de ce qui peut être dévoilé au sujet de ces Communautés, ajoutons que si les divinités celtiques ont été considérées comme telles par les auteurs anciens et les historiens, il s'agit en fait de grands ancêtres, grands initiés et bienfaiteurs des Peuples Celtes. C'est à eux qu'il est fait allusion dans l'expression « Esprits et Ames des Celtes » utilisée par ces Communautés qui reconnaissent l'existence d'un Dieu suprême appelé en français « l'Incréé » faute de terme plus adéquat.

La progression spirituelle de l'individu est assurée grâce au système des incarnations successives, la métempsycose étant admise comme un élément essentiel de la religion druidique.

Si les Communautés Druidiques et Celtiques exercent une vigilante méfiance vis-à-vis de la religion chrétienne pour des raisons historiques évidentes, elles n'en respectent pas moins toutes les religions mais entendent bien que ce soit réciproque.

La vie familiale des adeptes est basée sur la tradition matrilinéaire. Le divorce, en fait très rare, est admis, ainsi que la contraception mais ni l'avortement ni le stérilet. Le style de vie est très écologique. Les boissons fermentées sont admises mais les boissons distillées sont très déconseillées.

Les adeptes participent à la vie des Communautés par une contribution volontaire correspondant à 2 % de leurs revenus. L'entraide fraternelle est la norme ainsi que la plus grande discrétion. Les décisions sont communautaires, chacun ayant droit à la parole, même les enfants. Les membres initiés se reconnaissent entre eux à certains signes.

En terminant cette troisième partie essentiellement documentaire, nous espérons avoir donné au lecteur une idée plus précise de la très grande richesse et de la très grande variété de l'expression du druidisme contemporain, qu'il soit culturel, mutualiste ou religieux.

Etant donné l'extrême diversité des groupes, il ne serait pas impossible que certains aient échappé à notre sagacité, et dans ce cas nous prions le lecteur de bien vouloir nous en excuser.

Il se pourrait bien aussi que pendant les délais nécessaires d'impression et de publication de cet ouvrage, quelques nouveaux groupes druidiques viennent à se manifester... Mais l'attention du lecteur est désormais suffisamment sensibilisée pour qu'elle se tienne en éveil et qu'il exerce efficacement son discernement.

CONCLUSION

Nous avons essayé de préciser dans notre introduction la notion de société initiatique celtique contemporaine pour nous apercevoir que cette notion recouvrait une telle floraison de groupements en tous genres qu'il devenait impératif de faire un choix, c'est pourquoi nous nous sommes limité aux groupements à caractère druidique.

Il était indispensable de rappeler ce que nous savons des druides de l'antiquité et de montrer comment l'idée qu'on s'en est faite a cheminé jusqu'au XVIIIe siècle, le Siècle des Lumières, qui vit éclore dans la même ville de Londres, et la même année 1717, à la fois la franc-maçonnerie spéculative et la première confédération néo-druidique assemblée par John Toland.

Nous avons montré comment au cours de ce XVIIIe siècle trois grandes branches du druidisme sont apparues, chacune de ces branches ayant une coloration particulière que nous essaierons de résumer dans le tableau synoptique suivant ·

1. Lignée de John Toland 1717	2. lignée de Henry Hurle 1781	3. lignée de Iolo Morganwg 1792
contestataire, non établie	non contestataire, établie	contestataire à l'origine mais visant à être établie
sans Bible, néo-païenne	avec Bible, judéo-chrétienne	sans Bible, mais à la fois païenne et chrétienne
à caractère plutôt sacerdotal	pas de sacerdoce	pas de sacerdoce mais peut-être...
ésotériste	mutualiste	culturelle plus que cultuelle
hérétique selon lignée 3	excommuniée par lignée 3	se proclamant la seule orthodoxe
secrète	discrète	publique
femme admise	femme non admise et quelquefois admise	femme admise
temple ouvert et fermé	temple couvert	temple découvert
œcuménisme	fraternalisme	chauvinisme
anticonformiste	conformiste	nationaliste

Chacune des trois lignées a connu une postérité plus ou moins voulue, plus ou moins reconnue, plus ou moins répandue au-delà même des limites géographiques traditionnelles celtiques.

Qui dit société initiatique suppose évidemment initiation. Nous avons en conséquence examiné divers rites initiatiques des groupes les plus caractéristiques, ce qui nous a permis d'établir un certain nombre de comparaisons des rites par rapport à la tradition initiatique, des rites entre eux, et des rites actuels par rapport à l'histoire même du druidisme contemporain.

Si ce phénomène était lié à la période romantique, il faudrait en conclure que nous sommes toujours en plein romantisme car, loin de se tarir, les trois lignées n'ont cessé de se répandre, sans parler des groupes traditionnels qui réapparaissent et des groupes spontanés qui ne cessent de surgir, même sans se rattacher à une lignée historique, tant en Europe occidentale qu'en Amérique du Nord.

Nous devons donc penser que cette expression correspond en définitive à un besoin. En effet le besoin d'initiation est un phénomène qui n'est pas seulement le propre de l'antiquité ou de peuplades dites primitives, c'est au contraire un phénomène permanent inhérent à la condition humaine même dans nos civilisations avancées.

Mais qu'il y ait des milliers et des milliers d'hommes et de femmes de par le Monde qui veuillent étancher leur soif initiatique dans un contexte culturel celtique, ceci prouve qu'au besoin initiatique proprement dit, s'ajoute un besoin de *ressourcement*. A la différence de certains, la quête est dirigée non pas vers l'Orient ou l'Extrême-Orient, mais vers la Tradition Occidentale.

Cette quête ne peut aboutir, dans le cas du libre chercheur, qu'à la remise en question de siècles d'acculturation chrétienne qui ont recouvert d'un voile — et nous savons par quels moyens — les traditions occidentales préexistantes.

Dans cette recherche d'authenticité, les sociétés initiatiques celtiques contemporaines poursuivent, consciemment ou non, une idéologie nationaliste, écologiste ou paganisante, ou encore les deux ou les trois à la fois. Ceci n'est en fait que rarement affirmé expressément, c'est au contraire modulé, en fonction des groupes, en fonction des contextes socio-religieux et culturels ambiants, voire socio-économiques et politiques.

Nous avons remarqué tout au long de cette étude une sorte d'hésitation permanente de la part des groupes initiatiques celtiques quant à la nature même du druidisme qu'ils prétendent exprimer.

Si l'on se réfère à l'histoire, le statut du druide de l'antiquité est nettement caractérisé par son appartenance, sans ambiguïté possible, à la première classe de la société celtique, à savoir la classe sacerdotale. Or ce caractère sacerdotal du druide historique a fait l'objet d'une sorte de phénomène de rejet dans les sociétés initiatiques néo-druidiques marquées, qu'elles le veuillent ou non, par l'empreinte judéo-chrétienne. Il semblerait même qu'il soit plus facile, voire plus décent pour les néo-druides de se dire nationalistes que de se réclamer du sacerdoce druidique. De là à conclure que l'apparence druidique adoptée par certaines sociétés initiatiques celtiques modernes ne serait qu'un aimable prétexte à caractère plus ou moins folklorique pour camoufler des activités plus subversives, il n'y aurait qu'un pas que nous nous garderons d'ailleurs bien de franchir.

Si des néo-druides hésitent à s'affirmer les prêtres de la religion celtique, c'est bien parce qu'ils ne se sentent pas vraiment les héritiers des druides de l'antiquité, mais c'est aussi parce que la religion druidique a été démantelée et remplacée et que ces néo-druides n'ont bien souvent ni la vocation, ni les capacités, ni la formation, ni le courage, ni la foi, si tant est qu'ils en aient seulement l'idée, pour se lancer dans une telle aventure. Retrouver la vieille religion celtique, ressusciter les dieux ou les héros des Celtes, réactiver des schémas archaïques d'initiation, voire les enrichir de valeurs nouvelles, restaurer les rites, revivifier les cultes, cela suppose un énorme travail de recherche, un courage sans faille, de vastes compétences, des qualités remarquables de *leaders* sans parler d'une foi celtique à soulever les montagnes !

Nous résumerons dans le tableau suivant, évidemment simplifié à la limite du caricatural, les oppositions entre le néo-druidisme théorique et le christianisme sectaire, qu'il soit romain ou réformé, qui font barrage à l'Ancienne Religion :

Néo-Druidisme théorique :	*Christianisme sectaire :*
occidental	oriental
de tradition orale	de tradition écrite
plutôt polythéiste	monothéiste
animiste	rejet de l'animisme
non dogmatique	dogmatique
non exclusif	exclusiviste
libertaire	autoritaire
tolérant	intolérant
respect des nationalités	impérialisme
régionaliste	centraliste
culture traditionnelle	aliénation culturelle
respect de la nature	exploitation de la nature
écologiste	capitaliste

Néo-Druidisme théorique :	Christianisme sectaire :
culte du beau	censure la beauté
visionnaire	rejet de l'imaginaire
plaisir lié au paradis	plaisir lié au péché donc à l'enfer
non ascétique	ascétique
féministe (sauf A.O.D.)	patriarcal
coexistence	supplanter
savoir, comprendre	croire sans comprendre
absence de prosélytisme	prosélytisme

Il est beaucoup plus confortable de se cantonner dans le culturel, l'artistique ou le mutualisme que de remettre en cause les données mêmes de la société occidentale actuelle, coupée de ses véritables racines par des siècles d'endoctrinement impérialiste. Ceux qui oseront le faire, et il y en a fort heureusement, doivent savoir à l'avance qu'ils se condamnent peut-être pour longtemps à une marginalisation de réprouvés dans une société qui n'est pas prête à les écouter. Cependant, la poussée de plus en plus évidente des groupes néo-païens occidentaux, tant en Europe qu'en Amérique, à la recherche d'une identité occultée par l'aliénation judéo-chrétienne, est la preuve d'une prise de conscience qui pourrait remettre en cause des idées reçues, ou plutôt imposées, qui ne constituent, somme toute, qu'un vernis assez mince qui ne cesse de se fendiller en laissant réapparaître l'ancienne religion que l'on croyait à jamais enterrée.

A ceux qui opposeront à ces efforts l'absence de tradition occidentale authentique et d'initiation historique, pourquoi ne pas répondre en invoquant le privilège de nécessité de la tradition bardique ? En l'absence de données, l'initiative des *leaders* doit y suppléer. Même si les rites néo-druidiques sont, dans bien des cas, davantage le fruit d'initiatives individuelles que d'une tradition authentique, la structure initiatique — il faut le répéter — compte plus en définitive que la filiation supposée. Les schémas initiatiques peuvent toujours être réactivés et ils produiront leurs effets.

Il y a certes des mystificateurs, exploiteurs de crédulité publique qu'il convient de démasquer. Mais toute religion vivante n'entraîne-t-elle pas dans son sillage la nuée des faux prophètes ? Il n'y a pas lieu de s'en inquiéter : on reconnaîtra le chêne à son gland !

Si historiquement la classe sacerdotale druidique était la première classe de la société celtique, la collaboration entre le druide antique et le roi était telle que la disparition de l'un entraînait pratiquement la disparition de l'autre. Mais réciproquement, devant la floraison inespérée des druides modernes, ne serions-nous pas en droit de nous attendre à un retour imminent du Roi Arthur ?

Or l'Irlande, le seul Pays Celtique à avoir retrouvé son indépendance politique et reconstitué un Etat libre, et l'Ecosse, autre Pays Celtique en bonne voie d'autonomie, se signalent par leur manque de participation au mouvement druidique moderne et leur absence quasi-totale de néo-druides. C'est précisément dans une structure nationale que le druide aurait son rôle à jouer. Mais on sait que sa place a été prise depuis des siècles par les clergés catholique ou protestant. Et les prêtres catholiques « romains » — ô ironie du sort ! — de la Verte Erin, qui ont été souvent, à l'instar des druides gaulois de la conquête romaine, l'élément catalyseur de la résistance nationale, ne seraient-ils pas, au fond, des druides qui s'ignorent ?

Il est sans doute significatif que devant les hésitations nationalistes, linguistiques ou néo-païennes des uns, ce soit l'autre branche du druidisme contemporain la plus proche par ses structures et par ses rites de la franc-maçonnerie spéculative qui connaisse de fait le plus grand succès et la plus large audience à travers le monde. Des pays qui n'avaient pas une vocation celtique particulière tels que les Pays Germaniques et Scandinaves, l'Australie, la Nouvelle-Zélande, voire la Guyane, sont aujourd'hui ceux dans lesquels on rencontre le plus grand nombre de néo-druides. Ici pas de problèmes raciaux ou linguistiques, tous ferments de discorde ! L'idéologie druidique revue et corrigée n'est plus qu'un vecteur, une forme, un cadre extérieur, une trame, un support, pour des hommes, et parfois des femmes, de bonne volonté, de toutes nations, pour l'expression universelle de l'amitié, de la fraternité, de la fidélité, de l'entraide.

Les vrais Celtes, ou ceux qui se disent tels, rechignent devant cette forme de druidisme, trop structurée et trop établie pour les éternels individualistes contestataires qu'ils sont. Ils se veulent, eux, plus engagés mais aussi plus authentiques, et certains sont prêts à faire le pas vers le retour aux sources du paganisme celtique, vers l'Ancienne Religion.

L'échantillonnage des groupes druidiques modernes va du groupe le plus anticonformiste contestataire et marginal au groupe le plus officiellement reconnu comptant parmi ses initiés des membres de la haute société, voire de famille royale ; du groupe célébrant dans la nature, et dans l'état de nature, des cultes à des divinités celtiques qu'on croyait à tout jamais disparues, au groupe assistant en tenue de parade au culte chrétien avant de célébrer ensuite son propre rite. Certes il y en a pour tous les goûts et le besoin d'initiation de l'homme ou de la femme qui se sent des racines celtes sera étanché selon les modalités les plus variées. On peut même aller plus loin et dire que ceux et celles qui sont en situation de *manque* initiatique du fait de la dépersonnalisation de l'individu dans le contexte de la civilisation moderne ou du fait de l'évolution désacralisante de la plupart des églises, pourraient, par le retour aux sources celtiques originelles, retrouver équilibre et régénération.

Quoiqu'il en soit, John Toland, Iolo Morganwg, William Blake et autre Henry Hurle peuvent se réjouir en paix dans la félicité de *Tir na nOg* :

egi and ed,
le blé lève !

BIBLIOGRAPHIE SOMMAIRE

La bibliographie comprendra :
A. — Les ouvrages par auteurs.
B. — Les périodiques par titres.

A. — *OUVRAGES PAR AUTEURS*

ADLER (Margot). — *" Drawing down the moon "* : *witches, druids, goddess-worshippers and other pagans in America today,* New York, The Viking Press, 1979, 455 p.
ALLEAU (René). — *Les Sociétés secrètes.* Paris, Encyclopédie Planète, 1963, 256 p.
AMBELAIN (Robert). — *Adam dieu rouge* : l'ésotérisme judéo-chrétien, la gnose et les ophites, lucifériens et rosicruciens. Paris, Niclaus, 1941, 252 p.
AMBELAIN (Robert). — *Au Pied des menhirs* : introduction à l'étude des doctrines celtiques. Paris, Niclaus, 1945, 157 p.
AMBELAIN (Robert). — *Les Traditions celtiques* : doctrine initiatique de l'Occident. Saint-Jean-de-Braye, Dangles, 1977, 222 p. (Horizons ésotériques).
ARBOIS DE JUBAINVILLE (Marie Henri D'). — *Les Celtes depuis les temps les plus anciens jusqu'en l'an 100 avant notre ère* : étude historique. Paris, Fontemoing, 1904.
ASHMOLE (Elias). — *Theatrum chemicum Britannicum.* Grande-Bretagne, 1652.
ATKINSON et BERNARD. — *The Irish liber hymnorum.* Londres, 1898.
AUBREY (John). — *Templa druidum.* Grande-Bretagne, 1695.
AVALON (Arthur). — *La Puissance du serpent* : introduction au tantrisme. Lyon, Paul Derain, 1959, 304 p.
BAIN (George). — *L'Art celtique* : méthode de construction. Quimper, Editions de l'Odet, 1975, 166 p.

BEBELIUS (Justus). — *De Laudibus et philosophia veterum Germanorum.* Argent, 1514.
BERNARD (Jean-Louis). — *Dictionnaire de l'insolite et du fantastique.* Paris, Editions du Dauphin, 1971, 351 p.
BETTELHEIM (Bruno). — *Psychanalyse des contes de fées.* Paris, Laffont, 1976, 405 p. (Collection Réponses).
BLAKE (William). — *Le Mariage du ciel et de l'enfer.* Paris, 1946.
BOUCHER (Jules). — *La Symbolique maçonnique :* ou l'art royal remis en lumière et restitué selon les règles de la symbolique ésotérique et traditionnelle. Paris, Dervy, 1948, 386 p.
BOUCHET (Paul). — *Science et philosophie des druides.* Blainville-sur-Mer, L'Amitié par le livre, 1968, 192 p.
BOUCHET (Paul). — *La Divination par les nombres (arithmancie) :* méthode pratique. Paris, Niclaus, 1961, 152 p.
BOUCHET (Paul et René). — *Les Druides, science et philosophie,* Paris, Laffont, 1976, 282 p. (Les Enigmes de l'univers.)
BOUCHET (René). — *Aujourd'hui les druides.* Lyon, Horus, 1978, 136 p.
BOUCHET (René) et LEMAIRE (J.C.). — *Les Druides ?... toujours vivants.* Paris, Record actualités, 1965, 16 p. (Le Grand Chêne.)
BOULANGER (Jacques). — *Les Romans de la Table Ronde.* Paris, Union Générale d'Editions, 1971, Trois tomes : 320 p. ; 379 p. ; 192 p. (10/18).
BRENGUES (Jacques). — *La Franc-maçonnerie du bois.* [S.l.], Daniel Beresniak, 1973, 335 p.
BRETON (Guy). — *Les Nuits secrètes de Paris.* Paris, Editions Noir et Blanc, 1963, 268 p.
BRIANT (Théophile). — *Le Testament de Merlin.* Nantes, A. Bellanger, 1975, 269 p.
BRIEM (O.E.). — *Les Sociétés secrètes de mystères.* Paris, Payot, 1951.
BRITISH CIRCLE OF THE UNIVERSAL BOND (The). — *The Ancient Druid Order.* London [ca 1960], 10 p.
BROWN (A.). — *The Origin of the Grail legend.* Cambridge, Harvard University Press, 1943.
BUFFET (Henri-François). — *En Haute-Bretagne :* coutumes et traditions d'Ille-et-Vilaine, des Côtes-du-Nord gallèses et du Morbihan gallo au XIXe siècle. Paris, Librairie Celtique, 1954, 380 p.
CAERLEON (Ronan). — *La Révolution bretonne permanente.* [S.l.], La Table Ronde, 1969, 352 p. (L'Histoire contemporaine revue et corrigée.)
CAPT (E. Raymond). — *Stonehenge and druidism.* U.S.A., Artisan Sales, [ca 1970], 72 p.
CARCOPINO (Jérôme). — *Etudes d'histoire chrétienne.* Paris, 1953.
CAVENDISH (Richard). — *" Encyclopedia of the unexplained " : magic, occultism and parapsychology.* London, Routledge & Kegan Paul, 1974, 305 p.
CAZENEUVE (Jean). — *Les Rites et la condition humaine.* Paris, PUF, 1958, 501 p.
CAZENEUVE (Jean). — *Les Mythologies à travers le monde.* Paris, Hachette, 1966, 352 p.
CAZENEUVE (Jean). — *Sociologie du rite.* Paris, PUF, 1971, 338 p.
CELLIER (Léon). — *Parcours initiatique.* Grenoble, P.U., 1977 (Société des études romantiques).
CESAR (Caius Julius). — *Guerre des Gaules. Bellum Gallicum.* Trad. L.A. Constans. Paris, Les Belles Lettres, 1958-59, 2 volumes. XXXIII-335 p. (Collection des Universités de France).
CHADWICK (Nora K.). — *The Druids.* Oxford-Cardiff, 1966.
CHARBONNEAU-LASSAY (L.). — *Le Bestiaire du Christ.*
CHARPENTIER (Louis). — *Les Géants et le mystère des origines.* Paris, Laffont, 1968.

CHEVALIER (Jean). — *Dictionnaire des symboles* : mythes, rêves, coutumes, gestes, formes, figures, couleurs, nombres, Paris, Seghers, 1981 (4 volumes).

COARER-KALONDAN (Edmond) et GWEZENN DANA. — *Les Celtes et les extra-terrestres.* Verviers (Belgique), Gérard & Cie, 1973, 192 p. (Bibliothèque Marabout).

COARER-KALONDAN (Edmond). — *Le Druidisme* : ou la lumière de l'Occident. [S.l.], Editions et publications premières, 1971, 223 p. (Collection « en marge »).

COARER-KALONDAN. — *Le Testament des druides.* [S.l.], Neved, [ca 1970], 25 p.

COLQUHOUN (Ithell). — *" Sword of wisdom "* : *Mac Gregor Mathers and " The Golden Dawn ".* London, Neville Spearman, 1975, 307 p.

CORNUAULT (Fanny). — *La France des sectes.* Paris, Tchou, 1978, 344 p.

CYNAN. — *The National Eisteddfod and Gorsedd of today.* [S.l.], Yr Eisteddfod, [ca 1950], 56 p.

DILLON (Myles) et CHADWICK (Nora K.). — *Les Royaumes celtiques.* (*The Celtic realms.* London Weidenfeld & Nicholson. 1967.) Traduit de l'anglais par Ch. J. Guyonvarc'h et Françoise Le Roux. Paris, Arthème Fayard, 1974, 453 p. (L'Aventure des civilisations.)

DONTENVILLE (Henri). — *Les Rites et récits de la mythologie française.*

DUCLOS (Charles Pinot). — *Mémoire sur les druides.* 1746. In Œuvres complètes de Duclos. Paris, Colnet & Fain. 1806 (Tome I, p. 277-295).

DUFOUR (L.). — *Calendrier et croyance populaires* : les origines magico-religieuses, les dictons. Paris, Adrien Maisonneuve, 1979.

DUJARDIN (Dr L.). — *La Vie et les œuvres de Jean François Marie Maurice Agathe Le Gonidec.* Brest, 1949.

DUMEZIL (Georges). — *Mythe et épopée* : l'idéologie des trois fonctions dans les épopées des peuples indo-européens. Paris, Gallimard, 1968, 659 p. (Tome I).

DUMEZIL (Georges). — *Mythe et épopée* : types épiques indo-européens : un héros, un sorcier, un roi. Paris, Gallimard, 1971, 411 p. (Tome II)

DURAND (Gilbert). — *Les Structures anthropologiques de l'imaginaire* : introduction à l'archétypologie générale. Paris, Bordas, 1973, 552 p (Bordas « Etudes » 14 - Philosophie).

DUVAL (Paul Marie). — *Les Dieux de la Gaule.* Paris, Petite bibliothèque Payot, 1976, 176 p. (n° 298).

ECHEBRUNE (Gwenael D'). — *Le Livre de Nabelkos.* Rochefort, d'Echebrune, 1976, 166 p.

ELDER (Isabell Hill). — *Celt. druid and culdee.* London, The Covenant Publishing C° Ltd, 1973, 167 p.

ELIADE (Mircea). — *Initiation, rites, sociétés secrètes.* Paris, Gallimard, 1959, 285 p. (Poche Idées : n° 332).

ELIADE (Mircea). — *Le Chamanisme et les techniques archaïques de l'extase.* Paris, Payot, 1968, 407 p.

EVANS-WENTZ (Dr W.Y.). — *The Fairy-faith in Celtic countries.* Gerards Cross, Bucks, Colin Smythe Ltd. 1977, 524 p.

EVOLA (Julius). — *Le Mystère du Graal et l'idée impériale gibeline.* Paris, Editions Traditionnelles, 1967, 268 p.

FORCATEL. — *De Gallorum imperio et philosophia.* Toulouse, 1579.

FOUERE (Yann). — *Histoire résumée du mouvement breton du XIXe siècle à nos jours (1800-1976).* Quimper, Editions Nature et Bretagne, 1977, 155 p. (Les Cahiers de l'Avenir de la Bretagne : n° 4).

FOWLER (J.T.). — *Adamni vita S. Columbae.* Oxford, 1894.

FRAZER (J.G.). — *" The Golden Bough "* : *a study in magic and religion.* Londres, 1911-1915 (12 volumes).

FRICKE (Heinrich). WIESE (Hugo). — *Vereinigter Alter Orden der Druiden.* Hamburg, Zweite Vermehrte Auflage, 1914, 248 p.

FRICKII (Joannis Georgii). — *Commentatio de druidis occidentalium populorum philosophis multo quam antea auctior ac amendatior.* Ulm, Daniel Bartholomaei et filium, 1744.
GANTZ (Jeffrey). — *" The Mabinogion " (translated with an introduction by).* Penguin Books Ltd, 1978, 311 p. (Penguin classics).
GARDNER (Gerald B.). — *The Meaning of Witchcraft.* Londres, Aquarian Press, 1959, 288 p.
GEYRAUD (Pierre). — *Les Sociétés secrètes de Paris.* Paris, Emile Paul Frères, 1939.
GEYRAUD (Pierre). — Préface *in* Marianne MONESTIER : *Les Sociétés secrètes féminines,* Paris, Les Productions de Paris, 1963.
GLASS (Justine). — *La Sorcellerie.* Payot (Aux confins de la Science).
GLENMOR. — *La Septième mort.* Bruxelles, Editions Ternel, 1975.
GOUGAUD (Dom Louis). — *Les Chrétientés celtiques.* Paris, Lecoffre, 1911, 410 p. (Bibliothèque de l'enseignement de l'histoire ecclésiastique).
GOURVIL (Francis). — *H. de la Villemarqué et le « Barzaz Breiz ».* Rennes, Oberthur, 1960, 610 p.
GRAVES (Robert). — *La Déesse blanche :* mythe poétique expliqué par l'histoire. Monaco. Editions du Rocher, 1979, 584 p. (Gnose).
GUENEBAULT. — *Le Réveil de l'antique tombeau de Chyndonax, prince des vacies, druides, celtiques, dijonnois, avec la diversité des cérémonies observées aux sépultures anciennes.* Dijon, 1621.
GUYONVARC'H (Christian-J.). — *Textes mythologiques irlandais, I.* Rennes, Celticum, 1979, XIV-416 p.
GUYONVARC'H (Christian-J.). — Chapitre « La Gaule » *in* Myles DILLON et Nora CHADWICK : *Les Royaumes celtiques,* pp. 341-382.
GUYONVARC'H (Christian-J.). — Voir à LE ROUX (Françoise).
HATT (Jean-Jacques). — *Les Celtes et les Gallo-romains.* Paris, Nagel, 1970.
HAUDRY (Jean). — *L'Indo-européen.* Paris, Que sais-je ? 1981.
HAWKINS (Gerald S.) *et* WHITE (J.B.). — *Stonehenge decoded.* Londres, Fontana-Collins, 1972. 256 p.
HIGGINS (Godfrey). — *" The Celtic druids " : or an attempt to show that the druids were the priests of oriental colonies who emigrated from India and were the introducers of the first Cadmean system of letters and the builders of Stonehenge, of Carnac and of other Cyclopean works in Asia and Europe.* Londres, 1827.
HOLBACH (Paul Henri Dietrich, baron d'). — *Lettres philosophiques de John Toland sur l'origine des préjugés, du dogme, de l'immortalité de l'âme, de l'idolâtrie...* traduites de l'anglais. Londres-Amsterdam, Naigeon, 1768.
HOLZER (Hans). — *La Sorcellerie renaissante.* Marabout (Les Univers secrets ; n° 510).
ILTUD (évêque). — *L'Antique église celtique et sa restauration.* Vieux-Marché, Journal d'Avallon. 1974, 20 p.
ISLWYN ap NICHOLAS. — *A Welsh heretic : Dr William Price, Llantrisant.* Wirral, Merseyside, The Ffynnon Press, 1976, 48 p.
JACQ (Christian). — *La Franc-maçonnerie :* histoire et initiation. Paris, Laffont, 1975, 272 p. (Les énigmes de l'univers).
JEUDON (René). — *L'Epopée romane du ve au xie siècle.* Paris, Picard, 1935.
JONES (Owen), WILLIAMS (Edward), OWEN (William) Pughe. — *Myvyrian archaiology of Wales collected out of ancient manuscripts.* Londres, 1801-1808 (3 volumes). 2e édition de 1860.
JOWETT (George F.). — *The Drama of the lost disciples.* Londres, Convenant, 1972, 255 p. (6e édition).
KALEDVOULC'H (Yves Berthou). — *Sous le chêne des druides :* les triades bardiques avec le texte original gallois, le mystère de la vie et du monde d'après le Barddas, le druidisme et la destinée de l'homme.

Texte breton de l'auteur. Traduction française et préface de Philéas Lebesgue. Paris, Heugel, 1931, 148 p.
LAMARTINE (Alphonse de). — *Recueillements poétiques*. Paris, Garnier, 1954 (1ʳᵉ édition 1839) (voir le poème « Toast »).
LA TOUR D'AUVERGNE. — *Origines gauloises*. 1796.
LAURENT (Donatien). — *Récits et contes populaires de Bretagne*. Paris, Gallimard, 1978.
LAURENT (Gisèle). — *Les Sociétés secrètes érotiques*. Alger, Société de Publications et d'Editions, 1961, 127 p.
LA VILLEMARQUÉ (Vicomte Hersart de). — *Barzaz Breiz* : chants populaires de la Bretagne. Librairie Académique Perrin, 1963. Introduction 82 p. et 539 p., 44 p. d'annexes (1ʳᵉ édition 1839).
LEBESGUE (Philéas). — Traduction française et préface de KALEDVOULC'H 304 p.
LEBESGUE (Philéas). — *Mes Semailles*. Blamont, l'Amitié par le livre, 1979, (Yves Berthou), *Sous le chêne des druides*. Paris, Heugel, 1931.
LEDUC (Jean-Marie) et PLAIGE (Didier de). — *Les Nouveaux Prophètes*. Paris, Buchet-Chastel, 1978, 367 p.
LE FEVRE (Jean). — *Les Fleurs et antiquitez des Gaules* : où il est traités des anciens philosophes gaulois, appelez druides. Paris, 1532.
LE FEBVRE (Yves). — « Essai sur la pensée bretonne : le druidisme et l'agonie du druidisme ». *Les Cahiers Bretons*, I-1, 1918, p. 9-58 et I-6, 1919.
LE FLOCQ. — « Le Mystère des bardes de l'île de Bretagne ». *Revue archéologique de Bretagne*, 1868, p. 203 sq., 329 sq., 430 sq. et 1869, p. 27 sq.
LE GOFFIC (Charles). — *L'Ame bretonne*. Paris, Champion, 1912 (2 vol.).
LE ROUX (Françoise). — *Les Druides*. Paris, PUF, 1961, 156 p. (Mythes et religions ; n° 41).
LE ROUX (Françoise). — *Introduction générale à l'étude de la tradition celtique*. I. Rennes, Ogam, 1967, 96 p. (Celticum XIII).
LE ROUX (Françoise) et GUYONVARC'H (Christian-J.). — *Les Druides*. Rennes, Ogam-Celticum, 1978, 424 p. (Celticum ; 14) (2ᵉ édition revue et augmentée).
LE ROUX (Françoise) et GUYONVARC'H (Christian-J.). — *La Civilisation celtique*. Rennes, Ogam-Celticum, 1979, 168 p. (Celticum XXIV).
LE ROUX (Françoise) et GUYONVARC'H (Christian-J.). — *Morrigan, Bodb, Macha* : la souveraineté guerrière de l'Irlande. Rennes, Ogam-Celticum, 1979, VIII-192 p. (Celticum XXV).
LE SCOUEZEC (Gwenc'hlan). — *Bretagne terre sacrée* : un ésotérisme celtique. Paris, Albatros, 1977, 231 p.
LÉVI-STRAUSS (Claude). — *La Pensée sauvage*. Paris, Plon, 1962.
Lidou meur Gorsedd Breizh : Rituel du Gorsedd. Nantes, Gorsedd, Cercle de Brocéliande, 1958, 36 p.
LIGOU (Daniel). — *Dictionnaire universel de la franc-maçonnerie*. Editions de Navarre.
LIGOU (Daniel). — *La Franc-maçonnerie*. Paris, PUF, 1977 (Documents d'histoire ; 19)..
LOTH (Joseph). — *Les Mabinogion*. Paris, Fontemoing, 1913 (2 vol.).
LUTGEN (Thomas-Marie). — *L'Eglise catholique celtique dite « Catholique apostolique »* (Patriarcat de Glastonbury) : histoire succincte de son origine et de sa restauration. Rennes, ACECA, 1967, 12 p.
LUTGEN (Thomas-Marie). — *Successio apostolica* : exposé concernant la succession apostolique œcuménique tenue par l'Eglise catholique apostolique (catholicat occidental), comprenant divers témoignages quant à sa validité indiscutable et reconnue. Anvers, Mgr Thomas-Marie, 1966, 62 p.
MARKALE (Jean). — *Histoire secrète de la Bretagne*. Paris, Albin Michel, 1977, 253 p. (Histoire secrète des provinces françaises).

MARTIN (Henri). — « Le Mystère des bardes de l'Ile de Bretagne ». *Revue archéologique de Bretagne*, 1868, pp. 329-430 et 1869, p. 27 (voir à Le Flōcq).
MARX (Jean). — *La Légende arthurienne et le Graal.* Paris, 1952.
MC NEILL (F. Marian). — *The Silver Bough.* Glasgow, William Mc Lellan, 1977 (4 vol.).
MEINHARD (François). — *Le Gui des druides comme symbole de jurisprudence.* 1615.
MELLETT (Martin). — *Warrior Queen.* Londres, Pan Books, 1978, 128 p.
MELLOR (Alec). — *Dictionnaire de la franc-maçonnerie et des francs-maçons.* Paris, Pierre Belfond, 1971, 323 p. (Sciences secrètes).
MERHART (Dr Ulrich von). — *Weltfreimaurerei.* Hambourg, Bauhütten Verlag, 1969.
MERLE (Robert). — *Week-end à Zuydecoote.* Paris, 1949.
MEYRICK (S. R.) & SMITH (C. H.). — *The Costume of the original inhabitants of the British Islands.* 1815.
MEYRINK (G.). — *Le Dominicain blanc.* Paris, La Colombe, 1967.
MIK. — *Phénomène et épiphénomènes de l'Eglise Celtique.* Merdrignac, La Bretagne Réelle, 1977, 14 p. (Keltia ; n° 62 bis).
MILES (Dillwyn). — *The Royal national Eisteddfod of Wales.* Swansea, Davies, 1978, 170 p.
MONEREAU (Michel). — *Annuaire Hermès.* Goussainville, Monereau, 1978, 128 p.
MONESTIER (Marianne). — *Les sociétés secrètes féminines.* Paris, Les Productions de Paris, 1963, 268 p.
MONESTIER (Marianne). — *Les Itinéraires de l'inquiétude :* églises, sectes, sociétés secrètes. Paris, Desforges, 1978.
MORDREL (Olier). — *Les Hommes-dieux :* récits de la mythologie celte. Paris, Copernic, 1979, 300 p.
MOREAU (Marcel). — *La tradition celtique dans l'art roman.* Editions du Courrier du Livre.
MORGAN (Rd W.). — *" Saint Paul in Britain " : or the origin of British as opposed to papal christianity.* London, Convenant, 1963, 128 p. (nouvelle édition abrégée).
MORGANWG (Iolo). — *" Iolo Manuscripts " : a selection of ancient Welsh manuscripts in prose and verse from the collection made by the late Edward Williams, Iolo Morganwg, for the purpose of forming a continuation to the MYVYRIAN archaiology... with English translation and notes by his son the late Taliesin Williams (Ab Iolo).* 1re édit. Llandovery, 1848.
MORGANWG (Iolo). — *Poems, lyric and pastoral.* Londres, 1794.
MURRAY (Margaret). — *The Divine King in England.* London, Faber, 1954.
PALOU (Jean). — *La Franc-maçonnerie.* Paris, Payot, 1977, 349 p.
PARRY (Thomas). — *The Story of the Eisteddfod.* [S.l.], National Eisteddfod Court, [ca 1950], 56 p.
PICQUENARD (Dr C.A.). — « Le Néodruidisme ». *Revue de Bretagne*, Tome XLI, 1909, p. 113-125 et 196-215.
PIGGOTT (Stuart). — *The Druids.* Harmondsworth, Penguin Books, 1975, 198 p.
PUFENDORF (Esaias). — *Dissertatio de druidibus.* 1650.
"Q" DIRECTORY (The) : *the standard reference for the growth movement, aquarian philosophy and occultism.* Londres, Aquariana, 1978, 105 p.
REEVES (William). — *The Life of Saint Columba written by Adamnan.* Dublin, Irish archaeological and celtic society, 1857.
RIVIÈRE (J.C.). — *Georges Dumézil à la découverte des Indo-européens.* Paris, Copernic, 1979, 211 p.

RIWALL ab RIWALLAN. — *Histor barzed gourenez Breiz-Vihan*. Carhaix, Moullerez ar Bobl, 1912.
RUTHERFORD (Ward). — *The Druids and their heritage*. Londres, Gordon & Cremonesi, 1978, 179 p.
SAVORET (André). — *Visage du druidisme*. Paris, Dervy-Livres, 1977, 168 p. (Histoire et tradition).
SCHEDIUS (Elias). — " *De Diis Germanis* " : *sive veteri germanorum, gallorum, britannorum, vandalorum religions*. Amsterdam, Ludovicum Elzevirium, 1648.
SCHURÉ (Edouard). — *L'Ame celtique et le génie de la France à travers les âges*. Paris, 1921, 236 p.
SERBANESCO (Gérard). — *Les Celtes et les druides*. Paris, La Ruche ouvrière, 1968, 448 p.
SERVIER (Jean). — *L'Utopie*. Paris, PUF, 1979, 127 p. (Que sais-je ? ; 1757).
SHARKEY (J.). — *Mystères celtes* : une religion de l'insaisissable. Paris, Seuil, 1975, 96 p.
SJOESTEDT (Marie-Louise). — *Dieux et héros des Celtes*. Paris, 1941.
SPENCE (Lewis). — *The History and origins of druidism*. London, The Aquarian Press, 1971 (1949), 199 p.
STOKES (Whitley). — *The Tripartite Life of Patrick with other documents relating to that saint*. London, R.B.S., 1887.
STUKELEY (William). — *Stonehenge, a temple restored to the British druids*. 1743.
STUKELEY (William). — *Avebury, a temple of the British druids, with some others, described*. 1743.
SUZZONI (Sébastien). — *Annuaire mondial de l'ésotérisme*. Paris, MNC, 1978, 72 p.
TAILLEPIED (Noël). — *Histoire de l'estat et république des druides, eubages, sarronides, bardes, vacies, anciens françois, gouverneurs des pais de la Gaule, depuis le déluge universel, iusques à la venue de Jésus Christ en ce monde* : compris en deux livres, contenant leurs loix, police, ordonnances, tant en l'estat ecclésiastique, que séculier. 1585.
THOMAS (Chanoine Edme). — *L'Histoire de l'antique cité d'Autun*.
TOLAND (John). — " *A Critical history of the Celtic religion and learning* " : *containing an account of the Druids ; or the priests and judges, of the vaids, or the diviners and physicians, and of the bards, or the poets and heralds; of the Ancient Gauls, Britons, Irish and Scots; with the History of Abaris, the Hyperborian, priest of the Sun*. London, Lackington, Hughes, Harding & C°, 1726.
TOLAND (John). — " *Christianity not mysterious* " : *treatise shewing that there is nothing in the Gospel contrary to reason, nor above it ; and, that no Christian Doctrine can properly be called a Mystery*. Londres, 1696.
TOUBLANC (Gérard). — *Le Druidisme* : une tradition aux sources de l'écossisme et des grandes filiations initiatiques de l'Europe Occidentale. Paris, 1964, 17 f. multigr.
VIERNE (Simone). — *Rite, roman, initiation*. Grenoble, Presses Universitaires de Grenoble, 1973, 139 p.
VINCENOT (Henri). — *Le Pape des escargots*. Paris, Denoël, 1972, 287 p.
VINCENOT (Henri). — *Les Etoiles de Compostelle*. Paris, Denoël, 1982, 319 p.
VRIES (Jean de). — *La Religion des Celtes*. Paris, Payot, 1977, 276 p. (Payothèque).
WLLIAMS (Edward). — (voir à Morganwg).
WILLIAMS (Edward). — *Cyfrinach Beirdd Ynys Prydain*. 1829.
WILLIAMS (Sir Ifor). — *The Poems of Taliesin*, The Dublin Institute for advances studies, 1975.

WILLIAMS (G.J.). — *Iolo Morganwg.* Cardiff, 1956.
WOODROW (Alain). — *Les Nouvelles Sectes.* Paris, Seuil, 1980.
WOTTON (William). — *" Cyfreithyen Hywde Dda ac Eraill " : seu Leges Wallicae ecclesiasticae et civiles Hoeli Boni et aliorum Wallicae principium,* 1730.
YEATS (William Butler). — *Le Frémissement du voile.* Mercure, 1970.
YOUNG (Ella). — *Récits de mythologie celtique.* Paris, Triades, 1962, tome I : Les Dieux, 144 p. et tome II : Les Héros, 176 p.

B. — *PÉRIODIQUES PAR TITRES*

Almanach Maçonnique de l'Europe. — Baden-Baden : Agis-Verlag, Paris, Jean Vitiano, 1966, 306 p.
An Oaled : le Foyer breton. — Revue trimestrielle, 70 numéros parus entre 1926 et 1939. Dirigé par le Grand-Druide de Bretagne Taldir-Jaffrennou.
An Tribann : bulletin des druides de la Gorsedd de Bretagne. Rédaction administration : A. Calvé, 5, résidence Guy Ropartz, 29000 Quimper.
Armor Magazine : magazine mensuel. — 7, rue Saint-Jacques, BP 123, 22400 Lamballe.
Artus : Nouvelle Culture. — 26, rue Saint-Michel, BP 48, 44350 Guérande, trimestriel.
Atlantis : archéologie scientifique et traditionnelle. — 30, rue de la Marseillaise, 94300 Vincennes, bimestriel.
Barden : revue des druides F.G.D.O. de Norvège. — c/o Rolf Andersen : Skrabekveien 25, 3290 Stavern, Norvège.
Bretagne réelle (La) - Keltia. — 22230 Merdrignac, bimensuel.
Cahiers bretons (Les) - Ar Gwir : Pour un mouvement breton de rénovation celtique. 29, rue des Meulières, 77260 La Ferté-sous-Jouarre.
Cauldron (The) : « Pagan Journal of the old Religion ». — C/o Groesfford, Llwyndrain, Llanfyrnach, Dyfed, Cymru, U.K.SA 35 OAS.
Carn : « Celtic League ». — Secrétaire général Alan Heusaff, 9 Br. Cnoc Sion, Baile Atha Cliath 9, Eire/Irlande.
Collège Druidique des Gaules : Bulletin « An Gael ». — C/o Mme H Cochinal, 6, rue Pierre-Bourdan, 75012 Paris.
Der Druiden. — Bulletin du V.A.O.D. allemand. C/o Kurt Seyfang, Boller strasse 47, 7321 Dürnau. R.F.A.
Druid Chronicle and Pentalpha Journal : « an occasional newsletter ». C/o Box 9398 Berkeley, California, CA 94709. U.S.A. C'est le bulletin d'Isaac Bonewits des NRDNA.
Eléments. — 13, rue Charles-Lecoq, 75015 Paris.
Etoile (L') : Bulletin officiel de la Wicca française. — 6, rue Danton, 94270 Kremlin-Bicêtre.
Etudes Celtiques. — Paris (avant la guerre).
Fraternité universelle des Druides. — Bulletin a-périodique c/o J.J. Lamodière, 8, rue Montcalm, 34000 Montpellier.
Heathen (The). — Journal du mouvement paganisant en Grande-Bretagne et en Irlande. C/o Can y Lloer, Ffarmers, Llanwrda, Dyfed, Wales, Pays de Galles.
Hin Heilaga Normanniska Kirja. — Existe depuis 1963. C/o M. M. Guignard, 75, rue de Chartres, 28800 Bonneval.
Hol Levenez/Notre joie. — Journal des chrétientés celtiques continentales. C/o Tadig Turiaw, avenue de la Résistance, 22300 Lannion.
Inconnu (L'). — La revue des phénomènes et des sciences parallèles. 11, rue Amélie, 75007 Paris.

Insight : « Occult magazine ». — D.R. James, 118 Windham Road, Bournemouth, Dorset, G.B.
Isian News : « the magazine of the fellowship of Isis ». — C/o the Hon. Olivia Robertson. Cesara Publications. Huntington Castle. Clonegal. Enniscorthy. Eire/Irlande.
Journal d'Avallon. — Bulletin de l'Ordre d'Avallon, 17 n^{os} parus entre 1972 et 1975 ; s'adresser à Mme M.-D. de Fournier de Brescia, 7, rue Alexandre-Cabanel, 34000 Montpellier.
Kad. — Cahier de philosophie druidique. A-périodique. C/o M. R. Tullou Tour ar Vro, La Pâtissière, 44800 Saint-Herblain. Bulletin de la Kredenn Geltiek/Croyance Celtique.
Kelc'Hlizher ar C'Hoursez. — Bulletin intérieur de la Gorsedd de Bretagne, supplément à *An Tribann.*
Lettre de Pierre Lance (La). — Remplace *l'Hespéride.* C/o La 7e Aurore, BP 253, 75024 Paris Cédex. 01.
Nemeton. — Revue d'études druidiques, de Morvan Marchal. 5 n^{os} parus entre 1942 et 1943.
Neved. — Organe du druidisme intégral. Organe de la Confraternité Philosophique des Druides, c/o 24, rue Copernic, 44000 Nantes.
New Celtic Review (The). — Très beau bulletin enluminé de la GSO. BM. Oak Grove, London, WC1N 3XXX, G.B.
Nordisk Druid Tidning. — Bulletin des druides suédois FGDO ; c/o Druid Ordens Kansli, Västergatan 3, 211 21 Malmö, Suède.
Nostra Magazine. — Hebdomadaire de l'actualité mystérieuse. 29, rue Galilée, 75016 Paris.
Nouvelle Ecole. — BP 129-07n 75007 Paris.
Ogam-Celticum. — Tradition celtique. BP 574, 35007 Rennes. Indispensable !
Pagan Way (The). — C/o David Stasin, 51 Loates Lane, Watford, Herts. G.B.
Publications Gauloises (Les). — Comprend : *Le Triscele, Serros, Tribanos, Le Réveil d'Alésia...* 27, rue Lacépède. 75005 Paris.
Quest : « a quaterly review of the occult ». — Marian Green, BCM-SCL Quest, Londres, WC1V 6XX, G.B.
Question de... : spiritualité, tradition, littérature... C/o Retz, 114, Champs-Elysées, 75008 Paris.
Revue Archéologique de Bretagne (avant la guerre).
Revue Celtique. — A Paris, entre 1870 et 1934.
Revue Internationale des Sociétés Secrètes (avant la guerre).
Société de Mythologie Française (bulletin). — Lycée Félix Faure, 60000 Beauvais.
Sword of Dyrnwyn (The). — « Newsletter of the association of Cymmry Wicca ». Rhuddlwm Gawr, Pagan Grove Presse, Box 49285, Atlanta GA 30359, USA.
Torc Magazine. — Patrick Benham, Clerks cottage, Baltonsborough, Glastonbury, Somerset, G.B.

TABLE DES MATIÈRES

INTRODUCTION	9
1. — Méthodologie	11
2. — Rappel historique : les druides de l'antiquité et leur religion	25
3. — Les druides de l'invasion romaine à 1717	31

PREMIÈRE PARTIE : LE RENOUVEAU DU DRUIDISME .. 45

CHAPITRE PREMIER : Les trois branches	47
CHAPITRE DEUXIÈME : Développement du *Druid Order*. John Toland, Londres, 1717	62
CHAPITRE TROISIÈME : Développement de l'*Ancient Order of Druids*. Henry Hurle, Londres, 1781	72
CHAPITRE QUATRIÈME : Développement de la *Gorsedd* au Pays de Galles. Iolo Morganwg, Londres, 1792	84
CHAPITRE CINQUIÈME : Développement du druidisme en Bretagne	95
CHAPITRE SIXIÈME : Les druides gaulois	116
CHAPITRE SEPTIÈME : De l'orthodoxie, ou le mythe de la régularité	124

Deuxième partie : INITIATIONS ET RITES 133

Chapitre premier : Rites du *Druid Order* 135
Chapitre deuxième : Rites du Collège druidique des Gaules 146
Chapitre troisième : Rites des trois *Gorseddau* 158
Chapitre quatrième : Rite de la *Gorsedd* de Bretagne 167
Chapitre cinquième : Rite de la *Gorsedd* de Cornouaille 181
Chapitre sixième : Rite de l'*Universal Druidic Order* et du *Golden Section Order* 189
Chapitre septième : Rite de l'Ordre monastique d'Avallon 197
Chapitre huitième : Rite de l'*Ancient Order of Druids* (A.O.D.) 204
Chapitre neuvième : Observations comparatives 210

Troisième partie : TEXTES, RITES ET DESCRIPTIFS 229

Chapitre premier : Textes 231
Chapitre deuxième : Rites 243
Chapitre troisième : Descriptifs de sociétés 269
  1) *Lignée ésotériste dérivant de John Toland* 270
  2) *Lignée mutualiste dérivant de Henry Hurle* 276
  3) *Lignée galloise dérivant de Iolo Morganwg* 284
  4) *Groupes d'origines diverses* 301
  5) *Les communautés druidiques et celtiques* 315

CONCLUSION 319
BIBLIOGRAPHIE SOMMAIRE 329
TABLE DES MATIERES 341

Dans la même collection « GNOSE »

ARROYO (S.). *Astrologie, karma et transformation.*
ARROYO (S.). *L'astrologie, la psychologie et les quatre éléments.*
ARROYO (S.). *Les cycles astrologiques de la vie et les thèmes comparés.*
ATALANE. *Les nœuds de la lune, clés de l'interprétation astrologique.*
AUROBINDO (Sri). *Renaissance et karma.*
BOHME (J.). *Les épîtres théosophiques.*
BREUIL (P. du). *Histoire de la religion et de la philosophie zoroastriennes.*
BUBER (M.). *Les écrits hassidiques.*
BUBER (M.). *La légende du Baal-Shem.*
BULTEAU (M.). *Mythologie des filles des eaux.*
CASTERMANE (J.). *Les leçons de Durckheim : Premiers pas sur le chemin initiatique.*
CHOAIN (J.) Dr. *Introduction au Yi-King.*
COZANNEC (A.)/GUERIN (F.). *Astrologie solaire.*
DAVID-NEEL (A.). *Astavakra Gita/Avadhuta Gita.*
DAVID-NEEL (A.). *Le bouddhisme du Bouddha.*
DAVID-NEEL (A.). *Immortalité et réincarnation.*
DESHIMARU (R. T.). *La voix de la vallée. L'enseignement d'un maître zen.*
DORESSE (J.). *Les livres secrets des gnostiques d'Égypte.*
DORESSE (J.). *L'Évangile selon Thomas. L'Évangile des évangiles.*
DORSAN (J.). *Le véritable sens des maisons astrologiques.*
DUCHAUSSOY (J.). *Mystère et mission des Rose-Croix.*
DURCKHEIM (K. G.). *Pratique de l'expérience spirituelle.*
EBERTIN (R.). *Combinaison des influences astrales.*
GAUQUELIN (M.). *La vérité sur l'astrologie.*
GHYKA (M.). *L'esthétique des proportions dans la nature et dans les arts.*
GRAD (A. D.). *Moïse l'hébreu.*
GRAND (J.). *L'Univers inconnu du tarot* (cartonné).
GRAVES (R.). *Les Mythes celtes, la Déesse blanche* (cartonné).
GREENE (L.). *Le guide astrologique des relations humaines.*
HOLLEY (G.). *Astrologie, dynamique de l'évolution.*
HOLLEY (G.). *Astrologie entre deux ères, Poissons/Verseau.*
HOLLEY (G.). *Astrologie, karma et rythmes cosmiques.*
HOLLEY (G.). *L'astrologie à la recherche des clés de la destinée.*
HOLLEY (G.)/VOUGA (Ch.). *Astrologie pour de nouvelles générations.*
HOLLEY (G.). *Comment comprendre votre horoscope, t. 1.*
HOLLEY (G.). *Comment comprendre votre horoscope, t. 2.*
HUXLEY (A.). *Les portes de la perception.*
IBN'ARABI. *Voyage vers le maître de la puissance. Manuel soufi de méditation.*
JACQ (Ch.). *La confrérie des sages du Nord.*
JACQ (Ch.). *Le message des constructeurs de cathédrales.*
JACQ (Ch.). *Le monde magique de l'Égypte ancienne.*
JACQ (Ch.). *Pouvoir et Sagesse selon l'Égypte ancienne.*
JACQ (Ch.). *Le Voyage initiatique. Les trente-trois degrés de la Sagesse.*
LE KERN (A.). *La géomancie, un art divinatoire.*
LINDSAY (J.). *Les origines de l'alchimie dans l'Égypte gréco-romaine* (cartonné).
LIONEL (F.). *L'Astrologie sacrée.*
LIONEL (F.). *Le Tarot magique, bible imagée de la Gnose hermétique.*
MICHAEL (T.). *Aspects du yoga.*
MICHAEL (T.). *Introduction aux voies de yoga.*
MONOD-HERZEN (G.). *L'alchimie et son code symbolique.*
MONOD-HERZEN (G.). *Le yoga et les yoga.*
PARACELSE. *Les prophéties de Paracelse.*
PATANJALI. *Le yoga de Pantajali.*
PERSIGOUT (J.-P.). *Dictionnaire de mythologie celtique.*
REJU (D.). *La quête des Templiers et l'Orient.*
ROUGIER (L.). *La religion astrale des pythagoriciens.*
RUDHYAR (D.). *L'Astrologie de la transformation.*
RUDHYAR (D.). *La dimension galactique de l'astrologie.*
RUDHYAR (D.). *Les Maisons astrologiques.*
RUDHYAR (D.). *Préparations spirituelles pour un nouvel âge.*
RUDHYAR (D.). *Le rythme du zodiaque.*
RUDHYAR (D.). *Le tryptique astrologique.*
RUDHYAR (D.). *Vers une conscience planétaire.*
RUDHYAR (D.)/RAEL (L.). *Les aspects astrologiques.*
RUDHYAR (D.). *Le cycle de la lunaison.*
RUDHYAR (D.). *Le rythme de la totalité.*
RUPERTI (A.). *Les cycles du devenir.*
RUPERTI (A.)/CAVAIGNAC (M.). *La géométrie du ciel* :
  T. 1 *Configurations planétaires.*
  T. 2 *Dessins planétaires.*
SAINT-MARTIN (L.-C. de). *L'homme de désir.*
SCHURE (É.). *L'évolution divine du Sphinx au Christ.*
SLOSMAN (A.). *Le zodiaque de Denderah.*
STEENS (E.). *L'astrologie chinoise.*
SURANY (M. de). *L'astrologie médicale.*
TIERNEY (B.). *Dynamique des aspects astrologiques.*
TRÉVOUX (G.). *Lettres, chiffres et dieux.*
VALAD (S.). *La parole secrète.* Enseignement soufi du maître Rumi.
VERNEY (J. D.). *L'astrologie et la science future du psychisme.*
VOUGA (C. E.). *Astrologie expérimentale.*
VOUGA (C. E.). *Une astrologie pour l'ère du Verseau.*
WAVRIN (Marquis de). *Rites, magie et sorcellerie des Indiens de l'Amazonie.*
ZAEHNER (R. C.). *Mystique sacrée, mystique profane.*

*Cet ouvrage reproduit par procédé photomécanique
a été achevé d'imprimer en octobre 1988 sur presse CAMERON
dans les ateliers de la S.E.P.C.
à Saint-Amand-Montrond (Cher)*

Editions du Rocher
28, rue du Comte Gastaldi
Monaco

Numéro d'édition : C.N.E. section commerce et industrie, Monaco : 19023
Numéro d'impression : 1960
Dépôt légal : octobre 1988